Johann August Hellfeld

Die Geschichte Bernhards des Grossen

Herzog zu Sachsen-Weimar

Johann August Hellfeld

Die Geschichte Bernhards des Grossen
Herzog zu Sachsen-Weimar

ISBN/EAN: 9783743336421

Hergestellt in Europa, USA, Kanada, Australien, Japan

Cover: Foto ©ninafisch / pixelio.de

Manufactured and distributed by brebook publishing software
(www.brebook.com)

Johann August Hellfeld

Die Geschichte Bernhards des Grossen

Geschichte
Bernhards des Großen
Herzogs zu Sachsen Weimar ꝛc.

von

Johann August Christian von Hellfeld
[de]r Rechte Doctor und Herzoglich Sächsil. Hofgerichts-Advokat zu Jena.

Leipzig,
bey Johann Samuel Heinsius

Dem

Durchlauchtigsten Fürsten und Herrn,

Herrn

Carl August

Herzogen zu Sachsen, Jülich, Cleve und Berg, auch Engern und Westphalen, Landgrafen in Thüringen, Marggrafen zu Meißen, gefürsteten Grafen zu Henneberg, Grafen zu der Mark und Ravensberg, Herrn zu Ravenstein ꝛc.

meinem gnädigsten Fürsten und Herrn.

Durchlauchtigster Herzog,

Gnädigster Fürst und Herr!

Ew. Herzoglichen Durchlaucht, als einem der vortreflichsten Regenten und eifrigsten Beschützer der Wissenschaften, gegenwärtige Schrift in tiefster Unterthänigkeit zu überreichen, wage ich anjetzt.

Da solche die Geschichte eines der tapfersten Fürsten Höchstdero glorreichen Haußes enthält, — da Höchstdieselben meinem verstorbenen Vater mit so vielen Beweisen von Huld und Gnade zu beglücken geruht haben, so fasse ich die schmeichelhafte Hofnung, daß Ew. Herzogliche Durch-

Durchlaucht dieses mein gegenwärtiges Unternehmen, welches lediglich auf die tiefste Ehrfurcht und Unterthänigkeit gegründet ist, nicht in Ungnaden vermerken werden.

Die größte Belohnung meiner Arbeit wird für mich darinne bestehn, wenn Ew. Hochfürstl. Durchlaucht dieselbe nicht ganz unangenehm ist.

Der ich in tiefster Ehrfurcht ersterbe!

Ew. Herzoglichen Durchlaucht

Jena,
im April 1797.

unterthänigst treu gehorsamster
Joh. Aug. Chr. von Hellfeld.

Vorrede.

Wer mit der Geschichte des Sächsischen Haußes bekannt ist, wird finden, daß solche von ieher Muster der Gottesfurcht, der

Tapferkeit, der sanften und weisen Regierung, der Welt dargestellt hat; Gehen wir besonders in die ältere Geschichte auf die Zeiten jenes Kriegs, welcher dreißig Jahre in den Innern Deutschlands, in den Provinzen unsers Vaterlandes wüthete, zurück, so finden wir, daß so mancher Fürst sowohl in Ansehung seines irrdischen Glücks, als seines Lebens ein Opfer für Religion und Tugend wurde.

Beinahe alle damals lebende Herzoge des Sachsen Weimarischen Haußes warfen sich als Vertheidiger des allgemeinen Besten auf, niemand aber that sich wohl mehr hervor, als Bernhard der Große von S. Weimar,

mar. Seine Thaten haben ein bleibendes Denkmal zurück gelassen und iedermann, selbst dem Unkundigsten in der Historie ist Bernhard der Große bekannt.

So merkwürdig aber auch dieses Fürsten Leben ist, so wenig trift man solches bis iezt, wenn man die von Lungwitz *) in Druck gegebene aber ganz in den Stiel des verflossenen Jahrhunderts abgefaßte, und blos auf einen kurzen Theil von Bernhards Leben sich erstreckende Schrift abrechnet, in einer zusammenhängenden Erzehlung dargestellt an, und nur in einzel-

*) Lungwitz Herzog Bernhards Heldenthaten.

nen zerstreuten Schriften wird seiner Unternehmungen, Eroberungen und Siege gedacht. Ob Bernhard, dessen ganzes Leben voller Handlungen war, einen solchen Undank unserer Biographen, welche oft unbedeutenden Gegenständen ihre Aufmerksamkeit geschenkt haben, verdient hat, lasse ich unentschieden, da vielleicht ein bloses Ungefehr, vielleicht eine oder die andere Ursache zum Grunde lag, welche sie an diesem Unternehmen behinderte. —

Mir gewährte bey dem Studio der vaterländischen Geschichte sein Andenken schon längst eine der angenehmsten Beschäftigungen, ich bemühmühte mich die einzelnen Züge, welche ich bey Durchlesung gleichzeitiger und anderer Schriftsteller, auch wohl in einzelnen Manuscripten von ihm antraf, zu sammlen, — versuchte eine kurze Geschichte von ihm zusammenzustellen, und so entstand die gegenwärtige Schrift.

Daß übrigens selbige nicht mit dem Nahmen einer vollständigen Biographie belegt werden kann, fühle ich selbst; allein ich rechne auf die Nachsicht meiner Beurtheiler und Leser, und schmeichle mir, daß diese in Hinsicht, daß mir so manche vortrefliche Nachrichten, welche noch heutzutage in verschiedenen Archiven hier und da als ein Heiligthum aufbewahrt werden, und vielleicht über das Leben dieses glorreichen Fürsten ein helleres Licht verbreiten könnten, abgingen, ihr billiges Urtheil mir nicht versagen werden, da doch wenigstens dasjenige, was ich hier bekannt mache, als Skizze zu einer vollständigern Lebensbeschreibung des heldenmüthigen Bernhards dienen kann.

Was die der gegenwärtigen Schrift beigefügten Urkunden anlangt, so sind die mehresten derselben, wenn ich nicht irre, noch unbekannt, und nur einige beym Lünig anzutreffen.

treffen. Allein da dieses große und kostbare Werk sich nur selten in den Händen eines Privatmannes befindet, und der Inhalt der dort befindlichen und hier abgedruckten Urkunden auf Bernhards Geschichte Einfluß hat, — so unternehm ich es, solche mit anzuhängen

Die zuweilen eingeschlichenen Druckfehler bitte ich, nicht auf meine Rechnung zu schreiben, indem ich, zuweit vom Druck-Orte entfernt, des Corrigirens mich selbst zu unterziehen, auser Stand war.

Uebri-

Uebrigens empfehle ich mich und meine Abhandlung dem Wohlwollen meiner Leser.

Jena, den 9ten April 1797.

von Hellfeld.

Verzeichniß derer Urkunden.

N. 1.

Heinrichs Vertrag zwischen Herzog Johann Friedrichen zu Sachsen, und Fräulein Sibyllen von Gülich Cleve und Berg d. d. 8 Aug. 1526.

No. 2.

Revers der Landschaft, Gülich, Berge und Ravensberg de Anno 1527.

No. 3.

Revers der Landschaft Cleve und Mack de Anno 1527.

No. 4.

Kayser Carl des V. Confirmation des zwischen Herzog Johann Friedrichen und Sibyllen von Gülich Cleve und Berg abgeschloßenen Heyrathsvertrags, von 13 May 1544.

No. 5.

Kayserliche Ratification der Speyerischen Vertragshandlung von 3 Junii, 1544.

)(

Ge-

Geschichte
Bernhards des Großen,
Herzogs zu Sachsen-Weimar.

Geschichte
Bernhards des Großen,
Herzogs zu Sachsen-Weimar.

Erster Abschnitt.

Geburt und ersten Jahre des Herzogs. Tod des Herzogs Johann von Sachsen-Weimar. Vormundschaft Churfürst Christians II. Präcedenz-Streitigkeit. Jülichischer Erbfolge-Streit.

Unter allen Fürsten Deutschlands, welche in jenen furchtbaren dreißigjährigen Unruhen, den Schauplatz des Kriegs betraten, zeichnete sich wohl niemand mehr aus, als Herzog Bernhard von Sachsen-Weimar — des Beinahmen eines Großen ganz würdig.

Seine Thaten glänzen in den Jahrbüchern, und noch iezt bewundert man einen Fürsten, welcher mit nicht geringer Gefahr seines Lebens und Glücks es unternahm, den Fürstenstand, die Freyheit des Reichs, und die von seinem Urvater dem großmüthigen aber unglücklichen Churfürst Johann Friedrich so standhaft behauptete Religion, aufrecht zu erhalten.

Er behauptet ohne Zweifel einen derer ersten Pläze in der vaterländischen Geschichte — und immer werden seine außerordentlichen Thaten eine der merkwürdigsten Epochen ausmachen. — Er sey dahero auch iezt der Gegenstand unserer Erzählung.

Bernhard aus dem Hauße Weimar, war ein Sohn Herzogs Johann II, Johann Wilhelms Enkel, und ein Urenkel ienes zwar unglücklichen, aber großmüthigen Johann Friedrichs, des letzten Churfürsten der Sächsischen Ernestinischen Linie.

Herzog Johann, der Stammvater aller iezt lebenden Herzoge der Ernestinischen Linie, hatte sich mit einer Anhältischen Prinzeßin Dorothea Maria vermählt, und war durch diese

diese fruchtbare Mutter zum Vater von eilf Söhnen gemacht worden, die alle, wenn man diejenigen ausnimmt, welche der Tod in dem zartesten Alter hinwegraffte, sich einen vorzüglichen Ruhm in der Geschichte unsers Vaterlands erworben, und zum Theil vor die Rettung ihrer Religion und Erhaltung ihrer Würden, ihr Leben aufgeopfert haben.

Der jüngste unter allen diesen war Bernhard, der im Jahr 1604. den sechsten August das Licht der Welt erblickte a).

Die Freude der Durchlauchtigsten Eltern über die abermalige Geburth eines Prinzen war unaussprechlich, — und diese glückliche Fürsten-Familie, die neben dem Glanz weltlicher Hoheit, zugleich die häußliche Glückseeligkeit des Privatlebens im höchsten Grad

 empfand,

a) Müller Sächs. Annal. pag. 234. Er war der erste, welcher in dem Hauße Sachsen des Meißnischen Stammes mit diesem Namen benennet wurde. Nur in dem Hauße Anhalt war er gebräuchlich, hier führte ihn selbst ein Bruder der Fürstl. Mutter, und in dieser Rücksicht mag man auch wohl den jungen Prinzen damit belegt haben. Tenzel. Sax. numismat., lin. Ernest pag. 533.

empfand, sahe nichts als die freudigsten Aussichten auf die Zukunft vor sich. Die Geburth so vieler Söhne ließ keine ängstlichen Sorgen wegen Sicherstellung der Nachfolge übrig; — schon fiengen die Talente der ältern Prinzen an sich zu entwickeln, und den großen Geist zu verrathen, der ihnen durch eine Reihe erlauchter Vorfahren angeerbt war. — Der glückliche Vater empfand schon die Freude, durch seine Kinder den Glanz seines Haußes vermehrt zu sehen, und seine noch frühen Jahre, und die vortreffliche Beschaffenheit seines Körpers ließen seiner Familie die gewisseste Hoffnung schöpfen, noch lange des Glücks geniessen zu können, unter der weisen Anführung ihres Vaters die erste Laufbahn ihres Lebens zu vollenden. Mit diesen Wünschen des Fürstl. Haußes vereinigten sich die Wünsche der Unterthanen, welche in ihrem Fürsten zugleich ihren Vater verehrten, und die mit Inbrunst die Erhaltung ihres Wohlthäters von der Vorsicht erflehten. Allein plötzlich werden alle diese Hoffnungen, alle diese freudigen Erwartungen zernichtet. Eine Wolke verdunkelt die Glückseeligkeit des Landes, und verwandelt die Freude in Trauren. — Der Tod reißt den Herzog Johann in der Blüthe seiner Tage, im 35sten Jahre seines Alters dahin, beraubt die glück-

glücklichste Fürsten-Familie ihres Hauptes — die Unterthanen ihres Vaters — Beschützers und Wohlthäters. (den 31sten Oct. 1605) Der Verlust dieses Fürsten war um desto schmerzlicher, ie weniger man ihn vorausgesehen hatte, ie mehr man den fürchterlichen Zeitpunkt noch für entfernt hielt, der sich ietzo einstellte b).

b) Müller in Annal. S. 257. Donnerstags (31sten Oct. 1605.) nachdem Herzog Johann zu Sachsen sich bis in den achten Tag etwas schwach und unpaß befunden, und grose Milzbeschwerung gehabt, auch zuletzt andere schwere Zufälle und symptomata darzugekommen, ist derselbe Mittags um 11 Uhr in seiner Residenz zu Weimar, todtes verfahren, seines Alters 35 Jahre, 5 Monathe und 11 Tage.

Zu der Geschichte dieses Fürsten dienen übrigens vornehmlich D. G. Schrebers Obs. de singulis qui Regimini Ducatus Vinariensis praefuerunt principibus Lips. 1728. 4. Ferner vier Reden, welche der ehemalige Jenaische Professor Wolfgang Heider zu seinem Andenken gehalten 1606. 1611. 1616. Man kann auch einige Nachrichten von ihm in G. A. de Witte Lebensgeschichte der Herzoge von Sachsen-Weimar 1770. 8. Cap. V. p. 182. antreffen.

Johann hinterließ acht lebendige Prinzen, von denen unser Bernhard kaum den Vaternahmen zu lallen angefangen hatte — und seine Gemahlin schwanger, welche auch wenige Monathe nach dem Tode ihres Gemahls mit einer Prinzeßin entbunden wurde, die aber drei Jahre nach ihrer Geburth wieder verstarb.

Der erblaßte Körper des Herzogs wurde den 20sten November in der Stadtkirche zu Weimar, auf eine feierliche Art beigesetzt c).

Die

f) Auf seiner Gruft liegt eine metallene Tafel mit folgender Aufschrift: Domine dirige me in verbo tuo Christo sacrum, Johannes Johannis Wilhelmi et Doroth. Iohannae Palat. F. Dei gratia Dux Saxon. Landgrav. Thur. March. Misniae, princeps pietate sync. Religionis amore, Ecclesiae scolarumque Patocinio Justitiae Et pacis studio Optimus Ac Cum quovis Laudatiss. Maiorum vere Comparadus. Natus Vinariae XXII Maii anno M. D. LXX. Cum ex Dorothea Maria Anhalt. Joachim. Ern. Pr. Anhal. Et Eleonorae Würtenb. filia. Quam anno M. D. XCIII. Duxerat Filios XI

Die von ihm allein besessenen Lande bekamen nunmehro acht Regenten; sämtliche Prinzen waren noch unmündig, und hatte der ältere von ihnen Herzog Johann Ernst, noch nicht das 12te Jahr völlig zurückgelegt, mit-

XI et filiam posthumam suscepisset. Relictis VIII filiis et filia unica superstitib. In Patria quam paterne et felicit. Rexerat Morte praematura XXXI Octobr. R. An. M. D. C. V. Bonor. Expectationi praereptus cum vixisset Ann. XXXV. Men. V. Dies. IX. Horas V. Generosa Mortalit. fragmina in certam Resurrectionis spem Hic deposuit. Nachher wurde diesem Herzog in dem innern Chor der Kirche neben dem Altar noch ein anderes Epitaphium, von schwarz- und weißem in Thüringen gebrochenen Marmor errichtet. Es ist kostbar und sehenswerth. Der Herzog ist mit seiner Gemahlin und zwölf Fürstlichen Kindern in Lebensgröße, samt einigen biblischen Historien daran abgebildet, mit folgender Umschrift: Deo opt. Max. Celsissimo principi Domino Joanni Duci Saxoniae Landgravio Thuringiae Marchioni Misniae Familiae ornamento, Lineae Vinariensis Saxonicae Capiti, Marito desideratissimo, Parenti optime merito, Patriae patri, Ecclesiae Nutritori, Restauratori salanae, subditorum persugio, Nato Vinariae Maii Die XXII Anno M. D. LXX. Ibidemque sancte Denato, Octobris die ultimo, Anno M. D. C. V. Dorothea Maria, filiique octo orphani, Gemen-

hin erforderte es die Nothwendigkeit sie mit einem Vormund zu versehen, der das Beste des Landes besorgen könnte. Ueber die Person desselben gab es mancherley Streitigkeit.

Johann Casimir von Coburg meldete sich nemlich als nächster Agnat, führte die Verordnung des Lehnrechts d) für sich an — und suchte auf dieses gestützt durch nach Weimar abgesendete Deputirte Besitz zu ergreifen.

Aus diesem Grunde würde ihm ohne Zweifel diese Vormundschaft zu Theil worden seyn, wenn

mentes Moerentesque, F. Ditionis Huius Marmore Thuringico

H. M. P. C.

Anno M. D. C. XVII.

d) Spec. Sax. Lib. I. Art. XXIII. Ius Allemannicum Cap. CCCXIII. Weichbild Artic. XLIX.

wenn nicht Churfürst Christian II. andere Ursachen anzuführen gewußt hätte, weswegen er den Vorzug behauptete.

Um dieses verstehen zu können, ist es nothwendig, etwas höher in die Geschichte des Sächsischen Haußes hinauf zu gehen. —

Der unglückliche Churfürst Johann Friedrich der Großmüthige von Sachsen, hinterließ zwei Söhne zu Erben seines Landes — den unglücklichen Johann Friedrich den Mittlern, und den Herzog Johann Wilhelm, welche beide sich in die väterlichen Lande theilten. Der ältere, Johann Friedrich, der seine Residenz zu Gotha hielt, wurde durch die bekannten Grumbachischen Händel, deren Erzählung mich zu weit von meinem Vorhaben abbringen würde, in eine Kette von Unglücksfällen verwickelt, deren Folgen die kaiserl. Acht — der Verlust seiner Lande — und eine lebenslängliche Gefangenschaft für ihm — Unglück und Elend für seine Kinder waren e). Seinem Bruder

e) Man sehe davon die Acten in Hartleder vom deutschen Krieg T. 2. L. 6. p. 1333. 1597. 1753. 1926. Müller Annal. ad ann. 1566. Uebri-

Bruder Johann Wilhelm wurden seine sämtlichen Lande samt denen Rechten der Erstgeburth, die eigentlich Johann Friedrichs Söhnen zustanden, zugesprochen, und dem Churfürst August von Sachsen, der die Vollstreckung der Acht gegen den unglücklichen Johann Friedrich unternommen hatte, von Kaiser Maximilian II., ein Gnadenbrief ertheilt (1573.) in welchem unter mehrern Vortheilen, auch ihm und seinen Nachkommen, im Fall Johann Wilhelms Linie erlöschen würde, die Nachfolge in die Weimarischen Lande versichert wurde.

Vermöge dieses Gnadenbriefs verlangte nun auch anietzt Augusts Enkel Churfürst Christian II., in Ansehung der Vormundschaft über die unmündigen weimarischen Prinzen, den Vorzug vor Herzog Johann Casimir von Coburg. Durch einen kaiserlichen Ausspruch wurden die Ansprüche Christians II. als rechtmäßig anerkannt, und er als Vormund und Regent der Weimarischen Lande bestätigt.

Derge-

Uebrigens kann man auch noch nachlesen Johann Gerhard Gruners Geschichte Johann Friedrichs des Mittlern, Koburg 1785. S. 97. und Ludwig Karl von Hellfelds, Beiträge zum Staatsrecht und der Geschichte von Sachsen. Eisenach 1790. S. 186. und folgenden.

Dergestalt kam also Bernhard in seinem zartesten Alter unter die Vormundschaft Churfürst Christian II., welcher dieselbe über ihn und seine übrigen Brüder so lange fuhren sollte, bis der älteste Prinz Johann Ernst der Jüngere im Stande seyn würde, die Regierung der väterlichen Lande, und zugleich die Vormundschaft über die jüngern Brüder zu übernehmen.

Verschiedene Streitigkeiten, die sich unter dieser Zeit zugetragen, sind wichtig, und verdienen in der Geschichte Bernhards, da sie auf ihn unmittelbar mit einen Einfluß hatten, bemerkt zu werden. Der eine entstand über den Vorrang der Altenburgischen Herzoge und der Prinzen der Weimarischen Linie, die zweite aber über die Erbfolge, in die durch das Ableben des letzten Herzogs von Cleve, († 1511.) erledigten Lande. Die erste, die unter dem Nahmen des Präcedenz=Streites in der Geschichte des Sächs. Haußes bekannt ist, hatte, außer der Frage, welcher von beiden Linien der Vorgang und Rang bey Zusammenkünften, Sitzen, und Stimmen der Fürstlichen Häußer vor der andern gebühre? zugleich noch einen andern Punkt, nemlich auf welches von beiden Häußern die Sächsische Churwürde

fallen

fallen solle, wenn die Albertinische Linie erloschen seyn würde, zum Gegenstand.

Jede Linie suchte ihre Rechte zu behaupten, und Maria Dorothea zeigte sich besonders hierbei als eine thätige Beschützerin kindlicher Rechte — Sie ließ mehrerer auswärtiger Rechtsgelehrten Bedenken einholen, und appellirte, als Rudolph II. zum Vortheil der Altenburgischen Linie entschied, und solcher den Vorgang vor der Weimarischen wegen ihrer Abstammung von dem ältern Bruder, zusprach (1607.) auch Churfürst Christian II. ein Decret erließ, worinnen er ihnen sich der Entscheidung gemäß zu bezeigen befahl, (1608 10 Febr.) a Caesare male informato ad melius informandum (1608. 12 Febr.)

Obgleich diese Sache nachgehends an das Churfürstl. Collegium gelangte, so wurde sie doch auch hier nicht entschieden, und endigte sich vielmehr erst der ganze Zwist, mit dem Tode des letzten Herzogs von Altenburg, Friedrich Wilhelms des III. († 1672.) f).

Von

f) Von dieser Irrung handeln weitläuftiger: Friedrich Hartleders Bericht, was sich nechst abgewichenen

Von mehrerer Wichtigkeit und größerm auf Deutschland seyenden Einfluß aber war der zu eben derselben Zeit, bey dem Ableben Herzogs Joh. Wilhelm von Jülich, Cleve und Berg († 1609.) sich ereignete Jülichische Erbfolgestreit

nen Jahr her zwischen den Churfürstlich und Sächs. in Vormundschaft beiderseits bestellter Regierungen zu Weimar und Altenburgk, in dem von Altenburgischen Canzler und Räthen erregten Präcedenz = und Primogenitur = Streit verlaufen. Wie die Sache an Kais. Hof gen Prag bracht, was maß darinn allzugeschwind decerniret, von J. F. G. durch zuläßige Rechtsmittel suspendirt worden, u. s. w. 1613. 4.

Iac. Alemanni Consultatio de iure primogeniturae pro practico indeque dependentium praeferentiarum ducalium, v. in eiusd. palaestra consultationum iuris Magd. 1613. 8. p. 337 - 339. Melch. Goldasti Tract. de maioratu et praecedentia ac praerogativa senioris principis in familiis regiis electoralibus et illustribus Frf. M. 1615. 4. Hierher gehört auch noch eine Abhandlung welche Weimarischer Seits im Jahr 1640. herausgekommen, unter dem Titel: „Grundriß Fürstl. Sächsis. Weimarischer „Präcedenz vor der Fürstl. Sächsis. Herrschaft Alten=„burg. Linie."

C. G. Heinrichs Sächsis. Geschichte, Th. 2. p. 283.

gestreit. Er verdient eine genauere Darstellung, und sey es mir dahero vergönnet, einen Blick auf die ältere Geschichte desselben zu werfen.

Wilhelm, der letzte Herzog zu Jülich und Berg, ging 1511, ohne männliche Leibes- und Lehnserben nachzulassen, mit Tode ab; und da beide Herzogthümer dadurch erlediget wurden, g) so hielt alsobald das gesammte Chur- und Fürstl. Hauß Sachsen, vermöge der Herzog Albrecht (1483.) ertheilten, nachmals aber auch auf die Ernestinische Linie (d. 18 Sept. 1486.) durch den römischen König Maximilian ausgedehnten, und 1495. den 15 Sept. sowohl Friedrich dem Weisen und seinem Bruder Johann, als dem Herzog Albrecht von neuem bestätigten Anwartschaft h), um die Einräumung der erledig-

g) Müller in Annal. v. J. 1608.

h) Die deswegen ausgestellte Urkunde war sehr verbindlich abgefaßt, und enthält ausdrücklich in sich: daß wenn die Herzogthümer zu Berg und Jülich, wegen Mangel rechter männlicher Leibes-Lehnserben verlediget würden, alsdenn dieselbe zu Stund und ohne Mittel, an die Chur- und Fürsten zu Sachsen und ihre Leibes- Lehnserben lediglich unverhindert kommen und fallen sollten.

erledigten Lande bey dem Kaiser an i). Allein hier war ihnen Herzog Johann III. von Cleve, der des Verstorbenen einzige Tochter Maria zur Gemahlin hatte, und eben dadurch seine Ansprüche an diesen erledigten Herzogthümern zu unterstützen wußte, durch eine schleunige Besitznehmung zuvorgekommen.

Der Kaiser, um entweder einen gütlichen oder rechtlichen Austrag in dieser Sache zu bewürken, beschied sowohl die Herzoge von Sachsen, als Johann III. von Cleve anfänglich nach Augspurg und nach Trier auf den Reichstag. Hier aber berief sich der Herzog Johann von Cleve auf die Clausul der Anwartschaft, so vom Kaiser Friedrich III, 1483. ertheilet worden, welche deutlich bestimme, daß denen Sächs. Herzogen nur dann eine Succession zustehen solle, wenn alle ehelige Leibeserben, nicht aber wenn alle männliche Leibes-Erben mit Tod abgegangen seyn würden. — Hierauf gründete er seine Ansprüche, — daraus vertheidigte er seine Besitznehmung —

Ob-

i) Müller R. T. Theater unter Max. I. Th. I. Vorstell. II. C. 59. S. 530. Müllers Annal. S. 52.

Obgleich nun der Kaiser im folgenden Jahre (1572.) dem Hauße Sachsen, in einem zu Neustadt den 12ten Januar ausgefertigten Decrete, k) die Versicherung gab, daß er ihnen der geschehenen Besitznehmung des Herzogs von Cleve ohngeachtet zum Besitz der streitigen Lande verhelfen wollte, so war dies doch für Sachsen ein nur zu schwacher Trost, bey welchem man sich keineswegs beruhigen konnte, sondern vielmehr am 18den dieses nemlichen Monaths bey'm Kaiser anhielte; „daß weil man vor der Hand zu dem „Besitz von Jülich und Berg nicht gelangen „könnte, ihnen doch wenigstens die Lehn über „diese Lande gereicht werden möchten.“ Hier fiel aber die Antwort des Kaisers dahin aus, „wie er aus Beysorge eines entstehenden „Kriegs, Aufruhrs und Empörung, die Lehen „wiederfahren zu lassen Bedenken trüge l).

Durch

k) In diesem Decrete sind unter andern folgende Worte zu lesen: „daß die von Herzoge Johannsen „zu Cleve geschehene Occupirung selbiger Lande, „denen Chur- und Fürsten zu Sachsen an Dero Begnadigung, Bestätigung und Erneuerung unvorgreif„lich, und unschädlich seyn, auch der Kaiser ihnen zu „ermeldten Fürstenthümern und Landen gnädige „Hülfe und Förderung beweisen sollte und wollte.“

l) Müller in Annal. S. 66.

Durch wiederholte Bemühungen der Sächsischen Gesandten m), konnte nichts mehr als ein Muthschein vom Kaiser erlangt werden; und obgleich nachmals Karl V. der den durch den Tod seines Großvaters Maximilian I. erledigten Thron bestieg, († 1521. den 22 Jun.) auf wiederholtes Nachsuchen sowohl über die Jülich- und Bergischen Lande, als über die Grafschaft Ravensberg einen Lehnbrief ertheilte, so ließ er doch, durch die damals sich ereignenden Religions-Streitigkeiten abgeneigt von den Churfürsten gemacht, ein gleiches, obgleich nur wie es hieß, in quantum de jure et salvis cujuscunque juribus, dem Herzog von Cleve wiederfahren n). So ließ man diese Sache, da auf dem Wege Rechtens wenig zu hoffen war, auf sich beruhen, und dachte vielmehr auf Mittel einer gütlichen Beilegung. Das beste, was sich hierzu fand, war eine zwischen dem damaligen Churprinzen Johann Friedrich und der Clevischen Prinzeßin Sybilla,

m) Diese Gesandten waren nach Müller in Annal. S. 67. Wolf von Weisbach, Cäsar Pflug und Lorenz Zech, der Rechte Doctor, Lünig Corp. jur. feud. Germ. Th. I. no. 32. S. 6?7. sq.

n) Lünigs R. Archiv, Abtheil. VI. S. 99.

Tochter des Herzogs Johann von Cleve, zu schließende Heyrath. In dem Ehevertrag wurde dem Churprinzen und dessen Nachkommen mit Einwilligung der Stände — der Zufriedenheit des einigen Bruders der Herzogin Sybilla — und Bestätigung des Kaisers, sowohl die Erbfolge in die Jülich- und Bergischen Herzogthümer, als auch auf Cleve, und die Mark zugesagt o).

Jetzt hielt man die Rechte Sachsens hinlänglich gesichert — glaubte allen Zwist beigelegt — und war zufrieden.

Allein wie sehr wurde man auch hierinnen getäuscht. Zum Nachtheil Sachsens ertheilte Karl V. Herzog Wilhelm von Cleve, als sich solcher mit K. Ferdinands I. Tochter Maria vermählte, ein Habilitations-Privilegium, (1546. d. 19 Jul.) vermöge dessen in Ermangelung männlicher Erben, auch die Töchter, und deren männliche Nachkommen für

o) Sowohl der Ehevertrag, als die Kaiserl. und Ritterschaftliche Bestätigung befinden sich im Anhange bnf No. 1. 2. 3. 4. und 5.

für Succeßionsfähig erkannt wurden p). So sehr man auch hierüber Vorstellungen that, so vergeblich war dies doch alles, und Maximilian II. bestätigte sogar vom neuen diesen Gnadenbrief (1566.) Nun starb der letzte Herzog von Jülich Johann Wilhelm (1609. den 25 Mai) ohne Nachkommen; — die Herzogthümer Jülich, Cleve und Berg, samt der Grafschaft Mark und Ravensberg und der Herrschaft Ravenstein wurden erledigt. Das sämtliche Chur- und Fürstliche Hauß Sachsen begehrte nunmehro, vermöge seiner alten Anwartschaften, Belehnungen und des zwischen Johann Friedrich und Sybillen geschlossenen Ehevertrags, die Nachfolge in die erledigten Lande q). Allein sowohl Churfürst Johann

p) Teschenmacher Annal. Clivens. Cod diplom. p. 117. Brevis expositio jurium Dom. Sax. in Ducat. Jul. Clev. ac Mont. p. 14. sq. Access. diplom. p. 111 — 115.

Chur- und Fürstl. Sächs. Anmerkungen über die von Seiten des Chur- und Fürstl. Hauses Pfalz-Neuburg und Sulzbach publicirte genuinam speciem facti S. 20. und f. Dumont Corps Diplom. T. IV. P. I. n. 195. pag. 113. sq.

q) Müller in Annal. S. 245. 246. 248. 253-56. und 258. sq.

Sigismund von Brandenburg, Gemahl der Anna, einer Tochter der ältesten Schwester des verstorbenen Herzogs, als Pfalzgraf Philipp Ludwig von Neuburg, dessen Gemahlin Johann Wilhelms von Cleve zweite Schwester war, hatten sogleich von denen sämtlichen Landen Besitz genommen r), und beruften sich, zu Begründung ihres Unternehmens, auf das Privilegium Carls V. vom Jahr 1546.

Chursachsen wendete sich sowohl in eignen als auch in seiner Vettern Nahmen an Kaiser Rudolph II, und verlangte von ihm als Lehnsherrn die Eviction in Ansehung dieser Lande. Man erließ Kaiserlicher Seits auch hierauf ein Mandat, untersagte alle Thätlichkeiten, und forderte in einer besondern Ladung Chur-Brandenburg und Pfalz-Neuburg auf, an dem Kaiserl. Hof zu erscheinen (1609. 24 Mai). Beide kehrten sich aber wenig daran, sondern vereinigten sich um desto fester, und beschlossen in einem zu Dortmund errichteten Interims-Vertrag (1609. den 31 Mai), die streitigen Lande bis zu Austrag der Sache durch einige

Fürstl.

r) Herr Geh. Justitzrath Pütter, in seiner historischen Entwickelung der heutigen Staatsverfassung und des deutschen Reichs, 2r Thl. S. 3.

Fürstl. Räthe und Landesstände gemeinschaftlich regieren zu lassen, sich selbst aber unter einander mit vereinigter Macht zu vertheidigen, und in dem Besitz zu erhalten s). Dies ist die Ursache, warum man nachmals diese Fürsten in der Geschichte mit den Nahmen der poßidirenden Fürsten belegt hat.

So gerecht Sachsens Ansprüche auf die Jülichischen Lande selbst waren, indem ihm durch ein neues Privilegium sein altes, schon längst gegründetes Erbrecht auf diese Lande nicht benommen werden konnte, so verschieden waren sie doch unter sich selbst. — Denn aus einem andern Gesichtspunkt war die Succeßion der Ernestinischen Linie, welche sich aus der zwischen Johann Friedrich und der Princeßin Sybilla geschlossenen Heyrath herschrieb, aus einem andern die beiden Linien aus dem erhaltenen Kaiserl. alten Anwartschaften gemeinschaftlich zuständigen Rechte zu beurtheilen. Um also alle etwan unter sich selbst entstehenden Streitigkeiten zu vermeiden, errichteten sämtliche Sächsische Interessenten zu Naum-

s) Du Mont. c. l. T. V. P. II. p. 103. sq. Rousset Hist. de la succession pag. 18 — 20.

burg einen Vergleich (1609. den 26 Aug.), welcher nachher zu Torgau wiederholet und bestätiget wurde.

Sie kamen insbesondere in selbigen darinnen überein, 1) bey dem Kaiser um die Belehnung und Einsetzung in die strittigen Lande nachzusuchen; 2) das für das ganze Sächs. Hauß streitende Recht zur Erbfolge in diese Lande mittelst einer gedruckten Deduction darzustellen; 3) an die Könige von Frankreich, Engelland und Dännemark, und die Staaten in denen Niederlanden Gesandten zu schicken; 4) Chursachsen das Directorium zu übertragen; 5) die Unkosten so wie die zuerkannten Lande in drei gleiche Theile zu theilen, so daß das Churhauß Sachsen einen, Sachsen-Weimar und Altenburg den zweiten, und Sachsen-Coburg und Eisenach den dritten erhalten solle t).

Hierauf suchte das Hauß Sachsen bey Kaiser Rudolf II. um die Belehnung nach, und erlangte solche den 27 Jun. 1610.

Churfürst Christian begab sich in Person nach Prag, und erhielt solche für sich und das gesamte

t) Müller in Annal. S. 246.

gesamte Chur- und Fürstl. Hauß Sachsen, vom Kaiser selbst, in Gegenwart mehrerer Churfürsten und Fürsten u).

Das unangenehmste für Sachsen war bey dieser Handlung, der Revers, welchen Churfürst Christian II. von sich stellen mußte, und welcher dahin lautete: „daß diese Belehnung alleine zu des Chur- und Fürstl. Haußes Rechten, mit Vorbehalt der Rechte anderer Interessenten, erfolgt sey x).“

Diese Belehnung hatte also für Sachsen weiter keinen Nutzen, als daß sie seitdem Titel und Wappen von diesen Landen annehmen.

Inzwischen hatte der Kaiser die strittigen Lande, da die poßidirenden Fürsten sich zu keiner gütlichen Abtretung an Chursachsen verstehen wollten, durch den Erzherzog Leopold in Sequestration nehmen lassen, welches Veranlassung gab, daß Frankreich und die vereinigten Niederlande den poßidirenden Fürsten

 zu

u) Müller in Annal. p. 254. Der Lehnbrief findet sich in Lünigs R. Archiv P. sp. von Sachsen, S. 131.

Du Mont. T. V. P. II. p. 144. sqq.

x) Müller in Annal. S. 254.

zu Hülfe eilten, und würklich den 2ten Sept. 1610. die Festung Jülich nach einer beinahe zwei monathlichen Belagerung eroberten, und der Kaiserlichen Sequestration ein Ende machten.

Man sahe nur zu sehr ein, welche Gefahr bey einem fernern strengen Verfahren dem Reiche drohete, und daß solche nur durch eine gütliche Einleitung könne abgewendet werden. In dieser Absicht wurde eine Commißion ernannt, welche sich nach Kölln begab, und allda eine Konferenz veranlaßte (13 Sept. 1610.) Der Churfürst von Trier, Lothar, aus dem Hauße der Grafen von Metternich, welcher als Kaiserlicher Haupt-Commissarius zugegen war y), ließ es sich äußerst angelegen seyn, Brandenburg und Pfalz-Neuburg zu bewegen, das Chur- und Fürstl. Hauß Sachsen

y) Außerdem waren noch erschienen der Reichshofraths-Präsident, Graf Georg von Hohenzollern, als Unter-Commissarius, verschiedne Chur- und Fürsten, Landgraf Ludwig von Hessen, Herzog Johann Casimir von Coburg, mit einem Gefolge von 100 Personen, und die Sächsischen, Brandenburgischen, Pfalz-Neuburgischen, Französischen, Englischen, und Holländischen Gesandten.

sen in den Mitbesitz der strittigen Lande einstweilen aufzunehmen; aber alle Bemühungen waren vergeblich, die Unterhandlungen zerschlugen sich, und das ganze Geschäfft gieng fruchtlos zu Ende (am 25 Oct.).

Durch eifriges Bemühen des Markgrafens Christian von Culmbach, und Landgrafs Ludwig zu Hessen, kam es endlich im folgenden Jahre (1611.) so weit, daß Brandenburg, nicht unbekannt mit dem, Sachsen rechtmäßig zustehenden Succeßionsrecht in die Jülichischen Lande, einwilligte, Sachsen in den Mitbesitz aufzunehmen; zu Jüterbock kam der Vergleich hierüber zu Stande z), (1611. den 21 März.)

So würde die Ruhe wieder hergestellt gewesen seyn, wenn sich nicht Pfalz mit allem Eifer dagegen gesetzt, und die Churfürsten von Brandenburg, von welchen das Brandenburg zustehende Succeßionsrecht abstammte, dagegen protestiret hätte a). Dadurch wurde diesem

z) Der Jüterbockische Vertrag steht in Lünigs R. A. P. sp. S. IV. von Sachsen. S. 135.

a) Müller Annal. S. 262. Sächsische Deduction in Ansehung der erledigten Fürstenthümer Jülich, Cleve rc. Leipz. 1654. Fol.

diesem Vergleiche, welcher sogar zu Ende des Jahres vom Kaiser war bestätiget worden, alle Würksamkeit benommen.

Nicht ersprießlicher war für Sachsen die vom Kaiser Matthias 1613. zu Erfurt, und 1614. zu Dresden niedergesetzte Commißion; und obgleich in dem Westphälischen Frieden b) ausgemacht wurde: daß dieser Streit durch Güte, oder in deren Entstehung durch rechtliche Wege entschieden werden sollte, so theilten doch Chur-Brandenburg und Pfalz-Neuburg demohngeachtet die strittigen Lande mit einander (den 19 Sept. 1666.) c), und versicherten sich, Sachsens Protestation ohngeachtet, die wechselseitige Erbfolge. Da nachher (1678. den 16 Nov.) diese Abtheilung sogar durch den Kaiser bestätiget wurde d), so blieb dem

b) I. P. O. Art. IV. §. 57.

c) Der zu Düsseldorf hierüber errichtete Vertrag, findet sich beym Londorp T. IX. p. 465. Du Mont. T. VI. P. III. p. 117. sqq.

d) Müller in seinen Annal. S. 350.

dem Hauße Sachsen nichts als Titel und Wappen übrig e).

e) Ueber diesen ganzen Succeßionsstreit verdient übrigens nachgelesen zu werden: Gründlich verfaßte historische Nachricht von dem berühmten Jülich- und Bergischen Succeßions-Streit, vom Anfange des 14ten Seculi, bis auf das Jahr 1739. Kreysichs historische Bibliothek von Obersachsen, S. 255. bis 260. v. Braun Churfürstl. Sächs. Geschichte, 6r Thl. 1786, S. 455. B. von Hellfelds Leben Herz. Joh. Ernsts des Jüngern. Jena 1784. S. 29. und folg.

Zweiter Abschnitt.

Tod Churfürst Christian des II. Johann Georg erlangt die Vormundschaft über die Weimarischen Prinzen. Das gemeinschaftliche Consistorium zu Jena, samt den gemeinschaftlichen Pfarrlehn werden aufgehoben. Erneuerung der Erbverbrüderung und Erbvereinigung zu Naumburg, zwischen Sachsen, Brandenburg und Hessen. Uebergabe der Landesregierung an Johann Ernst den Jüngern. Thüringische Ueberschwemmung. Dorothea Maria stirbt. Das Schloß brennt ab. Bernhard begiebt sich nach Jena, und von da nach Coburg. Er tritt seine ersten Kriegsdienste an. Ursachen des dreißigiährigen Kriegs. Errichtung der evangelischen Union, und Würzburger Ligue. Böhmischer Aufstand. Matthias Tod. Ferdinands Lage bey diesem Todesfalle. Ferdinand wird zum Kaiser erwählt. Friedrich, Churfürst von der Pfalz wird König in Böhmen. Unionstag zu Nürnberg, Kriegsrüstungen, die Herzoge Johann Ernst, Friedrich, und Wilhelm nehmen Pfalz-Böhmische Kriegsdienste. Schlacht auf dem Weißen-Berge.

Während daß man sich mit diesen wichtigen Streitigkeiten beschäfftigte, wurden die

Weimarischen Prinzen plötzlich ihres zeitherigen Vormundes beraubt. Ein auf eine starke Erhitzung gethaner Trunk kalten Bieres zog Churfürst Christian II, während daß er bey dem Kammerrath Berbisdorf speisete, einen tödlichen Schlagfluß zu, an welchem er drei Stunden darauf seinen Geist aufgab, (1611. den 23 Jun.) nachdem er sein Alter nicht höher, als auf 27 Jahre, 9 Monathe und 23 Tage gebracht hatte.

Er war ein Fürst, dessen natürlichen Talenten man ohne Zweifel mehr Gerechtigkeit wiederfahren lassen muß, als von den meisten Geschichtsschreibern gewöhnlich geschieht, — mit dem besten Herzen verband er zugleich das eifrigste Bestreben seine Unterthanen glücklich zu machen — er haßte alle Eigennützigkeit, und suchte sein größtes Vergnügen nur darinnen, Wohlthaten austheilen zu können. Allein zu bedauren war es, daß sowohl diese letzte vortreffliche Eigenschaft, als die Jugend dieses Fürsten von Schmeichlern und Günstlingen gemisbraucht, und dadurch nicht unansehnliche Summen preiß gegeben wurden f).

Da

f) Kunkel in laborat. Chem. S. 598. sagt: „Dieser Herr (Christian II.) hat sehr viel verschenket,

Da Christian II ohne Nachkommen zu hinterlassen starb, so folgte sein Bruder Johann

„schenket, absonderlich einen von — — — sehr „reich gemacht; daher man ihn auch den reichen „— — — genennet; von dem wird auch gesagt, „daß er ein gut Theil von der Tinktur bekommen hätte. NB. Diese Tinktur hatte Seebald „Schwerzer, ein großer Chemiker bey Churfürst „Christian I. erfunden; und will man behaupten, „daß daraus Gold verfertiget worden, und eben „daher die Reichthümer Christians des I. gekommen seyn;" dann S. 593. sagt obgenannter Kunkel ferner: „daß nach Christians I. Tode viele „Millionen an Rheinischen Gülden, Ducaten, „und doppelt Ducaten da gewesen, zeiget ein „Buch in Folio, so zu meiner Zeit in einem Cypressen-Kasten mit Sammt bezogen, in dem „Churfürstl. Cabinet auf dem Probier-Saale gelegen, welches der damalige Administrator nach „des Churfürsten Christian I. Absterben empfangen. Solches zeigte mir einst der hochseelige „Churfürst Johann Georg der Andere, mein damaliger Zeit gnädigster Herr, mit diesen Worten: Kommt Kunkel, hier will ich euch etwas „weisen, damit ihr sehen sollet, daß es meine „Vorfahren gehabt, auf daß ihr desto emsiger „darnach zu trachten Ursach haben, und fleißig „seyn möget, wie Wir das gnädige Vertrauen zu „euch haben. Der damalige Geheimde auch Renten- und Jagd-Secretarius, mußte die Summe

„von

hann Georg I. sowohl in der Churwürde, als auch an der vormundschaftlichen Regierung der Weimarischen und Altenburgischen Lande.

Der Verfolg dieser Geschichte wird uns mit dem Charakter dieses Fürsten näher bekannt machen. — Seine erste Beschäftigung nach angetretener Vormundschaft war, alle Ursachen zu Uneinigkeiten zwischen den Altenburgischen und Weimarischen Linien aus dem Wege zu räumen, und da er wußte, daß der vorzüglichste Grund der Zwietracht in der zeitherigen Gemeinschaft lag, so suchte er beide Linien, so viel als nur möglich, aus einander zu setzen. Zu dem Ende hob er das bisher zu Jena gemeinschaftlich gewesene Consistorium auf (den 4 Jan. 1613.)) und verordnete, daß iede

„von Blatt zu Blatt hersagen, und da die Latera zusammen gezogen, sagte er: Gnädigster „Herr, aussprechen will ich es wohl, aber in Empfang mögte ich es nicht annehmen, das traue „ich mir nicht. Darauf sagte der hochselige Herr: „Es wollen meine : : : sagen, das Geld „könnte eingewechselt seyn worden: aber so wahr „ein Gott lebet, wenn das Geld hätte sollen eingewechselt werden, so wäre es nicht möglich, „daß ein einziger Silbergroschen im ganzen Churfürstenthum hätte überbleiben können."

jede Linie ihr besonderes haben sollte g). Desgleichen bewürkte er die Theilung der zeithero gemeinschaftlich besessenen Pfarrlehne h), und mittelst eines besonders errichteten Vergleichs, (d. d. Suhla den 25 Aug. 1612.) die Beilegung der zwischen Weimar, Altenburg, und denen beiden Brüdern der Coburgischen Linie obwaltenden Irrungen, welche über verschiedene Punkte, besonders aber über die Belehnung und Erbhuldigung der Grafen zu Schwarzburg und der Stadt Erfurt, die Vertheilung der Archivs-Acten, wie nicht weniger über die Erfurtische Steuer von den Sächsischen Lehns-Dörfern und Abtheilungen der Reichs- und Kraissteuern, und endlich über die Reichssteuer von der Grafschaft Gleichen zeithero entstanden waren i).

In dem folgenden Jahre (den 27 März 1614.) wurde von denen Häußern Sachsen, Brandenburg und Hessen, wegen Erneuerung der zwischen ihnen seit dem Jahre 1435. geschlossenen Erbverbrüderung und Erbvereinigung, zu Naumbueg eine Zusammenkunft angesetzt,

g) Müller S. 265.

h) Müller S. 264.

i) Müller S. 264.

gesetzt, und da (1457.) bestimmt worden war, daß alle männliche Erben der Paciscenten, wenn sie das 14de Jahr ihres Alters zurückgelegt haben würden, den Inhalt und Befolgung der Vereinigungs-Akte persönlich beschwören sollten, so war es nöthig, daß sich auch hierzu dieienigen iungen Herzoge von Weimar einfanden, welche bereits diese Jahre zurückgelegt hatten. Hierhin gehörten Johann Ernst, Friedrich, Wilhelm und Albrecht; in Ansehung dieser vier Fürsten befahl dahero Johann Georg, aller Besorgnisse, welche man wegen einer abermals zu entstehenden Präcedenz-Streitigkeit mit Altenburg hegte, ohngeachtet, daß sie zu Naumburg in Person erscheinen möchten.

Gewiß würde auch damals bey der Unterschrift der Erbeinigungs-Notel, welche zuerst von Herzog Johann Philipp von Altenburg, der seinen Sitz vor Johann Ernst von Sachsen-Weimar hatte, unterzeichnet wurde, eine neue Disharmonie entstanden seyn, wenn man nicht Johann Ernst, welcher standhaft seine Unterschrift verweigerte, vorstellig zu machen gewußt hätte, wie solche Handlung keiner Parthey zum Nachtheil gereiche, und dieserhalb ein besonderer Bey-Abschied errich-

 tet

tet worden wäre. Solchergestalt wurde diese Handlung friedlich beschlossen k).

Mittlerweile hatte der älteste von den Weimarischen Prinzen, Johann Ernst der Jüngere das 21ste Jahr, und mit diesem die Zeit, wo er sowohl die Regierung derer gemeinschaftlich besitzenden Lande, als die Vormundschaft über seine sieben jüngern Brüder antreten sollte, erreicht (den 21 Febr. 1615.) l). Es wurde dahero mit dem bisherigen Vormund Churfürst Johann Georg I. dieserhalb in Communication getreten, von diesem aber mancherley Schwierigkeiten wegen der nöthigen Berechnung und Quittung gemacht, und acht Monathe lang die Uebergabe der Landes-Administration verschoben. Erst den 30 October desselben Jahres geschahe in Beiseyn mehrerer Chur-

k) Nach der Zeit ist keine neue Vereinigung erfolgt, und ist diese mithin die letzte und neueste. Die ganze Handlung erzählt Müller in Annal. S. 301 und 302. ausführlich. Die Erbeinigung selbst aber befindet sich bey Müller in Reichstagstheater unter Maximilian dem Ersten, S. 372. ꝛc.

l) Der Verfasser der Sächs. Merkwürdigkeiten, irrt mithin, wenn er S. 567. Lit. z. sagt; daß Johann Ernst vom Kaiser veniam aetatis erhalten habe.

Churfürstl. Abgeordneten die feierliche Uebertragung derselben m).

Auch die übrigen Weimarischen Prinzen waren nun aus dem kindischen Alter getreten, und selbst der Jüngste unter ihnen, unser Bernhard, hatte schon das eilfte seiner Lebensiahre erreicht.

Hier ist es Zeit in die vorigen Jahre zurückzugehen, und uns von den öffentlichen Angelegenheiten des Landes, auf die privat Begebenheiten der Fürstl. Familie zu wenden.

Die Mutter der Weimarischen Prinzen, die verwittbete Herzogin Dorothea Maria — welcher die Sorge für die Erziehung ihrer Kinder oblag, ließ es ihr äußerstes Bestreben seyn, ihre Prinzen zu würdigen Regenten zu bilden. — Sie versahe sie mit den besten Lehrern, die ihnen die für Fürsten nöthigen Wissenschaften beibringen mußten; und da besonders die Jüngern, und unter ihnen vorzüglich Bernhard, in demienigen Alter waren, in welchem die Seele fähig ist, die Eindrücke des Guten und des Bösen anzunehmen, so be-

 mühte

m) Müller S. 307. beschreibt diese Feierlichkeit genau.

mühte sich die vortreffliche Mutter, ihnen von der ersten Jugend an die wichtigsten Begriffe der Religion und Tugend beizubringen. Und — wie glücklich ihre Unternehmungen gelungen — davon wird uns der Verfolg von Bernhards Geschichte die lebhaftesten Proben liefern. — Hier wurde der erste Grund zu jenen Tugenden gelegt, die in der Folge den Held zierten, und ihm sogar bei seinen Feinden Bewunderung erwarben. Die eingeschränkten Einkünfte des Weimarischen Herzogthums mußten dennoch zureichen acht Prinzen und eine Fürstl. Mutter zu unterhalten, — und ersteren eine Erziehung zu geben, die ihrer Geburth würdig war. Die Durchlauchtigste Dorothea ließ nichts an derselben ermangeln, und die ältern besuchten sogar auswärtige Reiche. — Der Eifer und die Sorgfalt dieser Fürstin überwand auch viele Unglücksfälle, mit denen zu der damaligen Zeit die Weimarischen Lande heimgesucht wurden. — Sogar die Pest fing 1607. an, in den dasigen Gegenden zu wüthen — n), und eine fürchterliche Ueberschwemmung, die ganz Thüringen den Untergang drohete, und die nur allein am Ilmstrohm 192 Menschen nebst einer erstau[illegible] [illegible] nenden.

[illegible]

n) Müller a. a. O.

nenden Menge Vieh hinwegraffte, über 408 Häußer über den Haufen warf o), fiel in diese Zeiten (1613. den 23 Mai) und doch fand die wohlthätige Hand der Fürstl. Wittbe noch Mittel, ihren unglücklichen bedrängten Unterthanen Hülfe zu leisten; obgleich die Reisen Johann Ernsts zu diesen Zeiten außerordentliche Ausgaben erforderten. Durch ihre großmüthige Unterstützung fühlten die Unterthanen ihr Unglück nur halb — und sie war es, deren großer Geist auch bey den größten Widerwärtigkeiten des Schicksals würkend blieb.

Bis zum dreyzehnden Jahre genoß Bernhard das Glück unter der Aufsicht seiner geliebten Mutter aufzuwachsen, aber in dem Jahre 1617. den 18 Jul. wird die angebethete Dorothea Maria, durch einen widrigen Zufall den Armen ihrer Kinder entrissen. — Die Herzogin ist im Begriff von ihrem Witthum Oberweimar nach der Residenz zurück zu reiten, ihr Pferd wird scheu und stürzt in den Strohm. Die Fürstin wird zwar glücklich gerettet, allein der gehabte Schrecken und die entstandene Er-

o) Man sehe eine weitläuftige Beschreibung in Müllers Jahrbüchern p. 269. sq. die vollständigen Acta davon hat Georg Wilhelm von der Lage 1720. in 4. herausgegeben.

kältung verursachten ihr neunzehn Tage darauf den Tod p).

Den 5ten August wurde der erblaßte Leichnam mit Fürstl. Gepränge in der Stadtkirche zu Weimar beigesetzt, und eine allgemeine Landtrauer auf ein Jahr angeordnet q).

Kaum hatte sich der Schmerz über den Verlust der besten Mutter in etwas gelindert, als ein neues Unglück ihre hinterlassenen Prinzen betraf. Durch die Verwahrlosung eines Italieners, gerieth das Fürstliche Schloß die Hornburg in Brand — das Feuer wüthete über 24 Stunden, und wurde dadurch über die Hälfte des Schlosses, die ganze Kirche, und eine Menge kostbarer Mobilien in einen Aschenhaufen verwandelt r).

Obgleich

p) Müller S. 309.

q) Müller S. 312.

r) Müller S. 315. 2 Aug. Sonntags ist in dem Fürstl. Residenz-Schloß zu Weimar, durch Verwahrlosung eines Goldmachers und Destillirers, eine erschreckliche und überaus grose Feuersbrunst entstanden, um die Vesperzeit zwischen 3 und 4 Uhr ist das Feuer angegangen, und hat bis folgenden Montags gegen Abend gebraut, worinnen nicht allein die Kirche, sondern

Obgleich im Jahr 1619. nachdem die Landesstände eine sechsjährige Bausteuer bewilligt hatten, zur Erbauung eines neuen Residenz-Schlosses geschritten wurde, so blieb doch dessen Vollendung wegen der dazwischen tretenden dreißigjährigen Kriegs-Unruhen ausgesetzt, und vollführte erst Herzog Wilhelm 1653. dieses prächtige, unter dem Namen der Wilhelmsburg bekannte Gebäude. Allein auch dieses erfuhr (1774. den 6ten Mai) das nemliche traurige Schicksal. — Noch ist es unbekannt, auf welche Art diese letztere schreckliche Flamme, welche binnen wenig Stunden das ganze Schloß samt Kirche, bis auf die Mauern und Thurm, welche größtentheils unbeschädiget geblieben sind, und noch ganz von der Pracht jenes Gebäudes zeugen, in Ruinen verwandelte, entstanden. Schon seit mehrern Jahren ist der jetzt regierende Durchlauchtigste Herzog von Sachsen-Weimar Carl August bemüht, vom neuen diesen Fürstensitz seinen Trümmern zu entreißen; und schon erblickt man einen großen Theil desselben, ohne irgend

sondern auch mehr denn die Helfte des Schlosses, samt vielen Mobilien an Golde, Silber und andern Metall, binnen gar wenig Stunden erbärmlich in die Asche gelegt worden, und hat man den Schaden auf etliche Tonnen Goldes geschätzet.

eine den Unterthanen zu diesem Bau aufgelegte Steuer, vollendet.

Bernhard hatte zu iener Zeit als sich diese Unglücksfälle zutrugen, das 15te Jahr seines Alters erreicht, und hatte durch seinen Fleiß, und das Bemühen seiner Lehrer, eine solche Kenntniß in den Wissenschaften sich erworben, daß er im Stande war schon in diesem Alter sich mit seinem ältern Bruder Friedrich Wilhelm, auf die Jenaische Universität zu begeben (1619. d. 3 März) um da seinen Wissenschaften noch ein weiteres Feld zu öfnen.

Die Akademie empfand das Glück ganz, abermals Prinzen s) unter ihren Mitbürgern zu zählen, und um ihre Dankbarkeit einigermaßen zu erkennen zu geben, übertrug sie dem Aeltesten derselben dem Herzog Friedrich Wilhelm das Rectorat. Allein der Tod machte dem Leben dieses Fürsten nicht lange hernach ein allzufrühes Ende (1619. d. 16 Aug.) t), und dieß

s) Außer diesen beiden studierte auch damals ein Fürst von Anhalt auf der Akademie Jena, wie aus den Büchern der Universität ersichtlich ist. Als Hofmeister der Weimarischen Prinzen hat sich Grote in die Matricul geschrieben, wahrscheinlich ist aber auch Nihusius mit hier gewesen.

t) Müller S. 316.

dieß veranlaßte auch unsern Bernhard die Universität zu verlassen. Er that es, und begab sich an den Hof seines Vetters des Herzogs Johann Casimir von Coburg, wo er sich zwey Jahre hindurch aufhielt.

Unterdeß war iener Krieg in Böhmen ausgebrochen, der sich hernach nach Deutschland zog, und die deutschen Provinzen so schrecklich verheerte. Ganz Deutschland war auf die Böhmischen Angelegenheiten aufmerksam. — Drey Prinzen des Herzogs Johannes, Johann Ernst, Friedrich, und Wilhelm, hatten zum Vortheil des Churfürsts Friedrich von der Pfalz die Waffen ergriffen, — und nun entschloß sich auch Bernhard dem Beispiele seiner Brüder zu folgen, und sich in Kriegsdienste zu begeben. Das Jahr 1621. war es, wo er seinen ersten Feldzug unternahm, und eine Laufbahn betrat, auf der er in der Folge so glänzend erschien. — Doch vergönnen mir meine Leser hier auf einen Augenblick still zu stehen, und kürzlich den Ursprung eines Kriegs zu untersuchen, welcher unsern Helden die ganze Zeit seines Lebens hindurch beschäftigte, und zu dessen Geschichte das Leben des grossen Bernhards einen so schätzbaren Beitrag liefert. —

Obgleich

Obgleich man durch den Passauer Vertrag, und den darauf geschlossenen Religions-Frieden, Sicherheit und Ruhe wieder hergestellt zu haben glaubte, so hatte doch die, von iener Zeit an, als Deutschland durch die Religion in mehrere Theile getheilt war, in denen Gemüthern der verschiedenen Religionsverwandten überhand genommene Abneigung gegen einander, zu tief Wurzel geschlagen, als daß man hoffen konnte mit einmal beide Religionspartheyen, entfernt von allen gegen einander hegenden Haß — vereiniget zu sehen.

Die Nothwendigkeit hatte den Religions-Frieden diktirt, und Kabale, Stolz, Eigennutz und Neid verließen ihren einmal eingenommenen Platz nicht. Das Feuer schien nur auf einige Zeit unterdrückt gewesen zu seyn, ein Funke desselben aber in der Asche fortgeglimmt zu haben, — ihn anzufachen brauchte es wenig Mühe. Jede Parthey suchte durch die Mittel, welche sie für erlaubt ausgab, den Untergang der andern zu befördern. Die Katholiken sowohl als die Protestanten beriefen sich auf ihre Rechte, auf den Frieden. —

Auf dem von Ferdinand nach Augsburg ausgeschriebenen Reichstage, erschienen schon von

von beiden Theilen förmliche Beschwerden, (1559.) welche unter der Regierung Maximilians des Zweiten noch mehr erweitert wurden (1566.).

Maximilian, der wie sein Vater dachte, allen Gewissenszwang haßte, und wohl wußte, daß sich der Glaube nicht erzwingen läßt, daß kein herrischer Befehl den Verstand überzeugen kann, bestätigte die von seinem Vater den Oesterreichern geschenkte Toleranz.

Eine ganz andere Wendung nahm es aber mit den Oesterreichern nach Maximilians Hinscheiden, bey der Thronfolge seines Sohnes Rudolf. Hier verschlimmerte sich der Zustand der Evangelischen von Tag zu Tag. Ihre Prediger wurden veriagt, die ihnen zeithero zugestandnen Freiheiten von Seiten des Hofs beschnitten und alle Hülfe an Reichstagen versagt.

Dergestalt häuften sich die Beschwerden der Protestanten immer mehr — so trug es sich zu, daß die Gemüther in volle Gährung geriethen, und zu Aachen und Strasburg, wie auch an mehrern Orten, es zu würklichen Thätlichkeiten kam.

Auf

Auf dem im Jahr 1608. zu Regensburg gehaltenen Reichstag gab kein Theil dem andern nach, und die Sachen schienen eine fürchterliche Seite annehmen zu wollen, als vollends das Verfahren des kaiserlichen Hofs gegen die Reichsstadt Donawerth den Beschwerden der Protestanten das Siegel aufdrückte tt).

Jetzt sahe man pfeilschnell eine genaue Vereinigung der Protestanten — die Evangelische Union zu Stande gebracht (1609). Der Zweck derselben war, daß die vereinigten Fürsten sich einander wechselseitig unterstützen, alle hingegen mit vereinigten Kräften gegen den gemeinschaftlichen Feind streiten, und was erobert würde, nach Verhältniß desienigen, was ein ieder beigetragen, theilen wollten.

Die vereinigten Fürsten schickten Manifeste in das Reich, und machten dem Kaiser ihre

tt) Es wurde nemlich diese Stadt, weil die Protestanten als die herrschende Religionsparthey, sich den öffentlichen Religions-Uebungen der katholischen Einwohner sich widersetzt hatten, in die Reichsacht gethan. S. Sartory Geschichte der Reichsstadt Donawerth, aus Reichs- und Creishandlungen. Frankf. 1779. 4. Schillers Geschichte des dreißigiährigen Kriegs, v. J. 1791. p. 85. u. folg.

ihre Union samt dem Vorsatz, hinfort mit Macht ihre Rechte zu vertheidigen, bekannt (1610).

Kaum war dieß geschehen so setzten die Katholiken die sogenannte Ligue zu Würzburg entgegen u).

Churfürst Friedrich IV. von der Pfalz, wurde zum Haupte der Union, und Maximilian von Bayern zum Chef der Ligue erklärt.

So verhielten sich die Sachen bis zu der Zeit, wo die Protestanten in Böhmen einen öffentlichen Aufstand erregten (1618.). Lange waren diesen ihre Vorrechte überall gekränkt worden. Den Majestätsbrief erklärte man nach dem Willen des Hofs, von Maximilian und Rudolf II. hatten sie die uneingeschränkte Freiheit, Kirchen erbauen zu dürfen, erlangt, allein die katholische Geistlichkeit verbot ihnen auf ihren Boden den Kirchenbau. — Man klagte laut, allein Matthias achtete keiner Klagen. Murren und Drohungen traten an die Stelle der Bitten; allein auch diese wurden

u) Londorp act. publ. T. I. p. 1. 87. 109. 174. Meyer Londorp supplet. T. I. L. I. p. 378.

den nicht nur verachtet und verlacht, sondern sogar mit Gewaltthätigkeiten fortgefahren.

Zu Braunau widersetzte sich der Abt dem Kirchenbau der Utraquisten, und da diese sich keineswegs stören ließen, wurden mehrere derselben ins Gefängniß geworfen.

Dieß war die Loosung zu einem allgemeinen Aufstand. In großer Zahl eilten die zu Prag versammelten misvergnügten Utraquisten auf das Schloß in die Böhmische Canzley, vergriffen sich an den kaiserlichen Räthen mit äußerster Gewaltthätigkeit, — warfen zwei derselben samt dem Sekretair Fabricius zum Fenster hinaus, (1618. 23 Mai) — jagten die Jesuiten aus dem Reiche, stellten die gefangenen Bürger aus Braunau auf freien Fuß, verordneten eine neue Regierung, warben Volk an, stellten einige Heere ins Feld x), und veranlaßten Mähren, Schlesien, Lausitz und Oestreich, ein gleiches zu thun.

Noch glaubte Mathias mittelst gütlicher Handlungen allen weitern Thätlichkeiten vorbeugen zu können; Chursachsen und Bayern über-

x) Londorp. T. I. p. 4[illegible]. Theatr. Europ T. I. p. 14.

übernahmen auch würklich einige Vermittelung zu Eger; allein voll Vertrauen auf ihren Anführer Graf Heinrich Matthäus von Thurn, einen Mann von Muth und Geschicklichkeit — und zu sehr gegen die Catholiken eingenommen, war nichts vermögend die einmal aufgebrachten Böhmen zu einer gütlichen Unterhandlung zu bestimmen. Eine allgemeine Empörung war unvermeidlich.

Matthias erlebte den völligen Ausbruch nicht, er starb unter dem Anfang der Zerrüttungen in Böhmen (1619. 20 März). Ferdinand, sein Vetter, den schon die Ungarn und Böhmen als ihren künftigen König anerkannt und gekrönt hatten, wurde der Erbe seiner Reiche, und der ganzen traurigen Lage, die seinem Vorgänger bevorgestanden hatte, und welche bey ihm nun zur Vollendung kommen sollte. Er sah alle seine Unterthanen gegen sich bewaffnet, Böhmen, Schlesien und Mähren, waren größtentheils für ihn verlohren, und Oesterreich im Begrif abtrünnig zu werden. Böhmen erklärte ihn auf einer zu Prag angestellten Generalversammlung des Reichs verlustig, z) (1619. 17 Aug.) und protestirte zugleich

z) Beym Londorp. T. I. c. 87. p. 712. 733. findet sich die Urkunde, welche die Ursachen enthält,

zugleich mit Chur-Pfalz gegen seine Wahl zum Kaiser. Allein dieser Widerspruch war fruchtlos, Ferdinand wurde 1619. den 28 August zum Kaiser gewählt. —

Sobald die Böhmen Nachricht davon erhielten, glaubten sie nunmehro um destomehr zur Ausführung ihres Vorsatzes, ihre Krone öffentlich einem andern Prinzen anzubieten, berechtiget zu seyn.

Durch sechs und dreißig Stimmen aus dem Herren-Stand, neun von der Ritterschaft, und allgemeine Einwilligung der Städte, fiel die Wahl auf Friedrich V. Churfürst von der Pfalz, als einen Fürsten, welcher von einem muntern und aufgeweckten Geiste, der vornehmste weltliche Churfürst, das Haupt der Reformirten in Deutschland, der Erste von der Union, und ein Eidam König Jacobs des I. von England war.

Obschon nicht zu leugnen ist, daß Friedrich nicht ganz unvorbereitet auf den Antrag der Böhmischen Krone gewesen, so ist doch so viel

warum man Ferdinanden des Reichs verlustig erklärt, und eben das. c. 101. p. 738. ist auch die von Ferdinanden entgegengesetzte Schrift anzutreffen.

viel gewiß, daß die Nachricht davon bey ihm Bewegung hervorbrachte. Er sah voraus wie vielerley Widerwärtigkeiten ihm diese Krone zuwege bringen würde, kämpfte lange mit sich selbst, über die Annahme oder Verweigerung derselben, und würde sie gewiß ausgeschlagen haben, wenn nicht der Glanz eines Scepters, das Zureden seiner Gemahlin und seines Beichtvaters, Abraham Scultetus, alle Gegengründe überwogen hätten *). Er rechnete auf den Beistand der Union, auf die Hülfe seines Schwiegervaters Jacobs des I. von England **); so wie auf den Fürsten Bethlem Gabor von Siebenbürgen, und erklärte sich zur Annahme der angetragenen Krone, reiste auch alsobald nach Prag ab, und wurde daselbst den 25 Oct. 1619. gekrönt ***).

*) Den Briefwechsel welcher deshalb zwischen dem Churfürst und dem Herzog von Bayern, der ihm besonders die Gefahr, der er sich aussetze, vorstellig machte, liefert Lünig in Staats-Consiliis T. I. p. 1036.

**) Historia Rerum Britannicarum auctore Rob. Johnstono, Amstelodami 1655. p. 534. Schoepflini Historia Zaringo Badensis, Carlsruhae 1766. T. IV. p. 174.

***) Theatr. Europ. T. I. p. 245. Londorp. T. I. L. IV. c. 97. p. 227.

Man kann leicht einsehen, welches Aufsehn dieses Unternehmen auf Seiten Ferdinands und der Catholischen erregen mußte; sie waren überzeugt, daß, falls man nicht eilig Widerstand thät, es nicht wenig Schwierigkeiten kosten würde, die einmal auf dem Haupte eines protestantischen Fürsten prangende Krone auf einen Fürsten von ihrer Religion wieder überzutragen. Aber auch die Protestanten fühlten den Nachtheil, welcher ihnen, und ihrer mit so viel Blut erkämpften Religion, auf dem Fall wenn Ferdinands Waffen sie besiegen sollten, zugefügt würde. Die Lage war kritisch, und eine Zusammenkunft nothwendig, um sich wegen der zu treffenden Maaßregeln zu berathschlagen.

Den 2ten November 1619. kam solche zu Nürnberg auch würklich zu Stande *). Friedrich war in Person gegenwärtig **), und auch aus dem Hauße Weimar, als welches seit undenklichen Jahren mit der Krone Böhmen in einer Erbvereinigung, welche zu wechselseitiger Vertheidigung verband, stand, fanden sich drey Herzoge nemlich Johann Ernst, Friedrich

*) Theatr. Europ. T. I. S. 257.

**) Theatr. Europ. T. I. S. 258.

Friedrich und Wilhelm, persönlich ein. Man zog hauptsächlich die Klagen über Bedrückung der Evangelischen — Ferdinands allzugroße Abneigung gegen diese Religionspartheyen, und die nicht ungegründete Vermuthung, daß bey gegenwärtiger Lage der Sachen eine gänzliche Vertilgung der evangelischen Glaubenslehre, welche durch so vieles Blut erkämpft worden, zu befürchten sey, in Erwägung; erinnerte aber auch wie gefährlich es sey, sich Deutschlands Oberhaupt entgegen zu setzen, und mit den Böhmen zu verbinden, und hielt zuletzt am zuträglichsten, von Seiten der Union eine völlige Neutralität zu beobachten. Friedrich erhielt also weiter nichts, als das Versprechen, daß seine Erblande, auf den Fall wenn ein Krieg ausbreche, völlig beschützt werden sollten.

Da Friedrich sein größtes Vertrauen mit in die Union gesetzt hatte — von dieser sich den mehresten Beistand versprach — so gereichte dieser Entschluß keineswegs zu seiner Zufriedenheit, und versuchte er es dahero, durch mancherley Vorstellungen einzelne Glieder der Union auf seine Seite zu bringen.

Unter andern glückte ihm dieses Unternehmen, besonders bey dem Hauße Weimar.

 Johann

Johann Ernst, Friedrich und Wilhelm erklärten sich für Böhmen, und nahmen, aller Kaiserlicher und Chursächsischer Seits geschehenen Abmahnungen ohngeachtet, Patente zu Anwerbung einer gewissen Anzahl Truppen an.

Die Kriegsrüstungen, so man kaiserlicher Seits machte, waren stark, und ließen nur gar zu deutlich blicken, daß Ferdinand gesonnen sey, seine Rechte mit aller Macht zu vertheidigen. Der König von Spanien und der Churfürst von Sachsen, waren seine eifrigsten Anhänger. Des erstern Truppen marschirten unter Anführung des Spinola nach der Pfalz, und letzterer rückte mit einer ansehnlichen Armee in die Lausitz ein, die Unternehmungen in Böhmen selbst waren dem Herzog von Bayern übertragen.

Friedrichs Armee war nicht völlig dreißigtausend Mann stark. Sie bestand aus Böhmen, aus Mährern, aus Schlesiern, aus Ungarn. Ihr Zustand war elend — Sie war von allen Kriegserfordernissen und Nothwendigkeiten des Lebens entblößt — die Officiere waren misvergnügt — der Stolz der obersten Generale des Thurn und Mansfeld, über welche Friedrich den Fürsten Christian von An-

halt

halt, und den Grafen Georg von Hohenlohe gesetzt hatte, beleidigt. — Von diesen Truppen ließ sich mithin nichts, hingegen von den Ligistischen alles erwarten.

Tilly, Maximilians Feldherr, eroberte gar bald die Lausitz, und allenthalben ging Schrekken der kaiserlichen Armee voraus, viele Städte öfneten ihre Thore, und eine Hauptschlacht mußte das ganze Spiel entscheiden.

Diese ereignete sich den 8ten November 1620. auf dem weißen Berg bey Prag.

Hier hatte sich Friedrichs Heer verschanzt — die Kaiserlichen übereilten es, griffen an, und eine Schlacht begann. Binnen einer Stunde war Böhmens Schicksal entschieden *).

Schrecken und Furcht bemeisterte sich Friedrichs Armee, alles nahm die Flucht — und eine gänzliche Niederlage war davon die Folge.

Friedrich saß noch im Zirkel seines Hofs und speißte, als schon der Feind unter Prags

*) Koehler de Friderico V. El. Pol. §. XVII. p. 55. n. e. hat alle hierher gehörige gleichzeitige Schriften bemerkt.

Mauern stand. Er ahndete nicht, in einer solchen Schnelligkeit seiner Krone beraubt zu werden. —

Bloß von einem kleinen Gefolge, worunter sich auch Herzog Johann Ernst, und Wilhelm von Weimar befanden, begleitet, flüchtete er noch die Nacht nach der Schlacht, mit seiner Gemahlin und Kindern, über Glatz nach Breßlau.

Dritter Abschnitt.

Folgen der Prager Schlacht. Mansfeld errichtet eine neue Armee. Bernhards erste Kriegsdienste bey solcher. Die Stände der Oberpfalz ergeben sich dem Herzog von Bayern. Mansfeld zieht sich nach der Unterpfalz. Bernhard tritt in Braunschweigische Dienste. Treffen bey Wimpfen. Treffen bey Höchst. Friedrich entläßt seine zeitherigen Anhänger. Treffen bey Fleury. Herzog Friedrich von Weimar kommt dabey ums Leben. Bernhard hält sich zu Coburg und Weimar auf, errichtet mit seinen Brüdern einen Vertrag. Er nimmt an dem Kriege vom neuen Antheil. Gegen Friedrich von der Pfalz wird die Acht erkannt. Bernhard tritt in Niedersächsische Kriegsdienste. Herzog Christian von Braunschweig verläßt den Niedersächsischen Kreis. Treffen bey Stadt Loen. Christians Niederlage dabey. Herzog Wilhelm von Weimar wird gefangen. Bernhard begiebt sich in Niederländische Dienste. Kehrt in seine Lande zurück. Errichtet mit seinen Brüdern einen Vertrag. Tritt in königlich Dänische Dienste. Geht nach Westphalen. Erobert mehrere Städte. Kommt Mansfelden zu Hülfe. Er dringt in Schlesien ein. Die Kaiserlichen werden geschlagen. Mansfelds Truppen gehen auseinander.

Mansfeld stirbt. Johann Ernst geht mit Tode ab. Der Kaiser droht den Herzog Bernhard in die Acht zu thun. Dieser verläßt die Dänischen Dienste. Wird wieder vom Kaiser zu Gnaden angenommen. Geht auf Reisen. Kehrt zurück und errichtet mit seinen drey Brüdern einen anderweiten Vertag.

Groß war die Freude Ferdinands über diesen erfochtenen Sieg. — Böhmen, Schlesien und Mähren sah er sich wieder unterworfen, und umgürtet mit dem Schwerd der Rache, war sein erstes Unternehmen, nun in dem wieder errungenen Königreiche, alle Reformirten, so wie die Prediger der Evangelisch-Lutherischen Religion zu veriagen — die Jesuiten allenthalben wieder einzuführen — die vornehmsten Empörer einzuziehen, und eine schreckliche Execution zu halten.

Seine äusserste Bemühung ging nun bloß dahin, sich zum Meister der Erblande des unglücklichen Friedrichs zu machen. Die Acht wurde gegen den beinahe von iedermann verlassenen Churfürsten ausgesprochen, er sei-

ner

ner Würden entsetzt, und seine Lande für heimgefallen erklärt (den 22 Jan. 1621) *).

Alles schien ietzt für Friedrich verlohren, als Mansfeld, sein eifrigster Anhänger, sich öffentlich erklärte, alles für die Vertheidigung der Protestantischen Religion und Aufrechterhaltung der deutschen Freiheit zu wagen, — und in dieser Absicht alle Freunde des Churfürsten zur Unterstützung aufrief, und auch würklich mit Zuthun mehrerer protestantischen Fürsten, worunter auch die Herzoge von Weimar waren, eine Armee von dreißigtausend Mann Infanterie, und dreihundert Mann Cavallerie errichtete.

Hier war es, wo unser **Bernhard** anfing in seinem siebzehnden Jahre, die Laufbahn des Krieges zu betreten. Er hatte mit seinem Bruder Wilhelm aus dem Stift Halberstadt, Schlesien und der Mark Brandenburg drey tausend Mann zu Fuß, und sechshundert Mann zu Pferd zusammengebracht, und diente hier zuerst als Rittmeister. Der

Zug

*) Meinen Lesern überlasse ich zu beurtheilen, in wie fern der Kaiser zu diesem Unternehmen, da der Pfalzgraf ihn für seinen Kaiser erkannt, mit ihm als Kaiser nie Krieg geführt hatte, berechtiget war. —

Zug ging mit diesen Truppen unverweilt durch Franken nach der Oberpfalz zu, wo sie sich mit Mansfeld, der seine Armee vor Windhaußen gelagert hatte, vereinigten.

Der Bayerische Herzog Maximilian, und der Kaiserliche Feldmarschall Tilly, welche beide mit vereinigten Kräften die Bemächtigung der Oberpfalz beabsichtigten, ließen der Armee nicht lange Ruhe, und versuchten mehrere harte Angriffe gegen selbige *), welche aber alle durch Mansfelds Muth und Kriegserfahrung fruchtlos gemacht wurden, und nichts würde ihn aus diesem Lager vertrieben haben, wenn solches sich nicht freiwillig dem Herzog Maximilian ergeben hätte.

Mittelst eines weitläuftigen Manifests, erinnerte dieser Herzog nemlich die Stände an ihre dem König Ferdinand schuldige Pflicht — führte ihnen zu Gemüthe, welchen nachtheiligen

*) Wette in der Lebensgeschichte der Herzoge von S. Weimar, S. 255. erzählt: daß in dem Lager vor Weidhausen, eine 25pfündige Kugel zwischen Herzog Wilhelm und Friedrich von Weimar niedergefallen, und beinahe den Grafen Ernst von Mansfeld, der zu Pferde zwischen inne gehalten, aus der Mitte gehoben habe.

theiligen Folgen sie sich dadurch, wenn sie ferner bey ihrer Widerspenstigkeit beharreten, aussetzen würden, — und wie wenig Mühe es ihm kosten solle, sie, falls Güte nichts fruchte, mit Gewalt zu ihrem alten Gehorsam zu bringen. — Versicherte ihnen endlich auch, daß wenn etwan Furcht für Mansfelds Macht sie von der Wiederkehr zu Ferdinands Krone abhielt, er mit allen Kräften ihnen gegen diesen den gemeinschaftlichen Feind beistehen werde *). Hierdurch wurden die Stände wankend, und beschlossen, sich dem Herzog, wenn er keine Neuerungen in Religions- und andern Sachen einführen würde, zu übergeben.

Dieser Entschluß war für niemand gefährlicher als für Mansfeld, welcher sich in einem Lande, das er nur als feindlich ansehen mußte, ohne Hülfe — ohne Lebensmittel — ohne Zuflucht befand. Nur eine List, welche sein großer Geist hervorbrachte, war im Stande, ihn aus dieser Verlegenheit zu retten.

Er gab vor, daß er bereit sey, gegen Erlegung einiger Tonnen Goldes, sich mit seiner

*) Das ganze Schreiben ist zu finden in Theatr. Europ. T. I. pag. 537. sq.

Armee ins Kaiserliche Dienste zu begeben, und räumte, um diese seine Vorspieglung desto glaubhafter zu machen, gegen Angebung einer Summe Geldes seine bey Weidhaußen befindlichen Schanzen, welche er ohnedem länger zu halten nicht im Stande war, dem Herzog von Bayern ein, wußte aber die Tractaten von Tag zu Tag zu verlängern, und war, als solche vollzogen werden sollten, schon längst der bevorstehenden Gefahr entflohen.

Er nahm seinen Weg durch Franken in die Unterpfalz, und machte sich mehrere fremde Städte unterwürfig. Ein neuer Stral von Hoffnung fing ietzo an für Friedrich aufzugehen, welcher dadurch, daß aus den Trümmern der Union zwey andere deutsche Fürsten, Georg Friedrich Markgraf zu Baden, und der Braunschweigische Herzog und Administrator zu Halberstadt Christian, erstanden, noch mehr vermehrt wurde. Ersterer hatte seine Markgrafschaft seinem Sohn abgetreten, u. öffentlich erklärt, den Ueberrest seiner Tage der Vertheidigung der protestantischen Religion, und Deutschlands Freiheit, zu widmen.

Er brachte bald ein ansehnliches Heer zusammen, und mit Einwilligung Mansfelds

trat

trat auch Bernhard, samt seinem Bruder Wilhelm, zu ihm über (1622).

Tilly war nun genöthiget auf seine Sicherheit zu denken, und ließ dahero alsobald die Truppen des spanischen Generals Cordua zu sich stoßen. Wäre zu dieser Zeit der Markgraf mit Mansfeld vereiniget geblieben, so hätte er ohne Zweifel dem ihm entgegenstehenden Feinde Trotz bieten können; zur Ausführung eines unüberlegten Plans, durch Schwaben in Bayern einzudringen, hielt er dies aber nicht für rathsam — trennte sich von Mansfeld, und wurde bey Wimpfen am Neckar durch Tilly zu einem Treffen genöthiget (26 Apr. 1522). Bernhard war vom Anfang bis zu Ende in Person dabey. — Beide Theile fochten mit Tapferkeit, und der zweifelhafte Sieg schien gleichsam von einer Seite zur andern zu wanken, bis endlich ein Zufall solchen dem Tilly zu Theil machte; einige feindliche Kugeln entzündeten nemlich die Pulverwägen von des Markgrafen Armee, und brachten eine allgemeine Unordnung unter den Truppen hervor a).

Das

a) Brachelli hist. nostri temp. Amstelod. 1655. 12. L. II. p. 71. sq.

Car. Carasae Germania sacra restitrata. Francof. 1641. 12. p. 145. sq.

Das Heer wurde gänzlich geschlagen und zerstreut, er selbst aber entschlossen gemacht, seine noch übrigen Truppen auseinander gehen zu lassen. Nicht weniger unglücklich als der Markgraf von Baden, war der Halberstädtische Administrator Christian von Braunschweig gewesen; dieser war gesonnen sich mit dem Grafen von Mansfeld zu vereinigen, und mit solchem gemeinschaftlich zu agiren; allein sein Entwurf mislung, und er wurde bey Höchst von Tilly (1622. den 19 Jun.) geschlagen, so daß er nur mit einem kleinen Theil seiner Reuterey im Stande war, noch zu dem General Mansfeld stoßen zu können. Gemeinschaftlich hielten sie iezt Berathschlagungen, wie und auf welche Art sie Friedrichs Glück wohl wieder herstellen könnten, und vereinigten sich fest, alles für diesen unglücklichen Fürsten aufzuopfern. Während aber sie auf diese vortreffliche Art beschäfftiget waren, war der unglückliche Churfürst durch das Zureden seines Schwiegervaters König Jacobs I. von England bewogen worden, diesen seinen einigen wahren Beschützern, dem Grafen von Mansfeld und dem Administrator Christian von Braunschweig, im Elsas vor Zabern, den Abschied zu ertheilen, (1622. den 23 Jul.) Der Markgraf von Baden hatte schon vorher seine Truppen verabschiedet.

Nur dies mangelte noch, um Friedrichs trauriges Schicksal vollkommen zu machen — Jetzt sank er ohne Rettung dahin — Mansfeld und Herzog Christian die sich durch diesen erhaltenen Abschied keinesweges abhalten ließen, ihre Waffen zur Vertheidigung der Protestanten zu gebrauchen, nahmen nun ihren Weg nach Lothringen, um von da nach den Niederlanden zu gehen. Mit Macht setzte sich ihnen hier aber der Spanische General Cordua entgegen. Bey Fleury kam es (1622. den 19 Aug.) zu einem der hitzigsten Treffen, bey welchem Christian in den Arm verwundet wurde, und Friedrich, Bernhards Bruder, ein tapferer junger Fürst, der sich beständig bey Mansfelds Armee ausgezeichnet hatte, und auch jetzt als Pfalz-böhmischer Obrister mit bewunderswerthem Muthe focht, das Leben verlohr. Drei Schüsse in die beiden Schenkel, und drei Pikenstöße stürzten ihn zu Boden, und eine äußerst heftige Verblutung setzte seinen Lebenstagen im 27sten Jahre seines Alters das Ziel b).

Seine

b) Müller l. c. sagt p. 320. also: A. 1622. den 19 Aug. ist Hertzog Friedrich zu Sachsen, Weimarischer Linie, in einen zwischen dem Don Cordua, und dem Grafen von Mansfeld, bey den Dorfe Fleury an der Brabandischen Grentze fürgegangenen harten Tref-

fen,

Seine Eingeweide wurden im Castell zu Breda, in Graf Wilhelms des ältern zu Nassau Begräbniß beigesetzt c), der Körper selbst aber nach Weimar gebracht, und den (8ten Nov.) mit militärischen Ehrenbezeugungen in der Pfarrkirche beigesetzt.

Der Vortheil von diesem schrecklichen Treffen wurde den Protestanten zu Theil, die Spanier mußten sich zurückziehen, und erstern das Schlachtfeld überlassen, welche nunmehro durch nichts abgehalten wurden, zu den Niederländern zu stoßen.

Bernhard, welcher von dem getrennten Heere des Markgrafen von Baden sich zurückbege-

sen, vermittelst dreier in beede Schenckel bekommenen Musquetenschüsse, und mit der Piquen auf beiden Seiten des Schlafs empfangener zweier Stöße, nachdem er sich verblutet, und von seinem Leib-Rosse auf einen Kutschen-Wagen gebracht worden, in Pfalz-Böhmischen Kriegs-Obristen Diensten, und 27 Jahre seines Alters Todtes verfahren, und zwar noch unverheirathet.

c) Tentzel Ernest. Medaillen-Cabinet, p. 516.

Uebrigens wird dieser Fürst auf Münzen Friedrich der ältere, wegen Herzog Friedrichs von der Altenburgischen Linie, so drei Jahre jünger als er war, genennt.

begeben, und bis zu Anfange des 1623 Jahres Coburg und Weimar zu seinen alleinigen Aufenthaltsorten bestimmt, auch mittelst eines mit seinen übrigen Brüdern unterm 13 Febr. 1622. errichteten Vertrags *), welcher mehrere, die Landeseinrichtung und das Kirchen- und Schulwesen angehende Punkte betraf, sich anheischig gemacht hatte, so lange von dem Schauplatz des Krieges entfernt zu bleiben, bis die von dem Markgrafen von Baden geworbenen Völker, in das Badensche Land gebracht wären, und man unterrichtet seyn würde, zu welcher Absicht solche gebraucht werden sollten,— nahm an allen diesen bisherigen Ereignissen keinen persönlichen Antheil; nachdem man aber nur zu deutlich wahrnahm, wie sehr ein Umsturz der ganzen protestantischen Religion zu befürchten sey, schien es ihm Verbrechen zu werden, länger einen bloßen Beobachter abzugeben.

*) Dieser Vertrag ist merkwürdig, wegen der ausserordentlichen Summen, welche man, ohngeachtet des Kriegs, in welchen damals die Weimarischen Herzöge verwickelt waren, und der vielen Prinzen, aus welchen zu iener Zeit das Fürstl. Hauß bestand, auf Schloßbau, Erhaltung eines ansehnlichen Hofstaats, und zur Unterstützung der Dürftigen, verwendete; ich habe ihn dahero in dem Anhang sub No. I. beigefügt.

Unter Vorspiegelung zu erhaltender Verzeihung hatte Ferdinand II. den unglücklichen Friedrich von der Pfalz entwafnet, und sich nunmehro in Stand gesetzt, diesem wehrlosen Fürsten den letzten Streich seines Zorns wiederfahren zu lassen. Ein zu Regensburg ausgeschriebener Churfürstentag sollte dies öffentlich zeigen. Dringend und eigenhändig ward vom Kaiser Chursachsen und Brandenburg um ihre persönliche Erscheinung ersucht, allein beide der kaiserlichen Absicht kundig erschienen durch Gesandte. — Mittelst einer feierlichen Rede suchte Ferdinand die Anwesenden zu überreden, daß sich Friedrich seiner Lande und Churwürde verlustig gemacht, und daß man Kaiserlicher Seits durch die Verdienste des Herzogs Maximilian von Bayern bewogen sey, solche auf das Pfälzische Hauß überzutragen d). Man hatte nicht geglaubt das Ferdinand so weit in seinem Zorn gehen würde, und that daher, besonders protestantischer Seits die gegründetesten Vorstellungen, um den Entschluß des Kaisers wankend zu machen e), allein alles Widerspruchs ohngeachtet belehnte

d) Khevenhiller Annal. Ferd. T. X. p. 4. sq.

e) Khevenhiller l. c. Ludolf Schaubühne Th. 1. B. 23. C. 2. S. 137. f.

belehnte Ferdinand den Herzog von Bayern, und konnte nichts weiter zum Besten Friedrichs ausgerichtet werden, als daß die Belehnung unbeschadet der Ansprüche, welche die Agnaten und Nachkommen Friedrichs darauf geltend machen möchten, geschah f).

Obgleich nun der Kaiser durch diese ungerechten Mittel alle seine Wünsche erreicht hatte, so fuhr er dennoch fort, die Protestanten in seinen Staaten auf das grausamste zu verfolgen. — Die Reformirten wurden aus der Pfalz gejagt, und sogar die Reichsstädte von Bedrückungen nicht verschont. Seine Armeen verstärkte er immer mehr und mehr, und zeigte nur zu deutlich, daß er noch andere Absichten hege. Nirgends war eine Macht, die ihm, wenn er es wagen sollte die protestantischen Stände anzufallen, Widerstand leisten konnte. Schon sogen die Spanier die Grafschaft Mark, das Fürstenthum Berg, und die angrenzenden Länder aus — schon stand der kaiserliche General Tilly in Hessen, und

 bedro-

f) Londorp acta publica. T. II. p. 653 — 725. und p. 795. T. V. p. 790. Corps diplomatique T. V. P. II. pag. 418. 425. 514. 546. Theatr. Europ. T. I. pag. 708. Memoires de Louise Iuliana p. 228 — 261.

bedrohete den Niedersächsischen Kreis; unverzeihliche Sorglosigkeit würde es dahero iezt gewesen seyn, in dieser bedenklichen Lage sich unthätig zu verhalten. Die Stände des Niedersächsischen Kreises sahen dies ein und fanden sich bewogen, um der bevorstehenden Gefahr zeitig vorzubeugen, eine engere Verbindung einzugehen.

Zu Braunschweig ward dahero, zwischen dem Könige von Dänemark, dem Churfürsten von Brandenburg, den Herzogen von Braunschweig, Holstein und Meklenburg, den Reichsstädten Bremen, Hamburg und Lübeck, beschlossen, sich in größter Eil zu bewafnen — in gehörige Vertheidigung zu setzen, und eine Armee von 10000 Mann Infanterie, und 2000 Mann Cavallerie zu errichten. Der Halberstädtische Administrator, Herzog Christian von Braunschweig, der aus Holland zurückgekommen war, wurde als Chef bestellt, und Herzog Wilhelm von Sachsen-Weimar, von diesem zum General-Lieutenant erklärt, welcher mit Beihülfe seines Bruders Bernhards eine Armee von 4000 Mann zu Fuß, und 1000 Mann zu Pferde warb, und mit solchen schon im Mai 1623. auf dem Musterplatz zu Halberstadt erschien g).

Diese

g) Müller Sächs. Annal. S. 321.

Diese Zurüstungen konnten Ferdinand nicht lange unbekannt bleiben — er sahe nur zu wohl ein, daß hier mehr als eine bloße Vertheidigung des Kreises zum Grunde liege, und befehligte daher seinen Feldherrn Tilly, der sich noch im Heßischen mit einem 20000 Mann starken Heere befand, die Bewegungen der Armee genau zu beobachten. Von Seiten des Kaisers selbst aber versuchte man durch die Versprechung, die kaiserl. Truppen gänzlich abzuführen, im Fall Christians Heer auseinander gehen würde h), den Kreis zur Niederlegung der Waffen zu stimmen. Christian achtete alles dieses wenig, desto furchtsamer aber wurde sein Bruder, Herzog Friedrich Ulrich, welchem Tilly mit einem Einfall in die Braunschweigischen Lande drohete, gemacht. Dieser bat mit Vereinigung der Stände, getäuscht durch die kaiserliche Vorspiegelung — und besiegt durch Furcht, Herzog Christian, unter dem Anführen, um iedes Unglück, so den Kreise bevorstehe, zu verhüten, seine Armee zu verabschieden, oder sich mit solcher zu entfernen.

In Gefahr von Freund und Feind zugleich angegriffen zu werden, entschloß sich Christian

h) Khevenhiller l. c. T. X. p. 172.

Christian, den Kreis zu verlassen (16 Jul. 1623). Er brach auf, machte den Niedersachsen bittere Vorwürfe über ihr Betragen i), und ging, von Herzog Wilhelm von Sachsen-Weimar begleitet, über die Weser nach der Grafschaft Lippe. Tilly, der bald Nachricht von diesen Aufbruch erhielt, und glaubte daß eine neue Vereinigung mit den Mansfeldischen Völkern zu Stande ko men möchte, vereinigte sich in größter Eil mit den Truppen des Generals von Anhalt, und verfolgte Christians Armee in forcirten Märschen. Christian zog sich ins Stift Münster, über die Ems, warf die Brücke hinter sich ab, und wendete sich nach Steinfurt. Den 26 Jul. 1623. erreichte ihn Tilly — bey Stadt Loen kam es zum Treffen, (27 Jul.) in welchem Christians Armee durch die weit überlegene Mannschaft des Tilly in allgemeine Unordnung versetzt und gänzlich geschlagen wurde. Auf achttausend Mann fanden dabey ihren Tod, oder geriethen in die Gefangenschaft k). Dieses letztere

i) Das Schreiben ist zu finden in Theatr. Europ. T. I. p. 748. und ein Auszug davon beim Herrn von Schirach Leben Christians von Braunschweig, im 6ten Theil der Biographien der Deutschen, S. 264.

k) Theatr. Europ. T. I. p. 746.

Beim Khevenhiller T. X. p. 188. findet sich ein Schreiben eines Augenzeugen von dieser Schlacht.

tere wiederfuhr auch Herzog Wilhelm von Sachsen = Weimar. — Unter heldenmüthiger Anführung der Seinen erhielt er mitten im Streit einen Schuß in den Arm, der zugleich oberhalb des Magens in den Leib ging. Man fand ihn nach geendigter Schlacht unter den Todten ganz kraftlos — setzte ihn in einen Wagen und führte ihn nach Münster, wo er von seinen Wunden geheilet, und alsdann nach Neustadt in Steyermark gebracht, und bis in December 1624. gefänglich gehalten wurde, wo ihm dann der Kaiser seine Freiheit ertheilte, und ihn wieder völlig zu Gnaden annahm l).

Doch es ist Zeit auf unsern Bernhard zurückzukehren. — Dieser war von Christians Armee, als solche den Niedersächsischen Kreis verließ, abgegangen, und begab sich ietzt (1623.) im Herbst nach den Niederlanden in die Dienste der Generalstaaten. Hier wurde er in die Stadt Deventer verlegt, und übte sich daselbst in militairischen Wissenschaften und Sprachen; von da, und von Grävenhaag aus aber, welcher letztere Ort sein Lieblingsaufenthalt war, besuchte er die vornehmsten Festungen dieses Landes, und nahm genaue Abrisse davon.

l) Müller S. Annal. S. 323. 326.
Heins Sächs. Handbibliothek S. 669. ff.

Die Niederlande waren damals eine der berühmtesten Kriegsschulen in Europa, die vereinigten Provinzen stritten um ihre Freiheit mit Spanien, — man sah die größten Helden auf diesem Schauplatz der Kriege erscheinen, und eine Menge der edelsten Deutschen sich eine Ehre daraus machen, unter solchen Feldherrn die Proben ihrer Kriegskunst abzulegen; man darf also nicht lange nachforschen, warum auch Bernhard in diesem Lande Dienste nahm — und gewiß würde er solche sobald nicht verlassen haben, wenn nicht das Corps wobey er stand, zu Ende des 1624sten Jahres dimittirt worden wäre.

Hierdurch veranlaßt kehrte der Herzog in seine Lande zurück. Das erste Geschäffte dessen er sich bey seinem Daseyn unterzog, war ein zwischen seinen Herren Brüdern Johann Ernst, Wilhelm, Albrecht, Johann Friedrich, und Ernst zu errichtender abermaliger Vertrag (1624. den 6 Dec.). In diesem wurde ein jeder der Fürstl. Brüder mit seinen Revenüen an gewisse Einkünfte, und Bernhard an das Amt Jena und die Vogtey Brembach gewiesen m), im übrigen aber beschlossen, daß die gemeinschaftliche Regierung dem Herzog Albrecht

m) Müller l. c. p. 326.

Albrecht übertragen, und mit Bewilligung sämtlicher Durchlauchtigsten Paciscenten, dem Herzog Johann Ernst besonders, außer den ihm angewiesenen Einkünften, 4000 Fl. zugestanden, und wegen der Landesschulden eine Versammlung der Stände veranstaltet werden solle n).

Der Zustand von Deutschland fing zu dieser Zeit an, einer der bedenklichsten zu werden. — Keine Hinderniß schien Ferdinand mehr in dem Wege zu seyn, für alles was er nur unternehmen wollte — Niemand war vorhanden, der sich seinen Absichten zu widersetzen getraute, mit einem Wort das Gleichgewicht von Europa schien iezt zu wanken, und man beschloß, durch das doppelte Interesse der Religion und der Staatsklugheit aufgefordert, den Absichten des Kaisers mit Ernst zuvorzukommen o), und die Fortschritte dieses Monarchen

n) Diese Versammlung kam (1625. im März) zu Stande, und übernahm dabey die Landschaft nicht nur die gewürkten Cammer-Schulden, sondern leistete auch noch außerdem ansehnliche Unterstützung. Der Vertrag selbst ist sub No. II. abgedruckt.

o) Ioh. Ioach. de Rusdorf. consultatio politica de mediis restituendi res in Europa collapsas (in eius consiliis et negotiis politicis p. 336. u. f.) — eine der merkwürdigsten Erscheinungen ihrer Zeit. —

rarchen in Niederdeutschland, welches die heftigsten Unterdruckungen erlitte, zu begrenzen. England, Frankreich, Schweden, Holland, Venedig und Savoyen schlossen Bündnisse; Dänemarks König Christian IV. zählte sich als Herzog von Holstein selbst zu den Ständen des Niedersächsischen Kreises, und Gustav Adolph — der große König der Schweden, war gerustet.

Alles versprach iezt den protestantischen Angelegenheiten einen glücklichen Ausgang; allein Eifersucht gegen den Schwedischen Monarchen nagte am Herzen des Dänischen Königs, und zernichtete diese Hoffnung — Gustav Adolph verlangte den Oberbefehl der Armee, und zu seiner Sicherheit die Einräumung einiger festen Plätze in Deutschland, um seinen Truppen nöthigen Falls einen Zufluchtsort zu gewähren — Man verweigerte ihm dies, und der Bund verlohr einen seiner thätigsten Anhänger. —

Der König von Dänemark Christian IV. eilte indeß seines Wunsches, die Lorbeern, so er sich von diesem Feldzug versprach, ungetheilt zu erhalten, theilhaftig, sich im Felde zu zeigen. Zum Obersten des Niedersächsischen

Kreises

Kreises ernannt, warb er Truppen, und führte solche nach Deutschland. England und Frankreich versprachen Beistand, Mansfeld und Christian von Braunschweig errichteten neue Armeen, mit denen sie zu dem König stießen, und die Herzoge von Meklenburg erklärten sich öffentlich für ihn.

Mit einer solchen Macht und Muth ausgerüstet, schmeichelte sich Christian IV. gar bald diesen Krieg beendigen zu können. Würklich schien damals auf den Ausgang der Unternehmungen dieses Königs alles anzukommen. Mit seinem Schicksaale schien das Schicksal von Deutschland verbunden zu seyn. — Jetzt stand die Verfassung, die Freiheit von Deutschland auf dem Spiel; ieder Patriot fühlte dies, und suchte thätigen Antheil zu nehmen.

Bernhard war einer der ersten, welcher sich entschloß, unter den Fahnen Christians des IV. für die Aufrechterhaltung der Religion und deutschen Freiheit zu fechten.

Die Feindseligkeiten nahmen bald ihren Anfang, und Niederdeutschland wurde der Schauplatz des Krieges; der Graf von Mansfeld kam als englischer General mit einem ansehnlichen

sehnlichen Heere aus Holland durch Westphalen an — Graf Tilly folgte dem linken Ufer des Weserstroms, und Wallenstein, ein verdienter Officier und Liebling des Glücks, der sich aus einem armen böhmischen Edelmann bis zur Würde eines Herzogs von Friedland und deutschen Reichsfürsten empor geschwungen hatte, und es ietzt unternahm mit Kaiserlicher Erlaubniß auf eigne Kosten eine Armee auszurüsten, rückte in das Halberstädtische und Magdeburgische Gebiet, und suchte sich der Elbe zu bemächtigen. Tilly hingegen ließ sich die Einnahme von Nienburg, welches einer der wichtigsten Plätze an der Weser zur Dekkung des Niedersächsischen Kreises war, äußerst angelegen seyn, und suchte eine plötzliche Belagerung so viel als möglich zu bewürken; zeitig genug aber erhielt man noch Dänischer Seits davon Nachricht, um diese Festung mit einer starken Besatzung und Proviant versehen zu können p). Nichtsdestoweniger aber änderte Tilly seinen Vorsatz — er wagte mehrere Stürme auf die Stadt, wurde aber iedesmal durch die Tapferkeit der Garnison, die der Oberste Limbach commandirte, mit ansehnlichem Verlust zurückgetrieben, und endlich genöthiget,

p) Theatr. Europ. Tom. I. p. 868.

nöthiget, die Belagerung dieser Festung ganz und gar aufzugeben, und sich nach Stolzenau zurückzuziehen.

Indeß fehlte es den kaiserlichen Truppen in andern Gegenden nicht an glücklichen Ausführungen. Tilly eroberte mehrere Städte, und bekam sonderlich zu Anfang des Wintermonaths 1625. das feste Hauß Calenberg durch Accord in seine Gewalt. Es war dieses ein Ort, an welchem den Dänen nicht wenig lag, und dahero dessen Wiedererlangung äußerst nothwendig; um diese zu bewerkstelligen, wurden von dem König, Herzog Friedrich von Sachsen=Altenburg, samt dem Obristen Oberntraut und dreihundert Truppen dahin beordert q). Tilly hatte bald Kundschaft von diesem Anzuge erhalten, und eilte ihnen dahero mit einer weit stärkern Macht entgegen. Bey Salsen unfern Hannover kam es zum Angriffe, (25 Oct. 1625.) in welchem die Dänen unterlagen, und den größten Theil ihrer Mannschaft samt zwey ihrer tapfersten Heerführer,

q) Bellus Oesterr. Lorbeerkranz. „Der Zeit ist „der Obrist Oberntraut, wie auch der Obrist Fuchs „mit 3000 Mann im Königl. Lager ankommen: den „Oberntraut hat der Herzog von Weimar zum General=„Lieutenant über die Cavallerie verordnet.

führer, den Herzog Friedrich und General-lieutenant Oberntraut verlöhren r).

Christian IV. fühlte das gefahrvolle seiner Lage, sich zwischen zwey solchen furchtbaren Heeren als das Wallensteinische und Tillysche war, zu befinden, und beschloß nunmehro sich öffentlich für den Grafen von Mansfeld, dessen Verbindung er bis ietzo geheim gehalten hatte, zu erklären, und eröfnete den Feldzug in dem Jahr 1626. mit einer sechzigtausend Mann starken Armee.

Er vertheilte seine Truppen in drey besondere Heere, von welchen iedes für sich agiren, und dadurch den Feind in die Nothwendigkeit versetzen sollte, seine Armeen gleichfalls zu zertheilen.

Herzog Johann Ernst, und unter ihm unser Bernhard rückten nach Westphalen, [illegible] bemäch-

r) Müller l. c. S. 327. den 25 Oct. 1625. bleibt Hertzog Friedrich Sachsen-Altenburgischer Linie, als Obrister unter der Krohn Dennemark, in dem Treffen bey Salsen, unfern Hannover, an einem in dem lincken Arm und Kopf überkommenen Schuß, im 27sten Jahre seines Alters, wird bis auf weitere Verordnung zu besagten Hanöver in St. Egidienskirche, einstweilen beygesetzet.

bemächtigten sich der Städte Osnabrück, Vecht, Quackenbruck, und anderer mehr, und waren willens auch das Bisthum Münster zu besetzen, welches auch erfolgt seyn würde, wenn nicht dessen Bewohner durch eine freiwillige Zahlung von achtzigtausend Thaler, solches abgewendet hätten s).

Als Tilly diese Unternehmungen der Herzoge erfahren hatte, verließ solcher den Weserstrom, um die fernern Fortschritte derselben zu verhindern; aber die Bewegungen des Herzogs Christian, welcher nicht undeutlich merken ließ, durch Hessen in die Ligistischen Länder eindringen zu wollen, riefen ihn aufs eiligste

s) Bellus l. c. p. 946. Im Eingang des Monaths Martii, hat der König in Dännemarck durch seinen Feldmarschall den Herzog von Weimar, sich des Stifts Oßnabrück — bemächtigt, und ist dessen ältester Printz zum Coadjutor desselben Stifts von etlichen ernennt, doch wofern derselbige Bischoff, ein Graf von Warteberg, sich nicht zu rechter Zeit einstellen sollte, sollt er zum Bischoff und Administrator einstallirt werden. Die nicht weit davon gelegene Stadt Wiedenbrück ist den 16ten dieses, Morgens frühe von gedachten Herzog von Weimar überrauscht. — Das Stift Münster soll sich haben abgekauffet, und Herzogen Weimar 80,000 Reichsthaler geben. — Gesch. Bernh.

eiligste wieder aus Westphalen zurück, und nur Mansfelds unvermutheter Unfall war im Stande die Herzoge Johann Ernst und Bernhard zu bestimmen, diese Gegend zu verlassen.

Dieser Feldherr hatte sich einige Zeit in dem Fürstenthum Anhalt aufgehalten, und war auf Mittel und Wege bedacht gewesen, Wallenstein von der Dessauer Brücke und Schanze, als welcher Platz für ihn von ausserordentlichem Nutzen war, zu vertreiben, hatte auch in dieser Absicht beide Oerter mit Gewalt angegriffen, (1 April 1626.) war aber durch Wallensteins weit überlegene Macht im Rücken angefallen, und genöthiget worden mit einem Verlust von dreytausend Mann diesen Posten zu verlassen t).

Nach dieser Niederlage zog sich Mansfeld mit dem Rest seiner wieder gesammelten Truppen in die Mark Brandenburg, wo er sich aufs neue verstärkt, und nachdem Herzog Johann Ernst und Bernhard mit fünftausend Mann zu ihm gestoßen waren, nach Schlesien eilte u), in der Absicht, um von dort aus in Ungarn

t) Theatr. Europ. T. I. p. 923.

u) Theatr. Europ. T. I. p. 929. „Belangend „den Aufbruch des Mansfelders aus der Mark, so „ist

Ungarn einzudringen, und in Verbindung mit dem Siebenbürgischen Fürsten Bethlem Gabor, den Krieg in das Herz der Oesterreichischen Staaten zu spielen. Sie gingen durch Frankfurth an der Oder, auf Crossen, und von da nach Großglogau, bey Breßlau, Oppeln und Ratibor vorüber, und gerade nach Jabelunka. Hier wollten sie den Fürsten von Siebenbürgen erwarten, und verschanzten sich. Die Kaiserlichen thaten wiederholte Angriffe, die sie aber standhaft aushielten. Endlich aber da sich Wallensteins Armee täglich verstärkte, und Bethlem nicht selbst, sondern nur einige von ihm abgeschickte Truppen kamen, brach Mansfeld auf, um nach Ungarn zu gehen. Bernhard und Johann Ernst begleiteten ihn dahin nicht, sondern trennten sich von diesem

F 2 Heere

„ist selbiger den 80 Juli. geschehen, und ist zu ihm „auch Hertzog Johann Ernst von Sachsen-Weimar „mit 5000 Mann Dänischen Volks gestoßen. Gedachter Herzog Johann Ernst und Mansfeld, hatten eine „sehr wichtige Impressa vor, und waren willens, an „einem gewissen Ort und Zeit sich mit dem Fürsten „in Siebenbürgen, der damals in starker Bereitschaft „stand, zu coniungiren, und wider Oesterreich etwas „vorzunehmen. Zu welchem Ende sie ihre Marche, „darzu sich das Volck auf 14 Tage mit Proviant und „allerhand Nothdurft versehen müssen, in möglichster „Eil fortstelleten.“

Heere, und wendeten sich wieder nach Schlesien, bemächtigten sich daselbst mehrerer Orte, und errichteten bey Troppau ein ansehnliches Lager x).

Allgemein verbreiteten sich ietzt die Weimarischen Truppen in dieser Provinz. — Wallenstein blieb diese Gefahr nicht unbekannt, da er selbst aber außer Stand war diesen Fortschritten Ziel zu setzen, indem er dem Grafen von Mansfeld nach Ungarn folgte, so schickte er die Grafen Schlick und Serini, mit denen sich die Obristen Dohna, Schaffgotsch, Colloredo und Hertel vereinigten, ab, um die fernern Fortschritte der Weimarischen Herzoge zu hemmen — Allein diese scheueten wenig diese anrückende Macht — gingen ihr selbst entgegen — griffen sie an, tödteten ihnen dreizehnhundert Mann, und iagten die übrigen in die Flucht y).

Unser

x) Khevenhiller p. 1248. — haben die Weimarischen ziemlich im Lande um sich gegriffen, und sonderlich bey Troppau ein starkes Lager formiret.

y) Khevenhiller l. c. — Als nun inzwischen Obrister von Dona, Oberster Schaffgotsch, Colloredo und Obrister Hertel mit vielen Volk in Leobschützer Refier aufgebrochen, sind ihnen sieben Cornets von den

Unser Bernhard legte überall Proben seiner Tapferkeit und Einsicht an den Tag. — Täglich gewannen die Weimarischen Truppen neue Vortheile — täglich zogen die Kaiserlichen den kürzern Theil, in Mähren und Schlesien hatten sie Leobschütz, Kleinglogau, Gleiwitz, Oppeln, Kosel, Teschen, Großstrelitz, Jägerndorf, Troppau, Sternberg und mehrere Orte verlohren. — Ferdinand sahe dies, und bat seinen General Wallenstein, mit der Hälfte der Armee aus Ungarn aufs eiligste zurückzukehren, und Mähren und Schlesien Hülfe zu leisten, dieser entschuldigte sich aber mit der Schwäche seiner Armee, und den gefährlichen Folgen, welche sein Abzug aus Ungarn hervorbringen könnte z).

den Weimarischen entgegen gezogen, welche sie mit Scharmutzieren dergestalt angegriffen, daß endlich die Kaiserlichen, ob sie wohl viel stärker — in die Flucht geschlagen, und bis an Kosel mit Verlust 1300 Mann verfolget wurden.

z) Bellus l. c. P. II. p. 43. — „Dieweil der „Herr von Donaw mit dem Schlesischen Ausschuß zu „schwach, bevoraus, weil viel Landvolk dem Feinde „nicht ungewogen, haben Ihro Kaiserl. Majestät an „Dero Generalen, den Herzog von Friedland, befelich „ergehen lassen, daß er mit dem halben Theil seiner

Die Verlegenheit des Kaisers war hierüber groß, allein auch hier behauptete sein ihm immer zur Seite stehendes Glück die Oberhand. —

Bethlem Gabor, erkaltet für die Sache der Protestanten, hatte mit dem Kaiser einen Vergleich errichtet, und so Mansfelds Entwurf umgestürzt. Dieser von Deutschland abgeschnitten, und ganz außer Stand, den schwachen Ueberrest seiner Truppen in Ungarn zu erhalten, verkaufte Geschütz und Heergeräthe, und ließ seine Soldaten auseinander gehen; er selbst eilte von wenigen seiner Freunde begleitet

„Armade zurückkommen, und dem in Mähren und „Schlesien angehenden Fewer bey Zeit begegnen sollte. „Auf empfangene solche Ordinanz soll Seine Fürstliche Gnaden an Ihro Kaiserliche Majestät — ein „Handbrieflein erlassen, in welchen er soll vermeldet, daß er nicht mehr die halbe Armade beisammen habe, und dahero nicht rathsam erachte, „daß er — sich mit seiner Armade aus Ungarn erheben, und durch den starken Paß Gabeluncka, welchen „die Feinde mit 200 Mann wider seine ganze Armade defendiren können, wider sie ziehen solle. So „wäre sich über dieses auch zu befahren, daß der „Bethlem und die Mansfeldische Armade ihm auf „den Fuß folgen, und also in der Mitten einschließen „möchten, dadurch ihm denn die ganze Armade leichtlich könne abgeschlagen werden.“ —

gleitet nach dem Venezianischen Gebiete — neue Entwürfe belebten seinen Muth — aber sein Lauf war vollendet. — Nicht weit von Zora übereilte ihn den Tod (1626. 20 Nov.)

Sein Ende war seinem Leben gleich, voll Muth und Standhaftigkeit. Als er solches herannahen sahe, warf er sich in seine Uniform, umgürtete sich mit dem Degen, und erwartete dasselben stehend, gestüzt auf zwey Officiere. An dieser ihrer Seite verschied er im sechs und vierzigsten Jahre seines Lebens *). Kurz vorher war sein treuer Gefährde Herzog Christian von Braunschweig gestorben.

Von einem der gefährlichsten Feinde befreiet, faßte nun der Kaiser den Entschluß, den Weimarischen Herzogen seinen ganzen Zorn fühlen zu lassen, und mit der längst angedroheten Acht würklich vorzuschreiten. Unfehlbar würde er diesen seinen Vorsatz in Ansehung des Herzogs Johann Ernst auch würklich ausgeführt haben, wenn dessen Tod nicht unverhoft dazwischen getreten wär **). Auf

 dem

*) Theatr. Europ. T. I. p. 973. Gualdo Hist. di Ferdinando Terzo, P. I. p. 173.

Herchenhahns Geschichte Albrechts von Wallensteins, 1r Th. S. 189. Altenburg 1790. 8.

**) Brachel l. c. L. III. p. 142. sq.

dem Wege nach Ungarn, wo er an Mansfelds Stelle zu treten willens war, wurde er von einer Krankheit übereilt, welche wahrscheinlich ihren Grund in einer nicht völlig gar gekochten Speise hatte. Ein Uebelseyn bemächtigte sich seiner, er suchte solches durch den Genuß starken Weines zu heben — allein dies vermehrte seine Krankheit, und 14 Tage nachher starb er zu St. Martin in Nieder-Ungarn, in einem Alter von beinahe drey und dreißig Jahren, (4 Dec. 1626.) *). Sein Leichnam wurde nach Troppau, und von da nach Weimar gebracht, wo er in der Stadtkirche beigesetzt wurde.

Nach Johann Ernsts Tode übernahm der Obriste Curpezan das Hauptkommando über die Armee **), und behauptete solcher standhaft noch lange die eroberten Plätze.

Herzog

*) Müller S. 329. den 4 December 1626. ist Herzog Johann Ernst der jüngere zu Sachsen-Weimar zu St. Martin in Ungarn, als Königl. Dennemärckischer General Feld-Obrister, nachdem er bis in den vierzehenden Tag sehr schwach und matt gewesen, Todes verblichen, da er sein Alter gebracht auf 32 Jahre, 9 Monate und 13 Tage. Dessen Fürstlicher Körper ist, auf des Kaisers Vergünstigung, nach Troppau in Schlesien abgeführt und daselbst bis zur Abholung beygesetzet worden.

**) Bellus P. II. S. 85.

Herzog Bernhard war ietzo noch der einzige Fürst aus dem Hauße Weimar, welcher sich unter Dänischen Waffen dem Kaiser entgegensetzte; bey ieder einzelnen Vorfallenheit zeigte er sich tapfer und muthvoll. — Er kannte die Würde eines deutschen Fürsten, die Verfassung des Reichs und dessen Gesetze — ihre Aufrechterhaltung war der Gegenstand seiner eifrigsten Bemühungen — die Triebfeder seiner kriegerischen Unternehmungen. Ueberall bezeigte ihm Christian von Dänemark seine vollkommene Zufriedenheit, und wünschte nichts sehnlicher, als ihn beständig bey seiner Armee behalten zu können. Allein der vorher zwischen ihm und Johann Ernst getheilt gewesene Zorn des Kaisers schien ietzt allein über diesen Fürsten ausbrechen zu wollen — Ferdinand hatte beschlossen, die Johann Ernst angedrohete Acht an Bernhard zu vollziehen, — und dies veranlaßte unsern Herzog dem inbrünstigen Zureden seiner Herren Brüder, Räthe und Unterthanen, Gehör zu geben, und die bisher behaupteten königlichen Dänischen Kriegsdienste zu verlassen, und von allen feindlichen Unternehmungen gegen den Kaiser abzustehen (1627).

Sobald dies geschehen war glaubte man nunmehro desto leichter eine Aussöhnung mit dem Kaiser bewürken zu können, zumal wenn ein Dritter sich unmittelbar dafür verwenden würde; der Herzog Albrecht von Friedland der damals am Kaiserlichen Hofe vieles galt, war hierzu die beste Person, und er unternahm es auch, Ferdinand soweit zu bringen, daß er dem Herzog völlig verziehe — ihm wieder in Kaiserl. Schutz und Gnaden aufnahm, und zu Anfang des folgenden Jahres sogar eine schriftliche Versicherung, sub dato Götschin den 4ten März (1628.) aushändigen ließ *).

Nicht lange nachher that Herzog Bernhard eine Reise nach Holland, Frankreich und Eng-

*) Müller S. A. S. 334. Hat Albrecht Hertzog zu Friedland und Sagan, Kaiserlicher General-Obrister Feld-Hauptmann, wie auch des Oceanischen und Balthischen Meeres General, vermöge Kaiserlicher vollkommlichen Gewalt, Hertzog Bernhard zu Sachsen-Weimar, nachdem er sich, auf vorherbeschehenes Ermahnen von den Königl. Dennemärkischen Kriegsdiensten abgewendet, und in Kaiserliche Devotion begeben, auch darinnen zu verharren versprochen, eine schriftliche Versicherung sub dato Gotschin ausgehändigt, daß er wiederum in Kaiserlichen Schutz und Schirm auff- und angenommen; und gäntzlich pardonirt seyn sollte.

England, besuchte die vornehmsten Festungen, und wohnte sogar der Belagerung von Herzogenbusch bey. Zu Anfang des 1629sten Jahres kehrte er in seine Lande zurück, und errichtete mit seinen drey Fürstl. Brüdern Wilhelm, Albrecht und Ernst, einen Hauptvertrag unterm 19den März 1629, welcher nicht nur die Bestätigung derer bereits in den Jahren 1618 und 1621. getroffenen Verabredung zum Gegenstand hatte, sondern noch außerdem bestimmte, wie es bey künftigen Succeßionsfällen mit der Landesregierung bey ungetheilten Landen, gehalten werden solle, und dieserhalb festsetzte, daß iederzeit dem ältesten Bruder oder Vetter, ohne Unterschied der Linien das Majorat oder Rang gelassen werden, und zu diesem Ende anietzo Herzog Wilhelm, als nunmehriger Aeltester, die zeithero zu aller Zufriedenheit geführte Regierung allein, und zwar auf so lange als sie die väterlichen Lande ungetheilt besitzen würden, übertragen werden sollte *).

*) Bey'm Lünig im R. A. Part. sp. Cont. II. Abthl. IV. Abschn. II. p. 413. ist dieser Vertrag abgedruckt, aber seiner Wichtigkeit halber lege ich solchen den Urkunden sub No. III. in Extenso bey.

Müller in Annal. S. 336.

Glafey Kern der Geschichte von Sachsen, Buch 1. Cap. 21. p. 396.

Vierter

Vierter Abschnitt.

„Die Kaiserlichen siegen. Dänemark schließt Friede mit dem Kaiser. Ertheilung des Restitutions-Edikts. Leipziger Bund. Schweden wird zum Beistand aufgefordert. Gustav Adolf kommt nach Deutschland. Der Kaiser versucht den Churfürsten von Sachsen vom Leipziger Bund abzuziehen. Johann Georg schließt mit Gustav Adolf ein Bündniß. Der König vereiniget sich mit den Sächs. Truppen. Breitenfelder Schlacht. Sieg der Schwedisch-Sächsischen Armee dabey. Herzog Bernhard bietet dem König von Schweden seine Dienste an, und wird von diesem zum General-Major ernennt. Erfurt wird eingenommen. Die Schweden gehen nach Franken. Bekommen Schweinfurt, Würzburg, und verschiedene andere Städte am Rhein in ihrer Gewalt. Gustav Adolf hält seinen Einzug zu Frankfurt. Bernhards Eroberungen am gegenseitigen Rheinufer. Maynz ergiebt sich. Bernhard nimmt Manheim ein. Bekommt Creuznach und Bacharach in seine Gewalt. Gustav Adolf eilt mit Bernhard Horn zu Hülfe. Treuloses Benehmen des Bischofs von Bamberg. Gustav Adolf erscheint in Nürnberg. Die Schweden bekommen mehrere Orte in Schwaben in ihrer Gewalt.

walt. Gehen über den Lech. Treffen das. Tilly wird tödtlich verwundet, die Bayern fliehen. Augsburg wird erobert. Ingolstadt vergebens belagert. Tilly stirbt. Die Schweden brechen in Bayern ein.

Während diesem allen verschlimmerte sich die Lage der Protestanten von Tag zu Tage,— der weislich angelegte Plan, den Krieg in den Erblanden des Kaisers zu unterhalten, war zu Grunde gegangen — Wallenstein hatte einen festen Platz nach dem andern wieder eingenommen, und allenthalben hatte der König von Dänemark schreckliche Niederlagen erlitten; bey Luther am Barenberg war er gänzlich überwunden, und aus allen Posten an der Weser, Elbe und Havel vertrieben worden. Wallensteins Armee verbreitete sich gleich einem reißenden Strom über Brandenburg, Meklenburg, Holstein und Schleswig — Christian IV. aufgeschreckt dadurch, fand sich endlich zu Eingehung des für ihn und Schweden, gegen welches er sich mittelst des zu Kopenhagen geschlossenen Vertrags verbindlich gemacht hatte, keinen einseitigen Frieden schließen zu wollen, höchst nachtheiligen Friedens bestimmt (1629).

In

In diesem versicherten der Kaiser und der König einander ewige Freundschaft. — Christian erhielt nichts als seine von Kaiserlicher Seite eroberten Länder zurück, und verhieß dagegen dem Kaiser in die deutschen Angelegenheiten sich nicht anders, als Reichsstand, als Herzog von Holstein einzumengen, sich auch der Niederdeutschen Stifter ganz und gar nicht mehr anzumaßen, und die Meklenburgischen Herzoge — welche durch ihn in den Krieg mit dem Kaiser verwickelt worden waren — ihrem Schicksale zu überlassen. So wurde abermals dem Kaiser der Triumph, seine Feinde zu Boden gestürzt zu haben, zu Theil. —

Ferdinand glaubte diesen ietzigen Zeitpunkt nicht besser benutzen zu können, als wenn er augenblicklich den Protestanten, welche er längst aus seinen Staaten vertrieben hatte, den letzten Schlag beibrächte. — Dies geschah durch das berufene Restitutions-Edikt, (6 May 1629.) nach welchem den protestantischen Ständen bey Strafe des Reichsbannes befohlen wurde, alle seit dem Passauer Vertrage eingezogene mittelbare Stifter, Klöster und andere Kirchengüter zu restituiren, die in protestantischen Händen gebliebenen Bisthümer wieder mit katholischen Bischöffen zu besetzen,

und

und die katholischen Stände in der vorzunehmenden Reformation in ihren Landen nicht zu hindern *). Würklich fing auch Ferdinand an, die Vollziehung dieses Edikts mit gewafneter Hand durchzusetzen — und seinen Truppen unerhörte Ausschweifungen in den deutschen Provinzen zu erlauben.

Jetzt stürzte Deutschland aufs neue in die Schrecken eines entsetzlichen Kriegs. —

Dieser Ernst des Kaisers machte alle evangelische Reichsstände aufmerksam, und man sahe die Nothwendigkeit, ernstliche Maasregeln entgegen setzen zu müssen. Von Seiten Chursachsens fand sich Churfürst Johann Georg aufgefordert, nunmehro seiner Religionsverwandten sich mit Ernst anzunehmen; und als Director unter den Evangelischen die protestantischen Fürsten und Stände nach Leipzig zu einer Berathschlagung einzuladen (19 December 1630.) **). Die Churfürsten von Sachsen und Brandenburg, unser Bernhard

und

*) Londorp acta publica, Th. 3. S. 1048. ff Heinrichs Sächs. Geschichte, Th. 2. S. 297.

**) Londorp. Th. 4. S. 130. f. Vogels Leipz. Annal. S. 412. f.

und seine Fürstl. Brüder, die Herzoge von Altenburg, der Landgraf von Hessen-Cassel, der Pfalzgraf von Neuburg und verschiedene andere protestantische Fürsten und Grafen, erschienen in Person (2 April 1631). Man beschloß, den Kaiser um Aufhebung des Restitutions-Edikts nochmals zu ersuchen, wegen der bisher erlittenen Kriegsbedrängnisse Vorstellung zu thun, und auf den Fall, wenn man kein Gehör fände, die deutsche Freiheit und Erhaltung der Reichsgrundgesetze mit Gewalt zu behaupten *).

In einem eignen Schreiben macht Sachsen dem Kaiser und den katholischen Churfürsten diesen Schluß des Convents bekannt a). Ersterer erklärt sich aber mittelst eines besonders abgeschickten Gesandten dahin: daß er sich zu einer Abänderung des aus vortrefflichen Ursachen publicirten Edikts nicht verstehen könne, und die völlige Bewafnung gegen sich erwarten wolle.

Gefahrvoll zeigte sich der Kaiser durch diese Antwort; — der Qualen Menge und der Drang-

*) Londorp. Th. 4. S. 144.
Vogel am ang. O. S. 434. f.

a) Theatr. Europ. T. II. p. 311.

Drangsale steigende Zahl schien jetzt die höchste Stufe besteigen zu wollen, und man war genöthiget, alle nur mögliche Kräfte aufzubieten, um den Kaiser in die überschrittenen Schranken zurückzubringen.

Auf Schweden setzte man seine einzige Hoffnung zur Rettung — Gustav Adolf wurde um Hülfe angesprochen — Deutschland machte sich anheischig sogleich bey seiner Ankunft auf deutschen Boden sich für ihn zu erklären, und Frankreich und England boten Subsidien dar.

Durch diese dringenden Einladungen aus Deutschland aufgefordert, und durch eigene erlittene Beleidigungen berechtiget b), gebot Gustav, da jede gütliche Unterhandlung sich zerschlagen hatte, seinen Regimentern, die

Flotte

b) Unter die vorzüglichsten Beleidigungen, welche Gustav zugefügt worden waren, gehört hauptsächlich, daß Ferdinand hatte die Schwedischen Flaggen insultiren und Depeschen des Königs nach Siebenbürgen auffangen lassen, ferner, daß man bey Schließung des Lübeckischen Friedens die Schwedischen Gesandten mit beleidigendem Trotz abgewiesen, und mit einer das Völkerrecht verletzenden Behandlung bedroht hatte.

Flotte zu besteigen, sich zur Landung auf der Pommerischen Küste zu bereiten.

Rührend war der Abschied dieses Helden von seinen Reichsständen (20 May 1630).

Nachdem alles zu seiner Abreise in Bereitschaft war, erschien er nochmals in ihrer Mitte, um ihnen das letzte Lebewohl zu sagen. — Er vermahnte sie, des Muthes und der Standhaftigkeit ihrer Vorfahren eingedenk zu bleiben — stellte ihnen vor, wie er den gegenwärtigen Krieg nicht aus Uebereilung, sondern aus wahrer inniger Theilnahme für die gerechte Sache der Evangelischen unternommen habe, sagte ihnen nochmals den aufrichtigsten Dank für ihre Dienste, nahm seine vierjährige Tochter Christina, die vermöge eines Reichsschlusses sogleich nach ihrer Geburth als künftige Beherrscherinn anerkannt worden war, auf die Arme, und stellte sie den versammelten Ständen in einem stummen Auftritt, welcher sogar nordischen Augen Thränen auspreßte, vor. c). Der König selbst wurde dergestalt gerührt, daß er sich erholen mußte, ehe er seine Rede endigen, und die Versammlung

c) Chemnitz in der Historie des Schwedisch-deutschen Kriegs, B. 2. §. 3. S. 48. u. f.

lung verlassen konnte. Er schloß endlich mit den Worten: „Euch allen sage ich mein „zärtlichstes Lebewohl, und vielleicht sage ich „es zum letztenmal zu euch, vielleicht sehen „wir uns nie hienieden wieder" d).

d) Christina in ihrer Lebensbeschreibung erzählt diese Scene mit einer Lebhaftigkeit, die ieden Leser in Rührung versetzen muß, sie sagt nemlich: „Quand „il partit, j'etois un peu plus grande, et „on m'avoit appris un petit compliment, „que je devois lui reciter: mais comme „il etoit si occupé qu'il ne pouvoit s'amu„ser a moi, voyant qu'il ne me donnoit „pas audience, je le tirai par son bouffle, „et le fis tourner vers moi. Quand il „m'apperçut, il me prit entre ses bras, „m'embarassa, et ne put retenir ses lar„mes, à ce que m'ont dit les personnes, „qui s'y trouverent présentes. Ils m'ont „assuré aussi, que lorsqu'il partit, je pleu„rai si fort, durant trois jours entiers sans „interruption, que cela me causa un si „grand mal d' yeux, que je faillis d'en „perdre la vue, que j'avois extremement „foible, aussi bien que le Roi mon pere. „On prit mes larmes pour de mauvais „augures, d'autant plus que naturellement „je pleurois peu et rarement." Herchenhahns Geschichte Albrechts von Wallenstein, 2ter Theil. S. 67.

An der Spitze von hundert und funfzig Schiffen, und im Beiseyn einer unzähligen Menge Volks verließ er Stockholm, und landete den 24 Junius auf der Insel Ruden, wo sein erstes Thun Gebet zu Gott war. Im Angesichte seiner Leute warf er sich auf seine Kniee, dankte dem Himmel für seine Flotte, für seiner Armee Erhaltung, und bat um Segen e). Alle Anwesenden waren tief gerührt, und weinten. —

Da er so vielerley Beleidigungen und Unrecht von dem Kaiser erfahren hatte, so hielt er sich berechtiget, ohne alle Formalitäten und Kriegserklärung die Feindseligkeiten alsobald anzufangen. Dem Churfürsten von Brandenburg hingegen machte er seine Ankunft in Deutschland, samt den Bewegungsgründen, warum er unter allen Provinzen das Herzogthum Pommern zuerst angreifen müsse, bekannt, und bot ihm außerdem auch alle Sicherheit und Schutz an, wenn er sich auf keine feindselige Weise widersetzen würde.

Mit iedem Tage vermehrte sich die Schwedische Armee; die Truppen welche unter Mansfeld

e) Johann Gottfr. Mittags Leben Gustav Adolfs, S. 70. u. f.

feld, Herzog Christian von Braunschweig, dem Könige von Dänemark, und unter Wallenstein gefochten hatten, stellten sich Schaarenweise zu den Schwedischen Fahnen dar, — ein fester Ort nach dem andern ging in Pommern und Meklenburg über. — Dies, und die Chursächsischer und Brandenburgischer Seits, aller erlassenen Avocatorien und Inhibitorien ungeachtet, fortgesetzten starken Werbungen, bewog den Kaiser alles zu versuchen, um die Churfürsten von dem Leipziger Bunde abzuziehen, und von ihren Kriegsrüstungen abzuhalten. Er versprach ihnen, wenn sie dies thun, und überdies sein Heer mit Lebensmitteln u. Kriegsbedürfnissen versehen würden, daß er gleichsam aus Erkenntlichkeit zu ihrem Vortheil, eines und das andere in dem Restitutions-Edikt mildern wolle. — Jetzt waren aber alle Vorstellungen zu spät, man traute diesen Vorspiegelungen nicht, und Johann Georg, von dessen Augen die zeitherigen Schritte des Kaisers gegen die Evangelischen die Binde weggezogen hatten, verachtete Ferdinands drohende Ermahnungen, und warf sich, da Tilly unvermuthet immer tiefer in seine Staaten eindrang, und sogar Leipzig zu belagern anfing, in die Arme des Königs von Schweden. Durch seinen Feldmarschall von Arnheim, ließ er Gustav Adolf, der in seinem Lager bey Werben stehen geblieben, und entschlossen war, ohne vorhergehende Einladung sich nicht zu bewegen, seine misliche Lage zu wissen thun, und um Beistand, die Belagerung von Leipzig zu unterbrechen, ersuchen. Der Schwedische König, dem die Wankelmüthigkeit des Churfürsten bewußt war, stellte sich anfangs ganz kalt, und wollte nicht anders in ein Bündniß willigen, als unter den harten Bedingungen: daß der Churprinz als Geißel unter seiner Armee diene, die Stadt Wittenberg als ein Zufluchtsort ihm eingeräumt werde, der Churfürst den Schwedischen Truppen drey monathliche Lehnung reiche, und die Verräther von der Oesterreichischen Parthey, welche ihm böse Rathschläge ertheilet hätten, herausgebe. Der König war weit entfernt diese Bedingungen würklich zur Ausführung bringen zu lassen, sondern wollte vielmehr nur die neuen Gesinnungen Johann Georgs auf die Probe stellen; und als dieser letztere sich zu Eingehung dieser Forderungen verstand, ließ er mit einmal alles fallen, und begnügte sich blos mit etwas gewissen an Proviant (1 Sept. 1631) f).

Gleich

f) Londorp. Th. IV. S. 206. Pufendorf. de rel. Suec. Lib. III. §. 26. p. 50.

Gleich nach diesem geschlossenen Bündniß ging der König über die Elbe (3 Sept. 1631.) und vereinigte sich, in der Gegend von Düben an der Mulde, an folgendem Tage mit den Sachsen. Tilly hätte mit einem vier und vierzig tausend Mann starken Kriegsheere bereits die Städte Zeiz und Merseburg erobert, und Leipzig zur Uebergabe genöthiget g). Die Lage der Sachsen war also iezt mislich, und der König hielt vor nöthig, sich deshalb gemeinschaftlich mit seinem Bundesgenossen zu berathschlagen, und eine Entschließung zu fassen, welche das Schicksal Deutschlands und der evangelischen Religion, das Glück vieler Völker, und das Loos ihrer Fürsten unwiderruflich bestimmen sollte. Chursachsen erklärte sich muthig für eine geschwinde und entscheidende Schlacht, und unterstützte seinen Eifer durch die wichtigsten Gründe: daß nemlich Tilly auf keine andere Art zum Rückmarsch zu zwingen — das Land so viele Heere zu unterhalten, nicht vermögend sey, und daß bey einem unwürksamen Zaudern das Verderben der Unterthanen allgemein werde.

Der König suchte zum Schein, und um die Standhaftigkeit des Churfürsten auf die

g) Pufendorf. l. c. §. 26. p. 50.

Probe zu stellen, diese Meinung zu widerlegen, und brachte gegen beide Churfürsten von Sachsen und Brandenburg in Erwägung, daß man nicht wissen könne, ob nicht nach dem Treffen zwey Churhüte und eine Krone auf der Wahlstatt liegen bleiben würden. Allein Johann Georg brannte nach einer Schlacht, und der König von Schweden ließ es sich endlich gefallen.

Tilly hatte sich bey Leipzig verschanzt, und suchte auf alle nur mögliche Art eine Schlacht, da er noch eine Verstärkung von zwölf tausend Mann, welche die Generale Aldringer und Tieffenbach ihm zuführten, erwartete, zu vermeiden. Allein Pappenheims Heftigkeit war unwiderstehlich, und ohne die Herzen seiner Armee zu verliehren, war es ihm nicht möglich länger Widerstand zu thun. Er verließ also sein Lager, und beide Heere das Schwedisch-Sächsische und Kaiserliche trafen bey Breitenfeld, in der Nähe von Leipzig, auf einander, und hier ereignete sich das bekannte entscheidende Treffen (7 Sept. 1631.), welches anfangs für die Schweden und Sachsen, deren linker Flügel in Unordnung gebracht, und in die Flucht geschlagen wurde, mislich auszufallen schien, dennoch aber durch

die

die Tapferkeit der Schweden zum vollkommenen Sieg ausschlug.

Acht tausend Mann Kaiserliche blieben auf der Wahlstatt, und über tausend auf der Flucht — über hundert Standarten und Fahnen kamen in Schwedische Hände h), und Tilly selbst floh, ganz von Wunden bedeckt und in nicht geringer Gefahr, gefangen genommen zu werden, in einem Wagen nach Halle, und von da in das Braunschweigische.

Gustav Adolf verfolgte den fliehenden Feind bis Merseburg, und überließ die Wiedereinnahme von Leipzig dem Churfürsten von Sachsen. Diese sowohl als die Eroberung von Halle erfolgte bald nachher (12 Sept.), und Johann Georg hielt nun am letztern Ort, gemeinschaftlich mit dem König von Schweden Berathschlagung über den künftigen Operations=

h) Müller l. c. p. 345. Am Tage Reginä ist die Schlacht bey Breitenfeld, eine Meile von Leipzig, geschehen, und der General Tilly von der Schwedisch= und Sächsischen Armee geschlagen worden. Das Treffen hat gewähret von früh Morgen an bis auf den Abend. Auf des Feindes Seiten seynd über 8000 tod, und 2000 gefangen, in allen aber bis 15000 Mann uff der Wahlstadt tod gefunden, und über 100 Fähnlein und Standarten dem Feinde abgenommen worden.

tionsplan, welcher allgemein dahin ausging, den Krieg in die feindlichen Lande zu spielen, und den Kaiser mitten in seinen Staaten anzugreifen; der König wollte durch Thüringen in Franken, und der Churfürst durch die Lausitz in Böhmen eindringen i).

Vortrefflich war dieser Plan, und von solchem eingenommen vermehrten sich täglich die Anhänger des Schwedischen Helden Gustav Adolfs. Auch Herzog Bernhard samt seinen Brüdern Wilhelm und Ernst, machten sich kein Bedenken vom neuen Antheil an diesem Kriege zu nehmen, und sich als thätige Beschützer ihrer Religions-Verwandten zu zeigen.

Bernhard erschien in dem Lager des Königs, und both diesem seine Dienste an, im November 1631. Gustav Adolf erfreut über den Beytritt dieses Fürsten, ernannte ihm sogleich zum General-Major.

In der einen Hand das Schwerd, in der andern die Gnade, durchschritt nun Gustav Adolf mit dem jungen Helden Bernhard, Deutschland von einem Ende zum andern.—

Erfurt

i) Pufendorf. L. III. §. 31. p. 52. sq.

Erfurt war der erste Platz, an welchen ihm gelegen war, und den er nicht unbesetzt hinter den Rücken lassen durfte.

Gleich den zwölften Tag nach der Schlacht bey Leipzig, ließ er dahero diese Stadt durch den Herzog Wilhelm von Weimar einnehmen, und sich selbst den 21 September daselbst huldigen k). Nachdem er den Weimarischen Herzog Wilhelm zum Statthalter niedergesetzt hatte, zog er über Gotha und Arnstadt, und paßirte in zwei Colonnen, wovon die eine Bernhard anführte, den Thüringer Wald, entriß Henneberg den Händen der Kaiserlichen, und vereinigte sich vor Königshofen an der Grenze von Franken wieder mit dem Herzog Bernhard — bekam diesen Ort samt Schweinfurt in seine Gewalt, und fing Würzburg zu belagern an.

Es ergaben sich die Vorstädte, es ergab sich die Stadt, nur der Marienberg, der Zufluchtsort einer Menge Menschen und Schätze, trotzte Schwedens siegreichen Waffen. Jede Aufforderung zur Uebergabe war umsonst, und unaufhörlich donnerte die Artillerie auf die Schwedischen Truppen. Unserm Bernhard

tödtete

k) Müller S. 345.

tödtete eine feindliche Kugel das Pferd unterm Leibe, er wollte ein zweites besteigen, mußte aber auch dieses, da es in dem Augenblicke als er sich aufzusetzen gedachte, schrecklich verwundet wurde, stehen lassen.

Gustav mußte wider seinen Willen auf diesen Marienberg einen Sturm wagen. Bald waren die Laufgräben eröfnet, und bald waren die Truppen bis an die Festungswerke gerückt — mit stürmender Hand wurde das Schloß erstiegen, die ganze in funfzehnhundert Mann bestehende Besatzung niedergehauen (8 Octob. 1631.), und grose Schätze erbeutet.

In kurzer Zeit hatte sich Gustav Adolf ganz Franken unterworfen — überall wo er mit seinen tapfern Bundesgenossen erschien, ergriffen die Kaiserlichen die Flucht, und die Fränkischen Stände dadurch von den bisher angethanen Zwang befreiet, bezeigten sich den Schweden günstig, seine bisherigen Thaten erweckten Bewunderung, und Ehrfurcht bemeisterte sich ihrer Gemüther, und bewürkte, daß die Einwohner dieses Landes haufenweis herbeieilten, um unter diesem grosen Könige zu streiten.

Durch diese Werbungen verstärkt eilte ietzt der Schwedische Held, seine übrigen Entwürfe zur Ausführung zu bringen, nach den Rheinländern, und ließ Gustav Horn, einen der tapfersten Schwedischen Generale, zur Behauptung des Eroberten zurück.

Das ganze Land an den Ufern des Maynstroms machte er sich unterwürfig; Seligenstadt und Aschaffenburg leisteten nicht den geringsten Widerstand, und Steinheim wurde in ganz kurzer Zeit mit Gewalt eingenommen (15 Dec. 1631.), sechshundert Mann Soldaten, welche zwei Drittheile der Besatzung dieses Orts ausmachten, traten sogleich in Schwedische Dienste. Von Steinheim wandte er sich nach Hanau, welches bereits der Obristlieutenant Daubatel durch einen Ueberfall den Kaiserlichen entrissen hatte. Von hieraus ließ er Frankfurth auffordern ihm den Durchzug zu gestatten, und Besatzung anzunehmen; anfangs trug die Stadt Bedenken, sich den Schweden zu unterwerfen, und führte hauptsächlich an: wie schwer sie bey einer so voreiligen Ergebung den Zorn des Kaisers zu fürchten hätten, und in welche Gefahr ihre Freiheiten und Privilegien geriethen. Der König achtete alles diesen aber wenig, sondern erklärte, daß er,

falls

falls man in Güte seinem Begehren nicht willfahren wolle, mit gewafneter Hand sich dieser Stadt zu bemächtigen wissen werde. Die abgeordneten Rathsglieder erstaunten über diese entschlossene Erklärung, und bewilligten augenblicklich nicht nur einen Sicherheitseid zu leisten, sondern auch dem Schwedischen Heere den Ein- und Auszug gestatten, und in Sachsenhausen *) sechshundert Mann einlegen zu lassen.

Nun öfnete man also dem König von Schweden die Thore (17 Dec. 1631), der seine Armee in prachtvollem Zuge und bewundernswürdiger Ordnung mitten durch diese Kaiserstadt führte 1). Die ganze Mannschaft belief sich auf vierzehntausend würkliche Streiter, die der große Gustav selbst anführte, der überall auch mitten in einer feindlichen Stadt, Proben seiner Herablassung blicken ließ.

Noch an dem Abende dieses Einzugstages rückte der König mit einem Theil seiner Armee gegen

*) Sachsenhausen ist ein Theil von Frankfurths Vorstädten, welcher durch eine vortreffliche Brücke von der Stadt abgesondert ist.

1) Von Lersner Chronik der freyen Reichs- Wahl- und Handelsstadt Frankfurth am Mayn, S. 397. fg.

gegen die Maynzische Stadt Höchst an, — schloß solche noch vor Mitternacht ein, und wurde ihr Eroberer.

Vom neuen erhielt die Schwedische Armee nun eine Verstärkung von zehntausend Hessen, welche Landgraf Wilhelm von Hessen-Cassel, ein eifriger Bundesgenosse des Königs, dessen siegreiche Waffen einen großen Theil von Westphalen und Niedersachsen — das Stift Fulda, und das Churfürstenthum Cölln zitternd gemacht hatten, ihm zuführte. — Der Landgraf erschien selbst bey dem Könige in Frankfurth, um wegen künftigen Fortschritten Maasregeln zu treffen — Maynz wurde der Gegenstand der vorhabenden Unternehmungen. — Bald waren die Truppen über den Mayn gesetzt, und hatten ihr Lager bey Kassel, Maynz gegenüber, nachdem sie sich aller Oerter bis dahin bemeistert hatten, aufgeschlagen.

Der Mäusethurm und das Schloß Ehrenfels am gegenseitigen Rheinufer wurden vom Herzog Bernhard mit dem Degen in der Hand erobert, und schon war Gustav willens, hier den Rhein zu paßiren, die Kanonen der Belagerten erschwerten ihm aber den Uebergang von dieser Seite, und er beschloß von einer andern sein Vorhaben auszuführen, und zwar seinen Lauf nach der Bergstraße, auf Oppenheim zu, zu nehmen; dieser Plan gelang, und am 8ten December wurde er Meister von diesem festen Orte, und ging nunmehro geradeswegs auf Maynz, wo sich der Kern der Spanischen Truppen befand, los; der Landgraf von Hessen-Kassel leistete ihm disseits des Rheinstroms trefflichen Beistand, und mußte am vierten Tage der Belagerung die Besatzung der Festung kapituliren.

Den 14den December zog Gustav Adolf in die Stadt ein, nahm in dem Pallaste des Churfürsten seine Wohnung; und bestimmte den darauf folgenden Freitag zu einem allgemeinen Dankfest, bey welchem, nach gehaltner Danksagungspredigt, in der Schloßkirche die vortreflichen Lieder: Nun lob meine Seele den Herren, und: Erhalt uns Herr bey deinem Wort, ertönten m). Ein großer Vorrath von Lebensmitteln, achtzig Stück schweres Geschütz, und sechshundert Centner Pulver fielen in die Hände der Schweden, und achtzigtausend Gulden mußten die Einwohner zu Vermeidung der Plünderung erlegen; die kostbare

Chur-

m) Khevenhüller. Th. 9. S. 1904-1906.

Churfürstliche Büchersammlung wurde ein Eigenthum des Königs, der sie seinem Reichskanzler Oxenstiern schenkte, welcher letztere sie wieder als ein Geschenk für das Gymnasium Westeråhs bestimmte; allein seinen Zweck nicht erreichte, da das Schiff, durch welches sie an den Ort ihrer Bestimmung gebracht werden sollte, scheiterte, und dieser herrliche Schatz durch die Ostsee verschlungen wurde mm).

Siegreich waren die Waffen Gustavs während dieses ganzen Feldzugs, der bis tief in den Winter verlängert wurde, gewesen — siegreich sollten sie auch noch am Ende des Jahres sich zeigen. Die Wetterauischen Grafen hatten bereits mit Schwedischer Hülfe die Einnahme von Braunfels bewürkt — Landau, Kronweißenburg und Speyer sich für Schweden erklärt, und iezt rückte Herzog Bernhard vor Manheim, um auch diese Festung, welcher Tilly 1622. sich nur durch eine langwierige Belagerung bemächtigen konnte, in seine Gewalt zu bekommen, und so die Spanier aus iedem Platz in der Pfalz zu vertreiben. Entschlossenheit, vereinigt mit Klugheit — machten, daß der Herzog ohne Verlie-

mm) Heilmanni Leo Arctous S. 44.

Verlierung eines einzigen Mannes, diesen so starken Ort in seine Hände bekam.

Mit dreyhundert Reitern erschien er (29 Dec. 1631.) nach Mitternacht vor der Festung und begehrte eingelassen zu werden, die Schildwache fragte: was vor Volk sie wären? worauf er antwortete: sie seyen von der Kaiserlichen Armee, würden von den Schweden verfolgt, und bäten daher, daß man ihnen geschwind das Thor öfne; man that es, und alsobald drangen die von außen gestandnen Schweden in die Stadt und ein entsetzliches Blutbad fing an zu beginnen — zweyhundert und funfzig Spanier wurden niedergemacht, und niemand als nur die Deutschen geschonet n). Der Gouverneur Namens

Mara-

n) Müller l. c. p. 346. den 29 Dec. eroberte Herzog Bernhard zu Sachsen-Weimar die Vestung Manheim, ohne Verliehrung eines Mannes, durch eine sonderbare Kriegslist, indem er des Morgens frühe mit 300 Mann eilends vor die Vestung gerücket, und, als die Schildwacht, was vor Volk? sie angeruffen, sich vor einen Kaiserlichen Commendanten, der von den Schwedischen verfolgt würde, ausgegeben, mit Begehren, das Thor geschwinde zu eröffnen, worauff er, als die Wacht solches gethan, hineingedrungen, und zwar der Deutschen darinnen verschonet, iedoch aber

von

Maraval gerieth nebst seinem Fähndrich in die Gefangenschaft, wurde aber nach Erlegung eines Lösegeldes wieder entlassen, dennoch aber zu Heidelberg, wohin er durch den Kaiserlichen Kriegsrath wegen seiner Unbesonnenheit zur Verantwortung gefordert wurde, enthauptet.

Die Vortheile von der Eroberung dieser Festung waren nicht gering, durch sie wurde den Heidelbergern der Paß vom Rhein her gesperrt, und die Zufuhre gänzlich abgeschnitten o).

Nur eine sehr kurze Erholung ließ der König seinen Truppen genießen, und schon im Jenner des folgenden Jahres (1632.) erschien er vom neuen mit ihnen im Felde, und ließ sein erstes Unternehmen die Einnahme von Kreuznach in der Pfalz und Bacharach seyn; der Rheingraf Otto Ludwig und unter ihm Herzog Bernhard commandirten die Bela-

von den Spaniern in die drittehalbhundert niedergemacht.

Theatr. Europ. T. II. p. 475.

o) Sam. Pufendorf. rer. Suecar. L. III. p. 55 Loccenii historia Suecana L. VIII. p. 590. Lungwitz Herzog Bernhards Heldenthaten, p. 3 u. 4.

gerung. Man schickte sogleich bey Annäherung des Schwedischen Heeres an den Spanischen Commendanten Paul Bedrangel, welcher diese Festung vertheidigte, einen Trompeter ab, um ihn zur Uebergabe auffordern zu lassen. Dieser stützte sich aber zu sehr auf seine Besatzung und gab seinem Aufforderer wenig Gehör, sondern beschenkte ihn mit einem harten Thaler nebst einer Flasche des an diesem Ort wachsenden vortrefflichen Weines, und antwortete in einem spöttischen Tone: „Er bedanke sich des gebrachten Neuiahrs p), „und weil er kein ander als Soldatenhand„werk gelernet, ihm auch eine Schande wäre, „ein so stark und wohl proviantirtes Schloß „zu übergeben, so wolle er der Schweden er„warten, und sein Bestes thun" q).

Gereizt durch diese Antwort, beschloß man, sich mit Gewalt den Besitz dieses Ortes zu verschaffen — und solchen mit stürmender Hand zu erobern.

Schon den sechsten Tag wurde dieser Zweck erreicht, und drei Tage darauf ging auch

p) Es war der eben der Neuiahrstag des 1632sten Jahres, als dieses Schloß aufgefordert wurde.

q) Theatr. Europ. T. II, S. 524.

auch das Schloß Stahleck durch Capitulation über. Dem Commendanten, dem Herzog Bernhard beym Abzuge sein Schwerd und Pferd ließ, folgten kaum funfzehn seiner Leute, und der größte Theil trat in Schwedische Dienste r).

Da Gustav Adolf so die Eroberung dieses Landstriches vollendet hatte, war er genöthiget mit dem größten Theil seiner Truppen, dem General von Horn, den er mit achttausend Mann in dem Bisthum Bamberg zur Züchtigung des treulosen Bischoffs zurückgelassen hatte, und welcher ietzt von Tilly geschlagen worden war, zu Hülfe zu eilen.

Ich glaube es wird nicht ganz unnütz seyn, wenn ich mit wenigen Worten der Veranlassung gedenke, welche den Schwedischen König bestimmte, Feindseligkeiten in dem Hochstift Bamberg ausüben zu lassen.

Nach der Einnahme von Würzburg hatte sich der Bischoff gegen Gustav Adolf anheischig gemacht, nie feindliche Truppen aufzunehmen noch sich auf irgend eine Art feindselig zu bezeigen, sondern vielmehr ihm noch drei Ton-

r) Heilmanni Leo arctous, S. 48.

nen Soldes vorzuschießen, und eben dasselbe monathliche Contingent, welches er zu dem ligistischen Heere gäbe, zu bezahlen, auch seine Soldaten von der katholischen Armee zurückzuberufen, und nicht minder die wichtigen Festungen Forchheim und Cronach, ihm einzuräumen. Allein kaum näherte sich der General Tilly, so entsagte er plötzlich seinem Versprechen, und nahm, während daß der König von Schweden am Rhein beschäftiget war, die dort vertriebene Mannschaft der kaiserlichen Armee auf, und brach dergestalt durch dieses treulose Benehmen sein geschlossenes Bündniß. Eine solche Handlung nöthigte den König, dem Bischoff die verdiente Züchtigung wiederfahren zu lassen. Durch seinen General Horn bemächtigte er sich binnen einer kurzen Zeit eines großen Theils des Bisthums, samt der Hauptstadt, und nöthigte den Bischoff zur Flucht. Dringend forderte nun dieser den Churfürsten von Bayern zum Beystand auf, der sich endlich auch bewegen ließ den Graf Tilly in das Stift einrücken zu lassen. Mit einem zwanzig tausend Mann starken Heere näherte sich dieser General der Hauptstadt, die ihm, mittelst einer entstandnen Verwirrung unter den Schwedischen Truppen, bald zu Theil wurde. Nur die Erscheinung des Königs und eine dadurch erhaltene Verstärkung der Armee konnte der Sache einen andern Ausschlag geben — Tilly's Eroberungen ein schnelles Ziel setzen.

Trotz der von Schnee angewachsenen Flüsse und beinahe bodenlosen Straßen, rückte Gustav Adolf, samt dem Herzog Bernhard mit den vereinigten Heeren von Frankfurth bis Aschaffenburg vor s). Hier hielt er allgemeine Heerschau über seine Truppen, deren Anzahl nach der Vereinigung mit Gustav Horn, Banner, und Herzog Wilhelm von Weimar, sich auf beinahe vierzig tausend Mann belief. Unaufhaltsam eilte er iezt durch Franken, dem Tilly seine ganze Macht fühlbar zu machen; diesem kaiserlichen Feldherrn blieb die Nachricht von dem Anzuge dieses starken Heeres nicht lange unbekannt, er fühlte sich zu schwach, einen so überlegenen Feind zu erwarten, und zog sich gegen die Donau, um Bayerns Gränzen zu vertheidigen, zurück.

Schritt vor Schritt verfolgte der König seinen Marsch, und erschien den 21 März in Nürnberg. Diese Stadt, welche der Sache der protestantischen Religion beständig edel-

s) Theatr. Europ. T. II. S. 531.

müthig treu geblieben war, empfing ihn mit offenen Armen t), und der schwärmerische Enthusiasmus der Bürger ergoß sich bey seinem Anblick in rührende Aeußerungen des Jubels, und der Bewunderung. Nach einem kurzen Aufenthalt daselbst, folgte er seiner Armee gegen die Donau, und erschien, ehe man es sich versah, vor Donauwerth, (den 26 März) einem Plaz, der ihm den Weg über den Lech und weiter nach Bayern öfnete und deshalb von außerordentlicher Wichtigkeit war. Rudolf Maximilian von Sachsen-Lauenburg vertheidigte diesen Ort mit einer zahlreichen Bayerischen Besatzung, nnd zeigte die muthigste Entschlossenheit es aufs äußerste ankommen zu lassen, in Hoffnung daß Tilly ihm zu Hülfe kommen werde. Allein der Ernst, mit welchem Gustav Adolf die Belagerung vornahm, benahm gar bald alle Hoffnung, einen Entsatz von Tilly zu erwarten — bewog ihn bald auf einen eiligen und sichern Abzug Bedacht zu nehmen, und die Stadt den Schweden zu überlassen, (27 März 1632.) u).

Kaum

t) Kurze Beschreibung Königl. Majestät zu Schweden Ein- und Abzug in Nürnberg :c. in Hrn. Georg Georg. Andr. Wills Museo Norico. S. 5. fg.

u) Theatr. Europ. T. II. p. 554.

Kaum war solche eingenommen, so schickte der König einen Theil seiner Reiterey aus, die Flüchtigen zu verfolgen, und beorderte das Hauptkorps nach Schwaben, wo viele wichtige Städte, als Günzburg, Elchingen, Gundelfingen, Lauingen, Höchstätt, Dillingen, Windlingen und Kirchberg, mit dem Degen in der Faust eingenommen wurden.

Nachdem sich so Gustav Adolf das ganze Augspurgische Gebiet diesseits des Lechs unterworfen hatte, so erschien er bald am Ufer dieses Flusses, den Bayerischen Verschanzungen gegenüber, und beschloß nunmehro den Strom selbst zu paßiren, versammelte auch zu dem Ende seinen Kriegsrath um deshalb Berathschlagungen zu halten. Gustav Horn, unter allen Anführern bey dem Schwedischen Heer der eifrigste in Ausführungen, und der vorsichtigste in Entschlüssen, widerrieth unter sehr nachdrücklichen Vorstellungen dieses Vorhaben. Der größte Theil der obersten Anführer trat auf seine Seite, und zeigte die Schwierigkeiten, welche sowohl die Ufer als auch der Kanal dieses Stroms, vereinigt mit der Stärke der Tillyschen Artillerie, ihnen entgegen setzten, und wie ein fehlgeschlagener Angriff sie unvermeidlich zum Untergange führe; allein der Entschluß des Königs blieb gefaßt. Er ließ alsobald eine Brücke schlagen (5 April) und suchte während der Arbeit durch eine wüthende Kanonade die Bayern von dem ienseitigen Ufer entfernt zu halten. Ein dicker Dampf verbarg lange Zeit das Unternehmen den Augen der Feinde x), und erst nach Ausführung desselben, wurde Tilly es zu spät gewahr, und obgleich er nicht weit vom Ufer des Flusses zwey neue Batterien errichtete, um kreuzweis gegen die Flanken der Brücke spielen zu können, so war er doch nicht im Stande dies geschickte Unternehmen der Schweden zu vereiteln, und mußte sich, da der König bereits einen Theil seiner Mannschaft über den Lech hatte gehen lassen, entschließen, ein Treffen zu wagen. Er sowohl als Altringer, sein tapferer Streitgenosse, thaten das äußerste den Muth ihrer Truppen zu entflammen, und befahlen, zwischen des Königs Reiterey durchzubrechen, und den Fuß der Brücke zu besetzen. Der Angriff war einer der schrecklichsten, aber eben so schrecklich das anhaltende Feuer, womit sie bey ihrem Anrücken von den Schweden empfangen wurden. — Durch eine Kanonenkugel erhielt Altringer eine tödliche Ver-

x) Theatr. Europ. T. II. p. 555.

Verwundung, und bald darauf erschien auch des großen Tilly unvermeidliche Stunde, eine Falkonetkugel zerschmetterte ihm den rechten Schenkel, und wenige Tage darauf gab er zu Ingolstadt seinen Geist auf.

Die Bayern, als sie ihren Anführer so sehr verwundet sahen, und inne wurden, daß die Schwedische Reiterey durch eine entdeckte Furth den Uebergang über den Strom gefunden hatte, sanken zur größten Muthlosigkeit herab, und flohen nach Neuburg und Ingolstadt.

Der König blieb die ganze Nacht auf dem Schlachtfelde, und fand beym Erscheinen des folgenden Morgen zu seinem größten Erstaunen das feindliche Lager verlassen (6 April), und ganz Bayern für sich geöfnet. Es war aber außer dem Plan Gustav Adolfs, sich sogleich an die Eroberung dieses wichtigen Landes zu wagen — Sein Vorhaben ging vielmehr zuerst dahin, den flüchtigen Feind aufzusuchen, und dann der Stadt Augsburg sich zu bemächtigen. — Beides wurde glücklich ausgeführt. —

Ein Theil des Schwedischen Heeres verfolgte die Flüchtlinge bis an die Mauern von

Rain, und eroberte diese Stadt, indeß der König mit dem größten Theile der übrigen Mannschaft seinen Weg gerade nach Augsburg richtete, die Stadt und das Kloster Thierhaupten, wie auch Friedberg besetzte, und innerhalb drey Tagen sein Vorhaben, Meister von dem so prächtigen Augsburg zu werden, vollführte y).

Gustav Adolf hielt seinen Einzug in Triumph, führte die protestantische Religion wieder ein, setzte die unterdrückten Städter in ihre vorige Gewissensfreiheit, und rückte, nachdem er sich feierlich von den Einwohnern den Huldigungs- und Pflichteid hatte leisten lassen z), und die Privilegia der Stadt und Bürgerschaft bestätiget hatte, in schleunigen Märschen gegen Ingolstadt an, um durch Einnahme dieser damals wichtigen Festung und Vormauer von Bayern, festen Fuß an der Donau fassen, und seine zu machenden Eroberungen in Bayern selbst, sichern zu können.

Mit

y) Augsburg ist besonders merkwürdig wegen des von den Evangelischen im Jahr 1530. Kaiser Karl des 5ten hier übergebenen Glaubensbekenntnisses, und des 1555. daselbst abgeschlossenen Religionsfriedens.

z) Histoire politique du Siecle. London 1757.

Mit Heftigkeit unternahm er die Belagerung der Stadt, allein die Festigkeit ihrer Werke, und die allzunahen Bayerischen Truppen, welche sich auf dem ienseitigen Ufer der Donau gelagert hatten, setzten ihm Hindernisse entgegen, die er nicht erwartet hatte, und wenig fehlte, daß er hier nicht das Ziel seiner Tage gefunden hätte. Eine vierzehen Pfund schwere Kanonenkugel, streckte sein Pferd unter ihm nieder, daß er zu Boden stürzte. Alle Umstehende glaubten den König, der sich zweimal überschlug, und mit Koth und Blut bedeckt war, durch diesen heftigen Schlag ganz zerschmettert; allein er hatte nur einen leichten Streifschuß am Schenkel davon getragen, sich sogleich wieder erhoben und ein frisches Pferd bestiegen. Trauriger war aber das Loos seines Lieblings des iungen Markgrafen von Baden-Durlach, welchem eine Stückkugel mitten in seinem Zelte, wo er sich mit einigen Officiers besprach, niederschmetterte.

Zu derselben Zeit als dieser iunge tapfere Prinz sein Leben verlohr, hatte auch der würklich tapfere Tilly, der in sechs und dreißig ordentlichen Schlachten und wichtigen Gefechten immer gesiegt hatte, und die Merkmale von mehr als funfzig Heerzügen an sich trug, seine Laufbahn beschlossen *), und Maximilian von Bayern das letzte Vermächtniß, welches in der Ermahnung; die Stadt Regensburg zu besetzen, Herr von der Donau zu bleiben, und das mit Böhmen geschlossene Bündniß nicht aufzuheben, bestand, von seinen sterbenden Lippen ertheilt.

Diesem Rathe des Tilly gemäß überraschte Maximilian von Bayern Regensburg, und suchte sich den Besitz desselben durch Einlegung einer starken Mannschaft zu versichern.

Ganz unvermuthet gab dieses Unternehmen dem entworfnen Plane des Königs eine ganz andere Wendung. — Er sah den Entwurf, diese Stadt unter seine Gewalt zu bekommen, gescheitert, und die Erfüllung seines Wunsches, sich der Donau zu bemächtigen, noch weit entfernt, und dies bestimmte ihn, die Belagerung von Jngolstadt aufzuheben, und in das Herz von Bayern einzubrechen, um vielleicht dadurch den Churfürst zu einem Rückzug zu bestimmen.

Den 26sten April unterwarf sich ihm Mosburg, dann Stadt und Schloß Landshut, und bald darauf das ganze Bisthum Freisingen.

Fünfter

*) Theatr. Europ. T. II. p. 575.

Fünfter Abschnitt.

Gustav Adolf hält mit Herzog Bernhard seinen Einzug in München. Eroberungen des Churfürsten von Sachsen. Der Kaiser beruft Wallenstein von neuem in seine Dienste. Wallenstein errichtet eine Armee, und vereiniget sich mit den Bayerischen Truppen. Gustav Adolf wendet sich nach Franken, und läßt Bernhard in Bayern zurück. Herzog Bernhard unterwirft sich mehrere Bayerische Orte. Er wird vom General Banner nach Donauwerth berufen. Kommt in das Schwedische Lager bey Nürnberg. Mangel in dem Schwedischen Lager. Der König rückt vor und gehet über die Rednitz. Position des Friedländischen Lagers. Sturm auf das Friedländische Lager. Bernhard commandirt dabey den linken Flügel der Reiterey. Ihm wird ein Pferd unterm Leibe erschossen. Er gewinnt eine Anhöhe bey'm Burgstall. Muß solche wieder freiwillig verlassen. Verlust der beiden Armeen. Gustav geht über die Rednitz zurück. Verläßt sein Lager, und geht nach Neustadt an der Aisch. Auch Wallenstein verläßt seine Verschanzungen. Herzog Bernhard wendet sich gegen Franken, und Gustav Adolf nach Bayern. Wallensteins Einfall ins Bayreuthische und Coburgische.

Er wird vom Herzog Bernhard zurückgeschlagen. Fällt aber dafür in Sachsen ein. Erobert Leipzig. Johann Georg ruft den König von Schweden um Hülfe an. Der König verläßt Bayern, und vereinigt sich mit Bernhard. Gustav Adolf trennt sich von seiner Gemahlin zu Erfurt. Bernhard verfolgt Pappenheim. Der König rückt gegen Lützen vor. Anstalten zum Treffen das. Treffen selbst. Gustav Adolf kommt dabey ums Leben. Muthmaßungen über seine Todesart. Bernhard übernimmt das Commando der Armee, und gewinnt die Schlacht. Pappenheim kömmt um.

Jetzt befand sich die Schwedische Armee nur noch fünf Meilen von München, welches ganz von Vertheidigern entblößt, voller Schrecken und und Furcht den siegreichen Eroberer erwartete. Den siebenden May des Morgens langte Gustav Adolf unter Begleitung des unglücklichen Pfalzgrafen Friedrich und Herzogs Bernhards, welcher bereits den 17 May 1631 durch ein Königliches Patent zum Schwedischen General der Infanterie ernannt

worden

worden *), vor dieser Bayerischen Hauptstadt an, und Mittags zwölf Uhr hielt er seinen feierlichen Einzug. Bey Todesstrafe ward jede Verletzung verboten — Kein Hauß durfte zerstört — keinem Einwohner irgend ein Leid gethan werden — der Bayerischen Besatzung wurde großmüthig begegnet, und ihr ein sicherer Abzug gestattet, und sowohl Gustav Adolf als Friedrich von der Pfalz und Herzog Bernhard, nahmen ihren Aufenthalt in dem prächtigen Churfürstlichen Schloß. Der Glanz desselben setzte den König in Erstaunen, so daß er den Aufseher, welcher ihm die Zimmer zeigte, fragte: „Wer der Baumeister und Angeber jenes so schönen Gebäudes sey?" „Es „ist kein anderer", versetzte dieser, „als der „Churfürst selbst." „Könnte ich diesen Bau„meister haben, ich wollte ihn nach Schwe„den schicken", erwiederte der König; „dafür, „Ihro Majestät," antwortete der Zimmerwärter,

*) Müller in Annal. S. 346. „Den 17 April „1632. wurde Hertzog Bernharden, dem Grosen zu „Sachsen-Weimar, durch ein Königlich-Schwedisch „Patent das Generalat über die Infanterie aufge„tragen." J. C. Herchenhahns Geschichte Albrechts von Wallenstein, 3r. Thl. S. 157.

ter, „wird sich der Baumeister zu hüten „wissen" *).

An Silberwerk, Juwelen und andern beweglichen Kostbarkeiten war der Palast bey Ankunft der Schweden gänzlich entblößt — Alles, was fortzubringen gewesen war, war nach Salzburg gebracht worden, und der Churfürst mit seiner Gemahlin, ingleichen Herzog Albert hatten sich selbst dahin geflüchtet.

Den zweiten Tag nach der Ankunft des Königs fing man an, das Zeughauß, welches damals eins der stärksten in Deutschland war, zu durchsuchen, fand aber zum größten Erstaunen nichts als bloße Lavetten, von welchen die Kanonen abgenommen waren. Lange konnte man nicht begreifen, wie ein so gewaltiger Vorrath von Geschütz binnen einer so kurzen Zeit konnte weggeschaft worden seyn, bis endlich ein Arbeiter die List, daß sie unter den Fußboden vergraben worden seyen, entdeckte. Der König rief: stehet auf von den Todten — ließ den Boden öfnen, und entdeckte in den darunter befindlichen großen Gewölbern

*) Khevenhüller Th. 12. S. 141. fg. Schiller historischer Calender für Damen, vom Jahr 1793. S. 497.

bern hundert und vierzig Feldstücke und schwere Kanonen. Zwölfe derselben, welche der Churfürst die zwölf Apostel zu nennen pflegte, waren von außerordentlicher Große und Arbeit. Auf vielen derselben sah man das Braunschweigische, Dänische und Pfälzische Wappen, zuletzt fand man eine Kartetsche, welche einen Schatz von dreißig tausend Stück Ungarischer Dukaten in sich enthielt, und das Vergnügen des Königs über diesen Fund vollkommen machte *). Am Himmelfahrtstag ward die erste evangelische Predigt im schönsten Schloßzimmer gehalten, der katholische Gottesdienst wurde ununterbrochen mit größter Pracht gefeiert, und überall die genaueste Ordnung beobachtet **).

Während daß Gustav Adolf mit einem ununterbrochenen Gluck von Eroberung zu Eroberung fortgeschritten war, hatte das Gluck seinen Bundesgenossen, den Churfurst von Sachsen, nicht weniger begünstigt.

*) Der größte Theil dieser Artillerie wurde nach Augsburg gebracht, wo sie dem Churfürsten, bey der folgenden Einnahme, wieder abgeliefert werden mußte. Adlzreiter a. ang. O. §. 50.

**) Khevenhüller Th. 12. S. 143. Gualdo hist. d'elle guerre p. 83.

Dem nach dem Breitenfelder Siege gemachten Plane gemäß, hatte Johann Georg seinen Zug nach Böhmen genommen, daselbst Prag ohne Schwerdstreich einbekommen (den 11 Nov. 1631.), die Huldigung persönlich empfangen, und die mehresten Städte dieses Königreichs sich unterwürfig gemacht.

Der Kaiser zitterte iezt für den Besitz seiner Oesterreichischen Staaten — fühlte, wie die Ursache von allen seinen zeitherigen Niederlagen in nichts anderm als der Abhängigkeit von Bayern und der Ligue, und dem Mangel eines geschickten Feldherrn beruhe. — Sah, welchen Nachtheil er sich durch die Abdankung Wallensteins zugezogen habe, und beschloß, diesen in dem Zustande eines Privatmannes sich befindenden und aus ruhiger Ferne den tobenden Kriegssturm betrachtenden General auf die Kriegsbahn zurück zu berufen, und sich über das Misfallen, welches Spanien und der Churfürst von Bayern über diesen Schritt bezeigten, hinauszusetzen *).

Die

*) Auf Zureden der vier katholischen Churfürsten, und des Spanischen und Italienischen Ministers war Wallenstein das Commando abgenommen worden.

Die vertrauten Freunde des Herzogs von Friedland erhielten Auftrag ihn zu erforschen, und wo möglich zur Annahme dieses Posten zu überreden.

Jetzt war die Zeit gekommen, wo der Herzog frohlockend seinen beleidigenden Stolz dem Kaiser fühlbar zu machen im Stande war.

Er öfnete ganz sein mit Vorwürfen beladenes Herz, und bestimmte sich zu nichts mehr, als das Commando nur auf drei Monathe anzunehmen, binnen dieser Zeit eine Armee auszurüsten, nicht aber sie selbst anzuführen.

Ganz Europa — ia selbst Gustav Adolf verlachten dieses von Wallenstein gethane Versprechen; allein dieser General in seinen großen Unternehmungen sich immer gleich, machte, was iedem unausführbar schien, würklich — stellte noch vor Ablauf des dritten Monaths eine aus vierzig tausend Köpfen bestehende Armee, größtentheils aus dem Ueberrest Böhmens, aus Mähren, Schlesien, und den deutschen Provinzen des Haußes Oesterreich gezogen, fertig ins Feld.

Mit verstellter Großmuth, und sich bewußt, wie sehr die meisten Officiere ihm verpflichtet, seiner Allgewalt allein zugethan waren, überließ er dem Kaiser, diesem Heer einen Führer zu geben.

Diesem war es bekannt, wie der Herzog von Friedland, als der Schöpfer desselben — das einzige Band sey, welches solches in enger Vereinigung, und gleichförmigem Würken zu erhalten vermogte. Durch einen eignen Abgeordneten, den Fürst von Eggenberg, ließ er ihn daher aufs dringendste ersuchen, der Chef dieser Truppen zu verbleiben.

Nur unter gewissen Bedingungen, daß nemlich, wenn ihm eine unumschränkte Oberherrschaft über alle deutsche Armeen des Oesterreichischen und Spanischen Haußes übertragen werde, der Kaiser sich aller seiner Autorität bey der Armee enthielte, und ihm, als Belohnung seiner Dienste, ein Kaiserliches Erbland einräume, und iede Oesterreichische Provinz ihm zum Zufluchtsorte, sobald er ihrer bedürfe, öfne, versprach er das Verlangen des Kaisers zu erfüllen.

So hart diese Forderungen waren, so bewilligte sie Ferdinand doch, und lieferte so

alle

alle seine Kriegsmacht in die Hände desjenigen, dessen vorzüglichster Gedanke nur dahin ging, durch Empörung auf die Trümmern von Ferdinands zusammengestürzten Thron sein vollkommenes Glück zu begründen.

Bald hatte er sich wieder Böhmen unterworfen, und bey Eger mit der Bayerischen Armee vereiniget.

Gustav Adolf, zu schwach an Truppen, um es mit dieser nunmehro auf sechzig tausend Mann sich belaufenden Armee aufnehmen zu können, nahm eilfertig seinen Rückzug nach Franken, und ließ blos Herzog Bernhard und General Banner zu Beobachtung des Feindes in Bayern zurück.

Mit Ernst suchte Bernhard die ihm anvertraute Kriegsmacht zu behaupten — dämpfte die entstandnen Bauern=Unruhen, und ließ der Stadt Freyberg, deren Einwohner mit den zu ihrer Sicherheit inliegenden Schwedischen Truppen mörderisch verfahren waren, solche in der Nacht überfallen und niedergemacht hatten, fühlen, was Treulosigkeit zuwege bringe. —

Mit Macht wurde die Stadt angefallen, die Thore mit Petarden gesprengt, alle Mannschaft niedergehauen, und die Stadt selbst geplündert und in Brand gesteckt a).

Mit gleicher Schnelligkeit bemächtigte sich auch Bernhard der Städte Ehingen, Füssen und Landsberg, welche von den Kaiserlichen wieder eingenommen worden waren. Sein Unternehmen auf Füssen war eines der tapfersten. — Nachdem eine dreimalige gütliche Aufforderung vergeblich an die Besatzung und Einwohner ergangen war, suchte er mit stürmender Hand sich Herr von diesem Orte zu machen. Blutig war der Angriff — eine Kanonenkugel schmetterte Bernhard das Pferd unterm Leibe nieder, und ein großer Theil seiner Leute verlohr dabey das Leben.— Desto glorreicher aber war die darauf folgende Eroberung der Stadt — der erste Eintritt der Schweden verrieth Rache für ihre erschlagenen Kameraden, und daher kam es, daß drey hundert von der Besatzung auf der Stelle niedergemacht wurden, und nur durch mühsames Zureden der Officiere die Verschonung

des

a) Theatr. Europ. T. II. p. 576.

des übrigen in eilfhundert Mann bestehenden Theils, bewürkt werden konnte b).

Nach Vollendung dieses Unternehmens nahm Bernhard seinen Weg auf Landsberg, um auch diesen Ort sich wieder unterwürfig zu machen, man fürchtete daselbst sein Erscheinen, — glaubte mit Freyberg und Füssen einerley Schicksal zu haben, und beschloß, durch demüthiges Bitten dasienige bey dem Weimarischen Helden zu bewürken, was man durch eine beharrliche Widersetzlichkeit nicht wurde erhalten können. Eine Gesandschaft, welche aus dem Rathe und den Vornehmsten der Stadt bestand, kam dahero schon vor der Stadt dem siegreichen Herzog entgegen, und überreichte fußfällig, und bittend, ihrer, in Rücksicht, daß sie an der von den Kaiserlichen geschehenen Einnahme der Stadt keine Schuld

 hätten,

b) Theatr. Europ. l. c. „Hierauff ist er auf „Füssen fortgerückt, selbige Orth mit Sturmb erobert, darbey dann, in dreyhundert niedergemacht. „Die übrige aber so noch in eilff hundert vnd darunder vornehme Officirer, Graffen vnd andere Herren „waren, sampt den Fähnlein gefangen genommen. „Davon hernach in tausendt Mann sich untergestellet. Wormit dann eine stattliche Victory erhalten, „vnd die meiste Leopoldische Infanterie ruiniret worden.“

hätten, mit Plündern zu schonen, die Schlüsseln der Stadt (im Junius 1632).

Bernhard willfahrte diesem Flehen, untersagte bey Leibesstrafe seinen Soldaten die Ausübung ieder Art von Excesse, und legte blos eine Besatzung von einigen Compagnien Infanterie, und zwey Compagnien Cavallerie in die Stadt c).

Von Bernhards Schritten war ieder mit Sieg begleitet, und fest war er entschlossen, auch über Ehrenberg nun seine siegreichen Waffen zu verbreiten. Drey Schanzen wurden mit stürmender Hand erobert, und zuverläßig

c) Theatr. Europ. T. II. p. 576. „Die Kaiserische und Leopoldische hatten kurz zuvor Landsberg „und Füssen wieder eingenommen. Diese beide Orth „aber Hertzog Bernhard von Weymar bald darauf „recuperirt. Selbigen, als er auf Landsberg anzogen, „brachte der Rath vnd die vornembsten der Stadt die „Schlüssel entgegen, vnd überlieferten dieselbe mit „einen Fußfall, entschuldigten sich, daß sie an der „von den Kayserischen geschehenen Widereynnehmung „keine Vrsach wären, vnd bathen darbey daß ihrer „mit Plünderung vnd anderer Ungelegenheit verschonet werden möchte: Wie man nun ihre Unschuld „vermerket, ist alles Plündern vnd andere Exceß bey „Leibesstraff verpotten, und die Statt mit etlich Compagnyen zu Fuß vnd 2 zu Pferdt besezet worden."

lässig würde er auch sein Vorhaben in Ansehung der Stadt selbst vollführt haben, wenn er nicht eben zu dieser Zeit vom General Banner nach Donauwerth wäre gerufen worden d).

Bey Uffenheim vereinigte er sich mit Chursächsischen, Heßischen und Rheinländischen Truppen (im August 1632.) und ging mit dieser Armee, die sich auf funfzig tausend Mann belief, und noch außerdem sechzig Stuck Geschütz und vier tausend Bagagewägen mit sich führte, auf des Königs von Schweden Ordre nach Neustadt an der Aisch, und auf die Brücke nahe bey Nürnberg (den 13 oder 23 August) in das Schwedische Lager, welches sich Nürnberg gegenüber befand, und von Gustav Adolf in der Absicht hier aufgeschlagen worden war, theils um vor der Ankunft seiner in ganz Deutschland zerstreuten Truppen hier von Wallenstein, der seine ganze Absicht auf Nürnberg richtete, und mit seiner großen vereinigten Armee bereits über Eger dahin aufgebrochen war, weder zu einer Schlacht noch zu einem Rückzug gegen seinen Willen gezwungen werden zu können; theils

um

d) Theatr. Europ. T. II. p. 577. Longwitz Herzogs Bernhard Heldenthaten, Cap. 2. p. 6 u. 7.

um Nürnberg, seinem dem Magistrat gethanen Versprechen gemäß, vor jedem feindlichen Ueberfall zu sichern.

Gustavs Macht belief sich vor der Ankunft des Succurses nicht höher als auf zwanzig tausend Mann, dennoch aber wagte es Wallenstein, welcher sich Nürnberg im Angesicht auf dem alten Berge an der Rednitz dreiviertel Stunden von den Schweden gelagert hatte, nicht, mit seiner weit überlegenen Armee den König in seinen Verschanzungen anzugreifen, sondern wollte solchen durch Hunger zwingen, von Nürnberg abzuziehen.

Würklich war auch der Mangel an Nahrungsmitteln bey diesen beyden so zusammengedrängten Armeen auf den höchsten Grad gestiegen. Noch mehr aber wurde solcher vermehrt, als die von Gustav Adolf zusammen berufne Verstärkung unter Herzog Bernhards Anführung erschien, die Pferde hatten weder Heu, noch Stroh, noch Gras, Menschen und Vieh starben in großer Menge, ansteckende Krankheiten verminderten mehr als das Schwerd des Feindes die Mannschaft, und Verwüstungen jeder Art mußte die Gegend dulden.

Dieser traurigen Lage ein Ende zu machen, entschloß sich Gustav Adolf, seine seit acht und funfzig Tagen bezogenen Verschanzungen zu verlassen, und mit seiner iezt siebzigtausend Mann starken Armee dem Feinde eine Schlacht zu liefern. — Von drey Batterien, welche an den Ufern der Rednitz errichtet waren, ließ er zuerst das Friedländische Lager beschießen — dies reizte aber Wallenstein wenig, sich aus seinen Verschanzungen zu begeben — unbeweglich beharrete er bey seinem Entschluß, den König durch Unthätigkeit und die Macht des Hungers zu besiegen.

Solchergestalt sah sich Gustav in seiner Erwartung getäuscht, und unternahm es, Noth gedrungen, seine Stellung zu verändern, und auf das feindliche durch Natur und Kunst befestigte Lager loszugehen. In völliger Schlachtordnung rückte er am Bartholomäustage (24 Aug. oder 3 Sept.) heraus, und setzte bey der Stadt Fürth über die Rednitz.

Wallenstein hatte seine Hauptmacht auf dem alten Schlosse Altenberg e), dessen Zugang

e) Dieses alte Schloß lag auf einer Höhe wie Burgstall, und beide machten einen Theil der alten Veste gang von tiefen Gräben, unersteiglichen Schanzen und dichten Verhauen umschlossen war, und das Lager in Vereinigung mit dem Altenberger Wald beherrschte, und in unabsehbaren Gefilden ausbreitete, mithin eine völlige Unbezwinglichkeit, welche jedem feindlichen Angriff Trotz zu bieten, Gustav Adolf aber nichts als Tod zu verkündigen schien, bildete. — Dennoch wagte der König den Angriff, befahl seinen Dragonern, und einem Theil der Reiterey abzusitzen, und rückte nachdem er Ordre gegeben, jeden Posten alle zwey Stunden abzulösen, mit dem Degen in der Faust an der Spitze seiner Truppen, vor.

Bernhard commandirte den linken Flügel der Cavallerie, und der General Strief, ein alter Mansfelder, diente unter ihm; Herzog Wilhelm von Weimar sollte im Fall der Noth als Generallieutenant das Commando übernehmen, und so wurde der erste Angriff (um Mittag 24 August oder 4ten Sept. 1632.) auf die Posten, welche dem Aldringer und Caraffa anvertrauet waren, gewagt. Ohne Brustwehr der ganzen Wuth des feindlichen Ge-

Veste aus. „Zwo Höhen, heißt es in Theatr. Europ. T. II. S. 659." so der alte Berg und der Burgstall „von den alten Vesten genennet werden."

Geschützes dahingegeben, liesen iezt Schwedens entschlossene Krieger gegen den Berg, der sich in einem Moment in einen Feuerschlund zu verwandeln schien, und unaufhaltsam seinen Hageldonner auf Gustavs tapfere Truppen herabschleuderte, Sturm.

Die Erde bebte in der ganzen Runde. In schwarzen Wolken stieg langsam der Rauch gen Himmel auf, ein undurchdringliches Dunkel bedeckte die Spitzen des Berges, und der zündende Bliz erleuchtete wieder den grauen Horizont ee). Tausende von den Deutschen und Schwedischen Truppen wurden in einem Hui dahingestreckt, und dennoch marschierten die immer neu anrückenden Regimenter standhaft durch den Kanonenkugelregen bis unter Wallensteins blitzende Stücke.

Die Batterien sollten erstiegen werden, und ein noch blutvollerer Auftritt als der erste begann. Unaufhörliche Salven des kleinen Gewehrfeuers krachten von allen Seiten viel fürchterlicher als der Kanonendonner, und verbreiteten um sich Tod und Verderben, der ganze Abhang des Berges war mit den Leibern der

ee) Gualdo Hist. di Ferdinando Terzo P. I. p. 404.

der Erschlagenen bedeckt, dennoch aber wurde nicht nachgelassen den Berg zu bestürmen.

Auch Bernhard, welcher mit seinem linken Flügel in einem Busch an der Rednitz postiret war, versuchte mehrmalen, gleich den andern Generalen, die Walensteinischen Verschanzungen zu forciren, aber auch um ihn sah man nichts als Untergang. Die Bayerische Reiterey fiel ihm in die Flanke, das Blut floß an seiner Seite wie ein Strohm, die Obersten Burt, Hand und Torstenson wurden gefangen, und nur mit Mühe die Bayern zurück getrieben. Unersteigbar schien Bernhard der Berg — Alle Generale stimmten ihm bey, und riethen dem Könige von seinem Vorhaben abzustehen. Taub aber für jeden dieser Rathschläge, und aufgebracht über diese schreckliche Niederlage, ertheilte Gustav neuen Befehl den Sturm zu vollbringen.

Voller Unwillen und halb in Verzweiflung, führte itzt Bernhard seine Regimenter den hohen Schanzen zu. Eine Kanonenkugel zerreißt sein Pferd f), er schwingt sich auf ein anders, und dringt unaufhaltsam über die

f) Pufendorf de reb. Suec. T. IV. §. 42.

die Leiber seiner erschlagenen Soldaten den Berg hinauf, und glücklich ersteigt er bey Sonnenuntergang eine Höhe beym Burgstall, von welcher aus das ganze feindliche Lager beschossen werden konnte. Die ganze Nacht harrete er hier, und war willens den folgenden Morgen das Geschütz zur Beschießung des Wallensteinischen Lagers aufführen zu lassen.—

Gewiß würde durch Ausführung dieses Vorhabens über das ganze Kaiserliche Heer Unordnung verbreitet, und die Schlacht selbst gewonnen worden seyn. Allein der Berg war zu steil und durch den Regen zu schlüpferig gemacht, als daß es möglich gewesen wäre, nur eine Kanone hinaufzubringen; und mußte Bernhard von freyen Stücken diesen mit so viel Blut errungenen Posten wieder verlohren geben g).

Auf

g) Pufendorf. Comment. de rebus Suec. B. IV. §. 42. „Bernhardus Dux montis partem prope Burgstallum (id veteri arci vocabulum) occuparat, eamque ad sequentem „usque diem tenebat; unde hostem monte, „quem insederant, et castris expellendi aliqua „spes erat. Sed quod machinas eodem attrahere supra humanas vires credetur, et per „noctem cadens imber solum lubricum, et ex„citandis munimentis incommodum effecisset, „Rex

Auf keiner Seite wurde etwas durch diesen so entsetzlichen Angriff errungen, beyde Theile erlitten gleichen Verlust. — Vier Kaiserliche Generale, sechzig hohe und niedere Officiere blieben samt zwey tausend Gemeinen in den Schanzen, und drey tausend Schweden hatten das nemliche traurige Loos auf dem Platz ihren Tod zu finden. General Banner gerieth mit einer großen Menge Schwedischer Truppen in die Gefangenschaft, und Güstav Adolf selbst, welchen eine Kanonenkugel ein Stück Sohle des rechten Stiefels wegnahm, war in nicht geringer Gefahr ein Opfer dieses Tags zu werden.

Mit anbrechendem Morgen des folgenden Tages, hielt der König mit seinen vornehmsten Officieren, wobey auch Herzog Bernhard sich mit befand, eine kurze Berathschlagung, ob wohl der Sturm zu erneuern, oder ein Rückzug zu unternehmen seyn dürfte. Die traurigen Folgen des gestrigen Angriffs, und der Anblick der erschöpften Truppen bewürkten, daß einhellig für den Rückzug gestimmt wurde.

Bald

„Rex incertam aleam tanto cum sanguine tentare veritus, postridie suos inde reduxit." Theatr. Europ. l. c.

Bald war dieser auch in völliger Ordnung und Unerschrockenheit bewerkstelliget, und die Truppen über die Rednitz zurück geführt, so daß es Wallenstein nicht wagte sie auch nur im mindesten auf ihrem Marsch zu beunruhigen h).

Noch ganzer vierzehn Tage blieben die Armeen einander gegenüber gelagert, ieder wollte den andern ausharren, ieder wartete auf des andern Abzug, als aber die Drangsale des Hungers immer mehr überhand nahmen, und durch die außerordentliche Wärme der Hundstage das Wasser der Pegnitz faul — der Gestank von den umgefallenen Pferden unerträglich worden war, und die Fleckfieber gleich der Pest sich verbreitet, und mehrere tausend tapfere Schweden dahin gerafft hatten, entschloß sich Gustav Adolf, gerührt von dem allgemeinen Jammer, am 8ten oder 18ten

h) Burg. Mars. Sueco-Germ. B. III. S. 8. „Rex reductis prius intra castra tormentis, receptui cecinit, et prope Noribergam exercitum in castra revocavit: neque nostri ultra „nemus illum sunt sequuti, reprimente militum ardorem Vallesteinio, qui defessos jam „praeliando milites novo labori discriminique „exponere noluit, insidias quoque fortasse „metuens, si propius Noribergam accessisset."

September sein Lager aufzubrechen, und nachdem er Nürnberg mit einer hinlänglichen Besatzung versehen hatte, seinen Marsch nach Neustadt an der Aisch und Windsheim zu richten.

Auch Wallenstein verließ fünf Tage nach Gustavs Abreise seine Stellung! — und zwar unternahm er seinen Abzug bey Einbruch der Nacht, — zündete selbst sein anderthalb Meilen großes Lager an i), ließ die Rednitz beständig zwischen sich und dem Könige, der westwärts stand, liegen, und aus Mangel an Zugpferden einen entsetzlichen Vorrath án Lebensmitteln und Bagage zurück.

Gar bald gerieth Gustav Adolf auf die Vermuthung, daß Wallensteins Absichten auf Franken gerichtet seyn könnten. Diesen in Zeiten entgegen zu arbeiten, trennte er seine Armee, und beorderte mit dem einen Theile derselben, welcher zehen tausend Mann stark war, den Herzog Bernhard, die Ufer des Mayns zu decken, den Fränkischen Kreis zu schützen, und die Stadt Schweinfurt zu behaupten, er selbst aber wendete sich mit seinen

übrigen

i) Herchenhahn am angeführten Orte, Th. 2. S. 209.

übrigen Truppen nach Bayern, um daselbst seine Eroberungen fortzusetzen.

Bernhard schlug alsobald eine Schiffbrücke über den Mayn, und vereitelte Wallensteins Vorhaben auf die Städte Schweinfurt und Würzburg.

Der Kaiserliche General, seine Absicht unerreichbar erblickend, beschloß nun, seinen Plan zu ändern, und die beiden Churhäusier Sachsen und Brandenburg mit einmal zu unterdrücken.

Zuerst mußte der Markgraf zu Bayreuth, welcher zugleich Markgraf von Culmbach, und der Onkel des damals noch iungen Markgrafen war, seine Rache empfinden. —

Die Hauptstadt Bayreuth wurde bald unter eine harte Contribution gesetzt; hingegen Culmbach, eine besser befestigte Stadt, that einen rühmlichen Widerstand, und machte Wallenstein die Eroberung ohnmöglich. — Unbefriediget in seinem Triebe nach Grausamkeit, rückte er dahero nach Coburg vor, (den 27 Sept. 1632.) und machte diese Stadt zum

Opfer seiner Wuth und seines Zorns ii). Alles war der Plünderung unterworfen — die Reichthümer des Palasts samt dem Fürstl. Schatze, nebst einer großen Menge Kaufmannsguther, welche von Augsburg und Nürnberg kamen und zur Messe nach Leipzig gehen sollten, wurden ein Opfer der feindlichen Raubsucht. Nur das auf einer vortheilhaften Anhöhe sich befindende Schloß that unter seinem tapfern Commendanten, dem Obristen Daubatel, den herzhaftesten Widerstand — schlug mehrmalige Aufforderungen aus, und wies den Feind bey dem an 3ten oder 13ten Oktober 1632 durch fünfhundert Mann gewagten Sturm mit einem nachdrücklichen Verlust k) zurück.

Sobald Herzog Bernhard Nachricht von diesem schrecklichen Unternehmen des Kaiserlichen

ii) Der zu dieser Zeit daselbst residirende Herzog, war Johann Casimir, ein Sohn Herzogs Johann Friedrichs des mittlern und ein Enkel des unglücklichen Churfürsten Johann Friedrichs, mithin ein Enkel der Weimarischen Linie, von welcher sieben Prinzen gegen das Hauß Oesterreich theils gewesen, theils noch waren.

k) Theatr. Europ. T. II. p. 659.
Die genaueste Nachricht von dieser Belagerung kann man finden in Georg Paul Hönns Sachsen-Coburgischer Historie, B. 2. S. 263. fg.

lichen Generals erhalten hatte, rückte er augenblicklich von Schweinfurt nach Hildburghausen, drey Meilen von Coburg vor, schlug unterwegs vierzig Eskadronen Kaiserl. Reiter, welche unter dem Commando des Obersten Isolani standen, nahm ihnen zehn Standarten, nebst einem großen Theil ihrer Bagage, ab 1), und gab seiner Armee eine solche Stellung, daß Wallenstein sogleich sich zum Abzug bereitete.

Allein Sachsen sollte iezt die Macht des Friedländers fühlen, und der Winteraufenthalt seiner Truppen werden. In verschiednen Kolonnen verfolgte er seinen Weg dahin, ging über Kronach nach Plauen; zu Weida vereinigten sich seine Truppen, und bey Altenburg stießen Holck und Gallas, zwey Generale, welche beyde an Grausamkeit sich gleich, bereits Sachsen, in Vereinigung mit Pappenheim, zu iener Zeit, als die Schwedischen und Sächsischen Armeen bey Nürnberg und in Schlesien beschäftiget waren, auf die schrecklichste Art heimgesucht hatten, zu ihm. Das ganze Thüringen, Vogtland und Meißen waren Opfer des cannibalischen Betragens dieser

1) Riccius de bello Germ. S. 411. Lungwitz a. a. O. p. 8. sqq.

Feldherren worden, viele Städte und Flecken hatten sie mit Feuer verheeret, ieden ihrer Schritte mit Blut und Schandthaten bezeichnet, die Weibspersonen geschändet, und nach vollbrachter Wollust verbrannt oder niedergehauen, die durch Accord einbekommenen Oerter geplündert, und die Früchte auf dem Felde abgebrannt m). Die Stadt Oelsnitz lag in Asche — die prächtigen Meubles aus dem Churfurstlichen Schlosse Augustsburg waren geraubt n), Chemnitz belagert und erobert, und ein Theil dieser grausamen Rotte war sogar bis an Dresdens Thore vorgedrungen, und hatten einst bey Nacht, als der Churfürst eben einige Gesandte traktirte, in einer kleinen

m) Schwedisch Intelligencer Th. 3. S. 92. und Chemnitz Historie des Schwedisch-deutschen Kriegs, Th. 1. S. 415. „Viel Städtlein, Flecken und Dörfer wurden in die Asche geleget: viele Einwohner erbärmlich niedergehauen: auch in etlichen Orten die „Weibspersonen, nachdem sie geschändet, nicht verschont, sondern auf vollbrachten Muthwillen mit „ihnen, ins Feuer geworfen, oder sonst ermordet."

n) Chemnitz. Hist. S. 316. „Den 24sten August, „wurde die Augustsburg, ein wohlgebautes Churfürstliches Hauß, von ihnen ausgeplündert: in welchen „sie über 300 schöner Betten, herrliche Tapezereyen, „Tischteppiche und andere köstliche Mobilien überkommen und weggeführet."

nen Entfernung von Dresden drey schöne Dörfer angezündet, und dem Churfürst entbieten lassen: Damit er zu seinem Banket sehen könnte, wollten sie ihm Lichter brennen o).

Sachsens trauriges Loos vollkommen zu machen, fehlte itzt nichts als das Erscheinen Wallensteins.

Auch er hinterließ auf seinem Zuge allenthalben die schauderhaftesten Denkmäler. Alle Bewohner der Gegenden, so er paßirte, wurden mit Feuer und Schwerd verfolgt, das Land weit und breit ruiniret, und bald betrat er den Leipziger Kreis, forderte Leipzig und die

o) Chemnitz Th. 1. S. 416. „Es ließ sich der „Feind auch täglich vor der Festung und Residenz „Dreßden sehen: woselbst er rings herum mit Rauben „Plündern und Brennen großen Schaden that. Insonderheit den 19den Herbstmonaths zu Nacht, da „eben selbigen Abend der Churfürst einen Brandenburgischen und etliche Landgräfliche Darmstädtische „Gesandten traktiret, steckten die streifenden Rotten „drey schöne Dörfer, eine kleine Ecke von der Stadt, „an: piqvirten die Pferde ums Feuer herum, und ließen dem Churfürsten entbiethen: Er der Churfürst „hielte Banqvet -- sie wollten ihm dazu so viel „Lichter anzünden, daß er gar wohl sollte sehen „können.“

Pleissenburg auf, und zwang beides nach einer kurzen Belagerung zur Uebergabe (den 23 Oktober oder 2 Nov. 1632).

Johann Georg sah kummervoll die Verheerung seiner Staaten, sah die Gefahren, welchen seine Lande noch für die Zukunft unterworfen waren, und ließ die dringendsten Einladungen an Gustav Adolf, als seinen mächtigen Bundesgenossen, ergehen.

Bekannt mit den schwankenden Gesinnungen des Churfürsten, und einsehend, wie leicht die schrecklichen Drangsale Johann Georg bewegen könnten, bey mangelnder Hülfe abtrünnig zu werden, und bange vor den Folgen, welche der Abfall eines so wichtigen Bundsgenossen nach sich ziehen möchte, entschloß sich der König, allen denen glänzenden Hoffnungen, welche sich ihm in Ansehung der Eroberung von Ingolstadt und ganz Bayern, samt der Unterjochung der Oesterreichischen Erbstaaten, in welchen bereits ein allgemeiner Aufruhr des Landvolks entstanden war, darbothen, — zu entsagen, und seinem Alliirten zur Rettung herbey zu eilen.

Mit Schnelligkeit sammlete er seine Truppen im Fränkischen Kreise, und verfolgte das

Wallen-

Wallensteinische Heer durch Thüringen. Bey Schleusing stieß er zu Herzog Bernhard, welcher gegen Pappenheim vorausgeschickt worden war, und zog vereint mit diesem tapfern Fürsten nach Arnstadt (24 Sept. oder 3 Nov.), wo sie einen sechstägigen Stillstand machten, theils um die Truppen etwas ausruhen zu lassen, theils um die Gemahlin des Königs zu erwarten.

Sie kam an, und begleitete den König mit seiner Armee bis nach Erfurt — Hier nahm er von ihr Abschied — Rührend war diese Scene iedem Zuschauer. — In dem Auge des Helden glänzte eine Thräne, als er ihr das letzte Lebewohl sagte — die Wehmuth hemmte seine Sprache.— „Gott sey mit Ihnen „— sehen wir uns schon in diesem Leben nicht „mehr, so werden wir uns doch im künftigen „wiedersehen und sprechen", waren die einzigen Worte die der große Gustav vorbringen konnte. Alle Umstehende waren gerührt, und in der Folge hat man diesen Abschied für eine Ahndung, die der König von seinem baldigen Ende gehabt, gehalten.

Bernhard verfolgte unterdessen mit tausend Mann Cavallerie den einige Tage zuvor durch dasige Gegend gegangenen Nachzug der Pappenheimischen Armee, welcher die vorzüglichsten Pässe in Thüringen, hauptsächlich aber Weimar und Erfurt besetzen sollte; allein in größter Eile richtete dieser feindliche General seinen Marsch durch das kleine Freyburger Gebiete, setzte über die Saale, und machte es dem Herzog ohnmöglich ihn einzuholen. Dieser vereinigte sich dahero wieder mit der Schwedischen Armee, welche am 1sten oder 11ten November des 1632 Jahres zu Naumburg angekommen war, ehe noch die dahin detaschirten Corps des Herzogs von Friedland sich dieses Platzes bemächtigen konnten.

Bis den 5ten oder 15den November behauptete die Schwedische Armee das hier bezogene Lager; zu dieser Zeit aber erhielt Gustav Adolf Nachricht, daß Wallenstein seinen Marsch über Leipzig zu nehme, und willens sey, die Sachsen von dem Schwedischen Heere abzuschneiden, und fand sich bewogen, den iezt durch Pappenheims Abzug nach Halle um die Hälfte geschwächten Feind, mit seiner Macht anzufallen.

In beschleunigtem Marsch verfolgte er ihn daher bis Weißenfels, und von da bis

Lützen,

Lützen, iedoch ohne die Absicht zu haben, vorietzo ein entscheidendes Treffen zu liefern. Er fühlte sich gegen die Wallensteinische Armee immer noch zu schwach — und wollte den Herzog von Lüneburg, welcher mit seiner Armee zu ihm stoßen wollte, erst abwarten. — Dieses war seine Absicht. —

Wallenstein war indeß durch die Nachricht von Gustavs Anzug in die größte Verwunderung gesetzt, schickte schnell Eilboten ab, um Pappenheim zurück zu berufen, und stellte seine Armee in den weiten Ebenen zwischen dem Floßgraben und Lützen in Schlachtordnung. Gustav Adolf näherte sich indeß von Naumburg immer mehr, — brachte die auf den umliegenden Dörfern Posern, Gohren, und Rippach befindlichen Kaiserlichen Regimenter zum Weichen, u. ging den 5ten (15den) Abends über den Fluß Rippach, rückte dann bey Rocken gegen den Floßgraben, der sich von Zeitz nach Merseburg erstreckt, die Elster mit der Saale verbindet, und die Ebene zwischen Lützen, Markranstädt und der Landstraße, welche von Weißenfels nach Leipzig führt, scheidet, vor.

Hier positirten sich die Schweden und lagerten sich den Kaiserlichen gegenüber. Die

ganze

ganze Armee war in zwey Treffen getheilt. Der linke Flügel des ersten Treffens stieß an Lützen, der rechte lief über den Floßgraben hinaus. In der Mitte stand das Fußvolk unter den Befehlen des Niclas Brahe, Grafen von Weißenburg, welcher durch Hendersons Reservekorps Schottischer Infanterie unterstützt wurde, und die Reiterey an den Flügeln, vor der Fronte die Artillerie. Auf dem rechten Flügel, wo sechs Regimenter Schweden, die von fünf untermischten Schaaren unterstützt wurden, standen, commandirte der König, auf dem linken der deutsche Held Herzog Bernhard.

Aus einer gleichen Anzahl Völker bestand das zweyte Treffen; Bulach commandirte den rechten, Prinz Ernst von Anhalt den linken Flügel, und Kniephausen den Mittelpunkt. Beyde Armeen kehrten der durch sie hingehenden Landstraße ihre Fronte zu p). Gott mit uns! war das Losungswort der Schweden.

So zum Treffen gestellt erwartete man den anbrechenden Morgen. Der König brachte die ganze Nacht mit Herzog Bernhard und General

p) Theatr. Europ. S. 667. Chemnitz a. ang. O. S. 464. fg.

General Kniephausen theils redend, theils in tiefem Nachdenken versunken, in seinem Wagen zu pp); sein Geist schien nur auf den einzigen Gegenstand, zwey Stunden vor Anbruch des Tages den Feind anzugreifen, gerichtet zu seyn. —

Ein gegen Morgen (6 Nov. 1632.) fallender dicker undurchdringlicher Nebel, welcher das Schlachtfeld in Finsterniß hüllte, hindert ihn aber an Ausführung dieses seines Vorhabens.

Knieend verrichtet der große Gustav vor der Fronte seine Andacht, seine ganze Armee fällt zugleich mit auf die Knie nieder, und stimmt unter Trompeten- und Paukenklang den Gesang: „Eine feste Burg ist unser Gott,“ und: „Es woll uns Gott gnädig seyn,“ an. Jetzt stieg der König, blos mit einem Tuchrock und einem leichten Goller bekleidet q), zu Pferd

pp) Mauvillon T. IV. p. 406.

q) Einige Geschichtschreiber als Spanheim in Soldat Suedois, S. 828. und der Verfasser des Schwedisch Intelligencer Th. 3. S. 128. geben an, eine kurz vorher durch einem Musketenschuß erhaltne Quetschung an der Schulter, habe ihm den Harnisch zu tragen schmerzlich gemacht.

Pferd — die hervorkommende Sonne unterdrückt gegen zehn Uhr gänzlich den sich verbreiteten Nebel, und scheint einen hellen und heitern Tag zu verkündigen. Eine iede Armee erblickt die andere bereit zum großen Kampfe, aber zugleich sieht man auch Lützen in Brand stehen.

Dies war die Losung zum Vorrücken des Königs; um die Kaiserlichen aus den zwischen beyden Armeen laufenden Gräben zu veriagen *).

Fürchterlich war das Feuer, womit sie von dem Feinde empfangen wurden — groß aber auch der Muth, mit welchem sie die feindlichen Bataillons aus den Gräben drängten, über den Haufen warfen, und die bey den Gräben befindliche Batterie eroberten, und unaufhaltsam die dritte Brigade zur Flucht brachten.

Wallenstein wurde dies nicht sobald gewahr, als er mit Blitzschnelligkeit seine weichenden Truppen wieder sammelte, und von drey Kavallerieregimentern unterstützt in die Schwedische Infanterie drang, und die verlohrne Batterie wieder eroberte.

In

*) Khevenhüller Th. 12. S. 190.

In diesem Schlachtgetümmel kam der König mit der Schwedischen Reiterey seiner Infanterie zu Hülfe, überfiel die Kaiserlichen Eskadrons, zerstreute solche und bewürkte auf dem linken Kaiserlichen Flügel eine allgemeine Unordnung.

Jetzt überbringt man Gustav, daß sein linker Flügel durch das feindliche Geschütz von den Windmühlen aus sehr geängstiget werde, und dem Weichen nahe sey. Mit schneller Besonnenheit überträgt er dem General von Horn, den geschlagenen Flügel zu verfolgen, und eilt an der Spitze des Stenbockischen Regiments seinem linken Flügel zu Hülfe. Galloppirend trägt ihn sein edles Roß über die Gräben, und nur einige seiner Reiter, worunter der Herzog Franz Albrecht von Lauenburg war, können ihm nachkommen. Er sieht umher ob irgendwo eine Blöße des Feindes zu entdecken sey, und erhält in demselben Augenblick einen Schuß in den linken Arm, seine Reiterey kam nachgesprengt, man schrie: der König ist verwundet, Gustav aber, auch unterm Schmerz sich immer gleich, rief „es ist „nichts, folgt mir!“ Kaum hatte er diese Worte hervorgebracht so erhielt er einen zweiten Schuß durch den Rücken, und sank seiner

 letzten

letzten Kräfte beraubt vom Pferd, blieb aber unglücklicherweise im Biegel hängen — wurde vom Pferd geschleift, und von mehrern feindlichen Schüssen und Stichen durchbohrt r).

Wiehernd und ganz von Blut bedeckt, kam des Königs Pferd zur Schwedischen Armee gelaufen — man führte es Herzog Bernhard vor, und dieser als er die Pistolen abgeschossen fand, errieth alsobald den Fall des großen Gustavs, und beorderte sogleich hundert Mann, den Königlichen Leichnam aufzusuchen. — Man fand ihn bey dem nicht weit von Lützen befindlichen großen Steine rr), unter einem Hügel von Todten, — aller Kleidungsstücke beraubt — von den Hufen der Pferde zertreten, und bis zur Unkennbarkeit entstellt. Er wurde in eine verdeckte Kutsche gelegt, nach Weißenfels gebracht, daselbst

r) Theatr. Europ. l. c. S. 668.

rr) Schon über hundert Jahr vor Gustavs tödlichem Fall war dieser Stein bey Lützen zu sehen. Er also ist nicht einmal als ein Denkmal, welches diesem großen Könige, der für eines der unschätzbarsten Menschenrechte, für Denk- und Glaubensfreiheit kämpfte, und gewiß ein besseres Monument von Deutschland verdiente, errichtet worden wäre, anzusehen.

selbst einbalsamirt s), und zu Ende des Wintermonaths unter einem ansehnlichen Gefolge und von seiner im Leben geliebten Eleonora begleitet, nach Wolgast abgeführt, von da aber im folgenden Jahre weiter nach Stockholm gebracht, und daselbst beigesetzt ss).

s) Die Königin Christina in ihrer Lebensbeschreibung, beym Arkenholz, Th. 3. S. 39. fg. giebt an, daß Gustav Adolf die Einbalsamirung seines Körpers verboten habe, und drückt sich sowohl hierüber als über den bey der Oefnung des Königlichen Körpers gefundenen Gesundheitszustand; folgendergestalt aus: „On l'embauma, contre l'ordre exprès, „qu'il avoit donné. On trouva toutes „ses entrailles et parties saines, son coeur „étoit d'une grandeur, qui passoit l'or„dinaire du commun des hommes. (Es „wog ein Pfund zwanzig Loth.) Il est a remar„quer, qu'un si grand Roi eut la foiblesse „de craindre si fort, comme il le témoigna „par un commandement exprês, l'ouver„ture de son corps apres sa mort. Mais „cette foiblesse, ou plutôt cette infatua„tion est de la nation; et la notre a pour „les morts un respect, qui va jusqu'à la „foiblesse et à la superstition. On l'em„bauma pourtant par necessité."

ss) Herr von Arkenholz in seinen historischen Merkwürdigkeiten der Königin Christina von Schweden,

Noch ist es in undurchdringliches Dunkel gehüllt, durch welche Hand er gefallen. Einige Schriftsteller t) sagen, daß der Herzog Franz Albrecht von Lauenburg, auf Anstiften des Kaisers, diese That vollbracht habe; und gewiß kostet es Mühe, sich vom Gegentheil zu überzeugen, wenn man alle die Umstände, welche gegen den Herzog streiten, in Erwägung zieht, als daß er ohne Ursache die Kaiserlichen Dienste mit Schwedischen vertauschte — in dem Treffen bey Lützen allein eine

den, erzählt uns Th. 1. S. 20: daß den 24sten des Wintermonaths 1744. in Gegenwart einiger Reichsräthe von Schweden und anderer Personen, des Königs Gustav Adolfs und seiner Gemahlin Särge wären geöfnet worden, und daß man dabey des Königs Gesicht fast gar nicht verändert gefunden habe, und die Farbe und Größe seiner Augenbraunen, des Knebel- und Kinnbarts sich sehr wohl erhalten hätten, und er den Bildnissen, die man von ihm habe, sehr ähnlich gewesen sey. Wendelins geschriebene Nachricht nebst dem Briefe des von Koseritz an den Churfürsten von Sachsen von 1sten Christm. 1632. in Glasey's Streitschrift vom Schwerdte Gustav Adolfs, S. 20.

t) Pufendorf. de rebus Suecicis S. 86. und dessen Histoire de Suede T. II. S. 297. Loccenii Histor. Suec. B. VIII. Larrey Histoire d'Angleterre T. IV. S. 105.

eine grüne Feldbinde, als die Farbe der Kaiserlichen, trug — mitten unter den feindlichen Kugeln unverletzt blieb, — und endlich dem König allenthalben zur Seite war, aber die Nachricht von dessen Fall nicht zur Armee brachte, sondern sich gleich nach des Königs Verwundung vom Schlachtfeld entfernte, und nach Weißenfels flohe. —

Andere, als Ferdinand von Fürstenberg, Bischof zu Paderborn tt), geben an, der Obristlieutenant von Falkenberg habe den König mit der Pistole durchschossen, und als dieser Falkenberg gleichfalls geblieben wär, habe ein Westphälinger, Namens Schneeberg, Gustav mit dem Degen durchbohrt, und ihm zugleich mit dem Leben die goldne Kette, die er an sich zu tragen gewohnt war, genommen.

Allein da von Gustavs Begleitern zugleich mehrere ums Leben kamen, auch bekannt ist, daß der König gleich dem gemeinsten seiner Soldaten sich überall der Gefahr blos stellte, und endlich das Schlachtgetümmel an dem Ort, wo er fiel, allgemein war, so läßt sich eben sowohl annehmen, daß der

tt) In seinen Monument. Paderborn. p. 216. u. 217.

König auf eine andere Art ums Leben gekommen sey. —

Um übrigens alle aus dem Tode des Königs zuentstehende Unordnung unter der Armee zu verhindern, ließ Herzog Bernhard eine bloße Gefangennehmung Gustavs vorgeben, und übernahm alsobald, beseelt mit dem Geist des großen Königs, das alleinige Kommando der Armee, ordnete schnell wieder den linken Flügel, und setzte mit Macht ohne Zögerung dem Feind vom neuen zu — Der Tod schien für keinen Mann Schrecken zu haben— Sie fochten wie wüthende Löwen u), und ieder wollte seinen König befreyen.

Zum zweitenmal schlagen sie den linken Flügel des Feindes — und mit Macht dringt Bernhard auf den rechten ein; in einer Zeit von zwey Stunden führt dieser Held seine tapfern Truppen zu zwölf verschiedenen malen in den Angriff — das an den Windmühlen befindliche Geschütz fällt in seine Hände, und die Feuerschlünde desselben werden nun gegen die vorigen Besitzer gerichtet.

Pfeil=

u) Loccenii hist. Suec. B. VIII. S. 604. Pietro Pomo Guerre di Germania S. 128.

Pfeilschnell sprengt der Weimarische Herzog mit seinem Roß die Linien auf und nieder, um den Zustand seiner Mitsoldaten zu betrachten, und zu erfahren, ob ein abermaliger Angriff gegen die Gräben zu wagen sey. Mit Kummer sieht er einen großen Theil seiner tapfern Truppen dahin gestreckt, wird aber erfreut, da er wahrnimmt, daß der Mittelpunkt des Hintertreffens und das Reservecorps unter Kniephausens Anführung sich noch in völliger Ordnung befindet. — Augenblicklich beschließt er nochmals dem Feind zuzusetzen. Zum zweytenmal werden die Gräben übersetzt, und zum zweitenmal die daselbst befindliche Batterie erobert. —

Auch der Mittelpunkt des Feindes fühlt die Wuth der Schwedischen Armee,— Mann focht gegen Mann, Herzog Bernhard selbst stellt sich an den gefährlichsten Plätzen dem feindlichen Feuer blos, und mitten unter dem Kugelregen wird ihm der Huth vom Kopf geschossen.

Ein unvermuthetes Ereigniß setzte endlich die Kaiserlichen in eine allgemeine Verwirrung. — Die feindlichen Pulverwägen ergriffen Feuer, und flogen unter dem schreck-

 lichsten

lichsten Krach in die Luft. Die Kaiserlichen wurden dies nicht sogleich gewahr, sondern glaubten sich von hinten angefallen, ergriffen die Flucht und verursachten dadurch eine allgemeine Verwirrung unter sich.

Schon schien die Schlacht ihr Ende erreicht zu haben, als sich schnell unter beiden Heeren das Gerücht verbreitete, daß Pappenheim angekommen sey. Dies belebte die Kaiserlichen mit frischem Muth, das Treffen fing vom neuen an zu beginnen, die Schweden wurden abermals über die Gräben zurück getrieben, und die zweimal eroberten Kanonen gehen zum zweitenmal verlohren, das Blutbat ist entsetzlich — zwey ganze herrliche Schwedische Regimenter bedecken als Leichen den Boden, Dampf und Rauch verdunkeln die ganze Gegend, und nur das Feuer bezeichnet den Ort des Gefechtes — Pappenheim selbst focht mit Verzweiflung in dem blutigsten Schlachtgetümmel, und wurde mit einer Falkonetkugel tödtlich in die Hüfte verwundet.

Durch den Fall dieses Heerführers bestürzt gemacht, fing die Kaiserliche Armee an zu wanken, Bernhard ließ dies Ereigniß nicht unbenutzt, und wagte bey schon einbrechender Nacht

Nacht noch den letzten Angriff, — glücklich setzte er abermals über die Gräben, und eroberte zum drittenmal die Kanonen, — der Sieg fing an sich auf die Schwedische Seite zu lenken, als Nebel und Nacht den blutigen Schwerdtern Stillstand gebot, und dem verzweifelten Kampfe auf dem Gefilde bey Lützen ein Ende machte.

Wallenstein überließ das Schlachtfeld dem Herzog Bernhard, und zog sich mit Hinterlassung alles Geschützes nach Leipzig zurück, Herzog Bernhard hingegen blieb die Nacht auf der Wahlstatt, die er so rühmlich behauptet hatte, stehen.

Das Treffen selbst dauerte neun Stunden, und blieben von Seiten der Kaiserlichen gegen sechstausend Mann, von den Schweden aber dreytausend Mann auf dem Wahlplatz, — weit größer aber war die Anzahl der Verwundeten.

Pappenheim starb den zweiten Tag zu Leipzig in der Pleißenburg, als wohin er gleich nach der Schlacht gebracht worden war, unter entsetzlichen Schmerzen.

Der empfindlichste Schlag für die Schweden war der Verlust ihres Königs; er, der sie zum Kampf geführt hatte, kehrte mit ihnen nicht wieder zurück. — Gustav Adolfs vergängliche Größe lag in Trümmern zerfallen, — er war ein Opfer der gerechten Sache der Protestanten worden, hatte seine große Seele in dem heftigsten Schlachtgetümmel, verlassen von allem, was ehedem sein königliches Ansehen zierte, verhaucht, und Sachsens Boden hatte sein verspritztes Blut gesogen. —

Gustav Adolf war erst acht und dreißig Jahr alt als er sein Leben verlohr, er war ein Fürst, welcher noch iezt der Nachwelt als ein Muster von Frömmigkeit, Tapferkeit, Tugend und Leutseeligkeit dargestellt zu werden verdient.

Die Gottesfurcht war die Grundfeste aller seiner Handlungen und Rathschläge. Mit Gottes Anrufen fing er sein Tagewerk an, und keine Schlacht begann er ohne vorhergegangenes Gebet; und Dank zollte er Gott bey iedem glücklichen Ausgang seiner Unternehmungen. Die Bibel war seine tägliche Lektüre, die Tugend seine Begleiterin. Er war ein zärtlicher Ehemann, ein liebreicher Vater und ein guter König.

Gustav war lang gewachsen, von starkem Bau und von gesundem Körper; seine Gesichtsbildung war voll Güte und Anmuth. Er war ein Feind alles Pomps und aller Kleiderpracht, und sprach mehrere Sprachen fertig.

Sechster Abschnitt.

Herzog Bernhard führt seine siegreiche Armee nach Weißenfels, und hält Heerschau über sie. Wird zum Feldherrn ausgerufen. Befreyet die Chursächsischen Lande gänzlich von den Kaiserlichen. Er trennt sich von der Armee, und geht nach Franken. Bringt den Winter in Weimar zu. Axel Oxenstiern erscheint in Deutschland. Versammlung zu Heilbrunn. Schweden restituirt die Pfälzischen Lande. Herzog Bernhard eröfnet den Feldzug. Seine Eroberungen. Er hat Hoffnung Ingolstadt auf eine besondere Art zu erhalten. Er tilget die Unruhen in der Armee. Begehrt von Oxenstiern das Herzogthum Franken und das Oberkommando. Oxenstiern verweigert beides, und kündiget dem Herzog die Schwedischen Dienste auf. Bernhard wird Herzog von Franken, und läßt sich huldigen. Bestellt seinen Herrn Bruder den Herzog Ernst zum Gouverneur in diesem Herzogthum. Er selbst geht an die Donau. Erobert Neuburg und Eichstedt abermals, und erscheint vor Regensburg. Er bekommt das Schloß Hohenstaufen in seine Gewalt. Regensburg geht durch Kapitulation über. Der Herzog geht über die

Iser.

Iser. Wallenstein rückt an die Donau vor. Bernhard zieht sich zurück. Wallenstein geht nach Böhmen. Herzog Bernhard bringt den Winter zu Gotha, Erfurt und Weimar zu. Errichtet mit seinen Herren Brüdern einen Vertrag.

Den Tag nach der Lützner Schlacht stellte Bernhard seine Sieger in völlige Ordnung, und führte sie nach Weißenfels. Hier hielt er Heerschau über sie, zählte noch achtzehn tausend Köpfe, und wurde von den Schweden als ein allgemein geliebter Fürst zum Feldherrn ausgerufen uu). Bey Grimma vereinigten sich hierauf die Schwedischen, Sächsischen und Lüneburgischen Truppen, um mit gemeinsamen Kräften die Sächsischen Lande von den Kaiserlichen zu befreien. Leipzig wurde weggenommen den 20 oder 30 November 1632; die Pleisenburg samt Chemnitz folgten bald nach, Freyberg verließen die Kaiserlichen freiwillig,

uu) Gualdo Hist. di Ferdinando Terzo P. I. p. 413. Herchenhahns Geschichte Albrechts von Wallenstein, Th. 3. S. 20.

willig, und Zwickau traten sie Herzog Bernhard ab, und dergestalt sah man in kurzem die ganzen Sächsischen Lande von den Feinden, welche größtentheils unter den Sächsischen Schwerdtern fielen, befreiet.

Nachdem alles dieses ausgeführt war, trennte sich die coniungirt gewesene wichtige Armee, die Sachsen rückten nach der Lausitz und Schlesien, und ein Theil der Schweden unter Herzog Bernhard nach Franken, das Bisthum Bamberg einzunehmen, der andere Theil wurde dem Herzog Georg von Braunschweig als General, und Kniephausen als Feldmarschall übergeben, und nach Westphalen abgeordnet, um die daselbst unternommenen Kaiserlichen und Ligistischen Werbungen zu verhindern, und den Weserstrom zu gewinnen.

Herzog Bernhard trennte sich mit einbrechendem Winter auf einige Zeit von seiner Armee und begab sich, um seine durch die vielen Beschwerlichkeiten des Kriegs etwas zerrüttete Gesundheit wieder herzustellen, in seine Erbstaaten nach Weimar.

Zu der Feinde besserm Bekämpfen war Gustav Adolfs heisester Wunsch längst dahin

gegangen,

gegangen, eine allgemeine Verbindung der deutschen Protestanten zuwege zu bringen. In Oberdeutschland hoffte er solche am besten begründen zu können, und hatte in dieser Absicht seinen Reichskanzler Axel Oxenstiern, einen Mann von tiefer Einsicht und Politik, nach Deutschland berufen. Oxenstiern machte den vier obern Kreisen seinen von dem König erhaltenen Auftrag bekannt, und lud sie, vermöge einer besondern Königlichen Vollmacht, nach Ulm ein. Er selbst aber unternahm die Reise nach Deutschland. Zu Hanau überbrachte ihm der von Herzog Bernhard abgeschickte Kurier die Post von des Königs Tode, und groß war der Schrecken und die Verlegenheit, welche dieser Schlag bey dem Großkanzler hervorbrachte.

Sein durchdringender Blick übersah iezt alle die tausend Hindernisse, welche sich seinen Entwürfen entgegen stellten, — sah, wie leicht die Einigkeit und entstandnen Verbindungen zerfallen könnten. —

Sobald er zu Frankfurth angekommen war, stattete er den Reichsräthen von den Angelegenheiten Deutschlands Bericht ab, und erbat sich für die Zukunft neue Vollmacht und

Ver-

Verhaltungsbefehle. Beides langte bald in der jungen Konigin Christina Namen an. Oxenstiern erhielt eine unumschränkte Gewalt bey allen und jeden Angelegenheiten eingeräumt, und alle Generale, Officiere und Gesandte wurden ihm untergeordnet.

Nun wurde im März 1633. die zu Ulm festgesetzt gewesene, nachher aber nach Heilbrun verlegte Versammlung der evangelischen Stände der vier obern Kreise, der beiden Rheinischen, des Schwäbischen und Fränkischen eröfnet, und samtlich verbanden sie sich mit Schweden, mit gemeinsamen Kräften den Krieg fortzusetzen, und das Directorium desselben dem Oxenstiern zu übertragen *).

Außer den Berathschlagungen über die Fortsetzung des Kriegs, wurde aber auch noch über die nunmehro größtentheils wieder eroberten Pfälzischen Staaten disponirt.

Der Graf hatte wenige Wochen nach Gustav Adolfs Tod das Leben des unglücklichen Pfalzgrafen Friedrichs zu Maynz geendiget (19 oder 29 Nov. 1632). Er hinterließ einen

*) Theatr. Europ. T. III. p. 26. Khevenhüller Th. 12. S. 505.

einen Sohn, und für diesen verwendete sich seine Mutter Elisabeth. Sie verlangte durch den nach Heilbrun abgeschickten Gesandten von Oxenstiern die Erfüllung der ihrem verstorbenen Gemahl von Schwedens König geschehenen Zusage: die wieder eroberten Lande ihm einzuräumen. Der Schwedische Reichskanzler, um sich nicht nur das Pfälzische Hauß, sondern auch Brandenburg, Holland und Grosbritannien zu verpflichten, willfahrte dem vorgebrachten Suchen, und setzte den Erben Friedrichs nicht nur in die schon eroberten Lande ein, sondern sagte ihm auch den Besitz von den noch zu erobernden Pfälzischen Landen zu, iedoch mit Ausschluß Manheims, welches bis zur geschehenen Kostenerstattung von den Schweden besetzt bleiben sollte.

Während daß dies sich zutrug, hatte Herzog Bernhard im Februar 1633 den Feldzug vom neuen eröfnet, und sich des Bisthums Bamberg und vieler Pfälzischen und Bayerischen Städte, darunter hauptsächlich München und Landsberg merkwürdig sind, bemächtiget x). Ein Bayerisches unter Johann von Werth stehendes Heer wurde unterwegs von ihm

x) Theatr. Europ. T. III. S. 15. u. 40. folg. Gesch. Bernh.

ihm geschlagen, und nachdem er sich bey Donauwerth mit den Schweden vereiniget hatte, rückte er auf Neuburg zu, welches die Bayern bey der ersten Nachricht von dem Anzuge des Herzogs alsobald verließen. Der Magistrat begehrte zu capituliren, Bernhard aber verweigerte ihm iede Capitulation, und erst nach zweimaligem fußfälligen Bitten willfahrte er ihrem Gesuch. Hierauf nahm er von der Stadt Besitz, ließ die von den Bayern abgebrochene Donaubrücke durch die Einwohner des Orts wieder herstellen z), und überschwemmte alsobald mit seiner furchtbaren Armee das Bisthum Eichstedt, und bekam nach einer zehntägigen Belagerung das Schloß Wilibaldsburg samt der Stadt mit Accord ein a) (3 oder 13 May 1633). Ein und zwanzig Stück schweren Geschützes, wie nicht weniger ein großer Vorrath von Getraide, wurden dabey seine Beute.

Die günstigsten Umstände schienen sich zu dieser Zeit mit den Waffen der Schweden zu vereinigen, — Altringer wurde von Böhmen aus ohne Hülfe gelassen, und konnte dem feindlichen Heere sich nicht entgegen setzen, —

und

z) Lungwitz S. 63.

a) Müller S. 348.

und Ingolstadt selbst, diese zu iener Zeit so wichtige Festung und Vormauer von Bayern, welche der große Gustav zu bekommen außer Stand war, sollte durch List den Schweden in die Hände geliefert werden. —

Ein gewisser Kaiserlicher unter der Armee des Herzogs von Friedland stehender Obrister Namens Cratz, der, ohngeachtet seiner viel iährigen Dienste und bekannten Vorzüge, mehrern weniger verdienten Officieren nachgesetzt worden, und aller vortheilhaften Aussichten beraubt war, äußerte gegen einen vom Herzog Bernhard an ihn abgeschickten Trompeter: wie er mit seinen zeitherigen Diensten äußerst unzufrieden sey. — Herzog Bernhard hatte dies nicht sobald in Erfahrung gebracht, als er ihm die Zusage thun ließ, daß er ihn sogleich zum Feldmarschall bey der Armee ernennen wolle, wenn er bewürken könne, daß um eine bestimmte Zeit des Nachts den Schwedischen Truppen Ingolstadts Thore geöfnet würden. Cratz versprach, dieses glücklich auszuführen, und die eilfte Stunde der Nacht vom dritten bis zum vierten May wurde zur Vollendung dieses Vorhabens bestimmt. — Bernhard sammelte eine Anzahl auserlesener Mannschaft, gegen vier Uhr, und ließ solcher den Weg gegen Ingolstadt nehmen, mit dem Befehl, sich immer im Gehölz zu halten.

Allein die Kürze der Nacht verhinderte die Truppen, um die bestimmte Zeit einzutreffen.— Die Sonne hatte bereits ihre Strahlen verbreitet, und Ingolstadts Einwohnern den Anzug des Schwedischen Heeres verrathen. Alles eilte auf die Wälle, und bereitete sich zum tapfersten Widerstand, so daß die Schweden gar bald sahen, daß unter diesen Umständen wenig von ihnen auszurichten sey, und ihren Rückzug nahmen b).

Mitten unter diesen Begebenheiten hätte beinahe eine Ereugniß alle zeitherige siegreiche Fortschritte der Schweden, mit einmal über den Haufen gestoßen.

Schon seit Monathen und Jahren war der Sold bey den Soldaten rückständig geblieben, hingegen die Gefahren, Strapazen, und Mühseligkeiten unsäglich gewesen, und alle großen Entscheidungen in den zeitherigen Feldzügen durch eine grausame Hinopferung der Mannschaft errungen worden. Für dieses alles verlangte itzt der Soldat Belohnung; diese suchte man ihnen unter mancherley Vorwand zu verweigern, und pfeilschnell sahe

man

b) Lungwitz Herzog Bernhards Heldenthaten, S. 25.

man mitten im Lager an der Donau alle Officiere sich durch Wort- und Handschlag verbinden: „so lange keinem Commando „mehr zu gehorchen, — so lange keinen Degen für Schweden mehr zu „entblößen, bis ihnen zur Erhebung „des rückständigen Soldes gewisse „Städte angewiesen, und noch überdies verhältnißmäßige Belohnungen bewilliget seyn würden." Eine vier wöchentliche Frist wurde zur Erfüllung dieser Forderungen dem Schwedischen Reichskanzler Oxenstierna vergönnt, und zugleich erklärt: „daß man nach Verlauf derselben im Verweigerungsfall, sich „selbst bezahlt machen würde."

Gewiß zu keiner ungelegenern Zeit, als eben itzt konnte diese Empörung sich ereignen, itzt wo die günstigsten Umstände sich vereinigten den Schweden in denen Gegenden, wo sie sich befanden, Sieg zu bringen, — wo die Kriegskasse erschöpft, und der Kredit gesunken war. — Schleunige Hülfe war nothwendig, um den glimmenden Funken in der Asche zu unterdrücken, ehe eine allgemeine Flamme sich verbreitete, und man sich von allen Armeen auf einmal verlassen sah.

Eine Person, welche Ansehn und Liebe unter den Truppen besaß, mußte es seyn, die es unternahm die aufrührischen Gemüther zu besänftigen. —

Unter allen Schwedischen Generalen fand sich dieses auszuführen nur einer — der allgemein geliebte und von der ganzen Armee fast angebetete Herzog Bernhard; dieser unternahm es, die schwierige Armee zu beruhigen. Große Summen Geldes wurden unter die Officiere vertheilt, und mehrere eroberte Länder abgetreten.

Vom neuen hatte sich Bernhard also ein wichtiges Verdienst um Schweden erworben, und verlangte nicht unbillig als eine Belohnung von dem Reichskanzler Oxenstierna, daß ihm das von Gustav Adolf bereits zugesicherte Herzogthum Franken, welches seine Entstehung aus den beiden Hochstiftern Bamberg und Würzburg erhalten sollte bb), samt dem obersten Commando über die Armee eingeräumt würde.

Oxenstierna fiel dieses Begehren so sehr auf, daß er, hingerissen durch den ersten Affect, sogleich

bb) Memoires historiques concernant M. le general d'Erlach 1784. Tom. I. S. 28.

sogleich dem Herzog die Schwedischen Dienste aufkündigte. Bald aber kehrte das Bewußtseyn, wie unentbehrlich dieser große Feldherr für das Schwedische Interesse sey, zurück, und er bewilligte ihm, mit Einstimmung der evangelischen Stände und Vorbehalt der beiden Festungen Würzburg und Königshofen, die Fränkischen Bisthümer, als ein der Krone Schweden zu Lehn gehendes Herzogthum c), das gesuchte Oberkommando aber, wurde dem Herzog vor der Hand unter den schmeichelhaftesten Vertröstungen noch verweigert.

Bernhard begab sich nach den ihm zugetheilten Fränkischen Besitzungen, und nahm den 19ten Julius 1633. die Huldigung zu Würzburg ein. Die Handlung war feierlich und verdient, nicht unerwähnt gelassen zu werden.

c) Eyring in vita Ernesti pii Cap. IIX. Müller in Annal. p. 349. „Anno 1633. den 19 Jul. „wurde Hertzog Bernharden dem Großen zu Sachsen-„Weimar von den Conföderirten der Evangelischen „Stände das Stifft Bamberg und Würtzburg, in „Nahmen der Cron Schweden in Ansehung des ge-„leisteten treuen Beystandes, eingeräumet."

Auch Herzog Wilhelm ein Bruder Bernhards wurde nicht unbelohnt gelassen, sondern erhielt das Eichsfeld mit allen Zubehörungen, wie solches von Chur-Maynz besessen worden war, geschenkt.

Mit Anbruch des Tages ertönten die Glocken von Würzburgs Thürmen, und nach deren dreimaligen Läuten fuhr der Herzog, von mehrern Officieren, den Landesständen und Rathspersonen begleitet, nach der Kirche, und zeigte auch hier seinen ihm von ieher eignen Eifer und Gefühl für Religion und Gottesverehrung, — hörte der von dem Doctor Schlepner gehaltenen Predigt aufmerksam zu, und kehrte erst nach vollendetem Gottesdienst auf das Schloß zurück. —

Hier erfolgte durch den Schwedischen Bevollmächtigten, den Grafen von Brandenstein die feierliche Einweisung. Die Unterthanen wurden ihrer zeitherigen Pflichten entlassen, an den Herzog Bernhard als den nunmehrigen Regenten gewiesen; dann ging die förmliche Huldigung selbst vor sich, zuerst legten den Eid der Treue und Unterwürfigkeit die Landesstände, dann der Rath, und endlich die Dienerschaft ab.

Durch eine Deputation wurde dem Herzog mittelst einer feierlichen Rede vom Rathe ein Pokal und zwey Fässer Wein, auf deren forderm Boden das Wappen des Herzogs, auf dem hintern aber des Raths befindlich war, überreicht.

Bernhard

Bernhard nahm dies Geschenk sehr gnädig auf, und erwiederte: „Da die Vorsehung ihm dieses Herzogthum verliehen, werde er die Beförderung des Wohls seiner Unterthanen seine vorzüglichste Sorge seyn lassen, und sich iederzeit nicht als Fürst sondern als Vater zeigen, hingegen versehe er sich gleichfalls von den gegenwärtig versammelten Ständen und Unterthanen, daß sie sich treu, fromm und gehorsam gegen ihn verhalten, würden." Der Donner der Kanonen begleitete diese Worte, und die von dem Herzog, den Landesständen, Officieren und dem Rath gegebene offene Tafel machte diesen Tag zu einem der freudigsten, an welchem sogar, nach dem Willen des liebreichen Bernhards, die Schanzgräber und andere niedrige Arbeiter, welchen fünf Fässer Wein, und weißes Brod verabreicht wurden, Theil nehmen mußten d).

 Unser

d). Der Schenkungs- und Belehnungsbrief wurde vom Schwedischen Reichskanzler Oxenstierna zu Heidelberg untern 12 Junius ausgestellt. Außerdem ließ Herzog Bernhard auch verschiedene Münzen als Herzog in Franken prägen, welche Tentzel in seinem Ernestinischen

Unser Herzog Bernhard hielt sich nur wenige Tage in seinen neuen Besitzungen auf, und

nestinischen Medaillen-Cabinet S. 540. und Schlegel in seiner Münzbibel S. 175 und 176. beschrieben haben. Cypriani adversaria historica quibus Bernhardi magni D. Vin. vita et Germ. Suecor. belli funestissima periodus illustrantur p. 1. sq. Gothae 1729. Von der Feyerlichkeit dieser ganzen Handlung selbst drückt sich Lungwitz Cap. 10. S. 26 und 27. folgendergestalt aus: „Gleichwie das Stifft „Fulda und Paderborn Ihrer Fürstl. Gnaden Herrn „Landgrafen zu Hessen, also hat das Bisthumb Würtz„burg Ihrer F. Gn. Hertzog Bernhard zu Sachsen, „als welcher von der Cron Schweden zu einem Hertzog „in Franken ist erkläret worden, gehuldiget, welches „geschehen an einem Freytag, den 19 Julii altes Ca„lenders. Erstlich sind Ihro F. Gn. von vielen hohen „Officirern begleitet, zu Würzburg in die Kirchen ge„fahren, vnd allda des heiligen Gottesdiensts mit „grosser Andacht abgewartet; da denn nicht allein „vocaliter vnd instrumentaliter schön musiciret, „sondern auch geistreiche Lobgesänge gesungen worden. „Hierauff ist von Herrn D. Schleupnero eine geist„reiche Predigt gehalten vnd in derselben der Traum „des Königs Nebucadnezars erkläret vnd außgeleget „worden. Nach verrichteten Gottesdienst ist Ihro F. „Gn. auffs Schloß gefahren vnd hat ihr allda von „den Landständen vnd vom Rath huldigen laßen. „Dabey denn J. F. Gn. welche der Rath mit einem „Pocal von 10 Marcken, vnd 2 Faß Wein, auff „derer

und schon den drey und zwanzigsten desselben Monaths reis'te er von Würzburg ab, nachdem er seinen Bruder Ernst zum Gouverneur in diesem seinen Herzogthum eingesetzt hatte.

Die Ligisten hatten sich wieder verschiedner Plätze in Bayern bemächtigt, und Bernhard hielt es vor nöthig, itzt mit der ganzen Stärke seiner Armee die Wiedereroberung dieser Orte zu unternehmen. Bey Donauwerth vereinigte er sich mit dem General Kappe, welcher ihm zwey Regimenter Kavallerie, und drey

„derer förder Boden Ihrer F. Gn. auff dem hintersten aber des Raths Wappen gestanden, beschencket, „sich gantz gnädig resolvirt vnd vnterm diese Wort „gebraucht: weil Gott vnd das Glück Ihr dieses „Herzogthumb gegönnet, wollten sie desselben Wolfart „Ihr höchstes fleisses angelegen seyn lassen, vnd nicht „als ein Fürst, sondern als ein Vater sich erzeigen; „vnd sie theten sich hingegen zu ihnen versehen, sie „würden, als getrewen Vnterthanen gebühret, sich „getrew, from vnd gehorsam erweisen. Nach beschehener Huldigung ist das Geschütz auff dem Schloß „loßgebrandt, den anwesenden Herren Landständen „vnd hohen Officirern, wie auch dem Rath, ein Banqvet gehalten, vnd den Arbeitern vnd Schantzgräbern, derer etlich hundert gewesen, fünf Faß Weins, „vnd so viel sie begehret, weisses Brodts gereichet „worden. Ist Gott Lob vnd Dank, alles wol vnd „frölich abgegangen."

drey Regimenter Infanterie, zusammen funfzig tausend Mann der auserlesensten Truppen zuführte, und setzte seinen Marsch von achtzehn Infanterieregimentern, hundert und vierzig Kornetten Reitern, drey hundert Bagagewägen, acht Kartaunen und einem großen Train geringer Artillerie begleitet, ununterbrochen fort, eroberte bald die von den Bayern eingenommenen Städte Neuburg und Eichstedt wieder, und eilte, da die Grenzen der Donau durch Altringers Abrufung zu den Italienischen Truppen des Herzogs Feria, entblößt waren, mit dem Kern seiner Truppen vor Regensburg.

Der Bayerische Oberste Johann von Werth, nachdem er von Bernhards so wichtigem Anzuge Wissenschaft erhalten hatte, wendete sich mit dem größten und besten Theil seiner Truppen nach Ingolstadt, in der Meinung, daß Bernhards Absehn auf Eroberung dieses Ortes gerichtet sey. — Der Plan dieses einsichtsvollen Feldherrn war aber anders entworfen. — Zu Neuburg ließ er einen Theil seiner Armee unter Courville's Befehl über die Donau gehen, er aber hielt sich disseits, und zog sich dergestalt auf beiden Seiten des Stroms hinunter gegen Regensburg zu; eroberte

oberte den 10den Oktober Kelheim, da eine gütliche Aufforderung ausgeschlagen wurde, mit Gewalt, bekam bald darauf Neustadt ein, und stand, ehe man es sich versah, mit seiner ganzen Macht vor Regensburg dd).

Der Besitz dieser Stadt war für die Schweden eine Hinsicht auf die künftig gegen Oesterreich und Bayern vorhabenden Unternehmungen von den größten Vortheilen! Schon Tilly wußte dies, und ertheilte wenige Augenblicke vor seinem Ende dem Churfürst von Bayern noch den Rath: — Regensburg zu bewahren, — Bernhard war dahero entschlossen für den Besitz dieses Ortes alles zu wagen.

Maximilian von Bayern, bekannt mit der Schwäche der Besatzung, welche in nicht mehr als funfzehnhundert Mann größtentheils neuangeworbener Truppen bestand, und sich bewußt, daß die protestantischen Einwohner, deren Nacken nur Zwang unter das Bayerische Joch gebeugt hatte, längst auf einen Erretter gehofft hatten, zitterte bey der Nachricht

dd) Khevenhüller Th. 12. Seite 613. 614 Adlzreitter P. III. p. 296. Theatr. Europ. T. III. pag. 132.

richt von der Ueberraschung dieser Stadt. Er sandte nach Wien einen Eilboten nach dem andern, und flehte den Kaiser aufs beweglichste an, ihm fünf tausend Mann zur Hülfe zu senden. Ferdinand versprach ihm seinen Beystand, schickte sieben Kuriere an Wallenstein, und ließ ihm entbieten: über Böhmen in die Oberpfalz dem Churfürsten Unterstützung zu bringen. Allein dieser Feldherr, voll Hasses gegen Maximilian, und privat Absichten auf Böhmen hegend, ließ es bey dem bloßen Versprechen, zwölf tausend Mann in Marsch zu setzen, bewenden, und den Commendanten von Troibrez, der in Hoffnung eines nahen Entsatzes die besten Vertheidigungsanstalten getroffen hatte, ohne Hülfe, verlassen.

Troibrez hatte von dem Churfürst Befehl erhalten, sich bis auf den letzten Mann zu halten, widrigenfalls er den Verlust der Stadt mit seinem Kopfe büßen müßte. Dieser tapfere Mann that dahero alles, was bey seiner geringen Besatzung ihm zu thun möglich war. Die katholischen Bewohner und die in die Stadt geflohenen Bauern wurden bewafnet, die Vorstadt und alle Mühlen dem Feuer preis gegeben, und der eine Bogen der festen Brücke in die Luft gesprengt.

Herzog Bernhard sah die hochauflodernden Flammen ruhig an, und beobachtete alles was zur engern Einschließung der Stadt erforderlich war. Er bemächtigte sich des Schlosses Hohenstaufen, versperrte den Kaiserlichen alle Pässe zu einer Entsetzung, und fing den 25sten Oktober 1633 die Belagerung selbst an. Zwölf Tage setzte er der Stadt aufs härteste zu, die Besatzung verlohr ein Hornwerk, ward aus der Preppruner Schanze geschlagen, und mußte am 3ten November, als Bernhard unaufhörlich mit fünf und zwanzig pfündigen Kugeln die Stadt bestürmen ließ, die Petersschanze und alle Außenwerke verlassen, und sich hinter die Stadtmauern zurück ziehen.

Troibrez, welcher im Recognosciren gefährlich durchs Genick geschossen und ans Bett gefesselt war, tröstete immer noch die Besatzung mit der Ankunft des verheißenen Entsatzes, am 2ten November; aber Bernhard verdoppelte seine krachenden Donner, schmetterte einen Theil der schwachen Mauer nieder, und machte alle Anstalt zum Sturm, den 3 November.

Jetzt sah der verlassene Commendant ein, wie wenig Hülfe er zu gewarten habe, und

unter-

unternahm es, durch die Einwohner der Stadt genöthigt, sich an Bernhard mit Accord zu übergeben. Der Besatzung wurde ein freyer Abzug mit klingendem Spiel nebst Ober= und Untergewehr gestattet, die Fahnen hingegen mußten sie beym Herausziehen an die Schwedische Armee abgeben, auch alle Munition und Mundvorrath in der Stadt lassen, und alle Gefangene ausliefern, übrigens aber erlaubte man dem Commendanten und den Officiern alle ihre Bagage, so ihnen eigenthümlich zustand, unter einer von den Schwedischen Truppen ihnen bis nach Ingolstadt mitgegebenen Begleitung, mit sich zu nehmen e).

Dergestalt hielt Herzog Bernhard den 5ten November 1633 seinen siegreichen Einzug. — Groß war die Freude der protestantischen Einwohner, — ieder fühlte sich einzeln glücklich, seinen zeitherigen Bedrückungen ein Ziel gesetzt zu sehen. Bernhards Unternehmungen entsprachen ihrer Erwartung.— Das erste was er that, war, daß er den unruhigen Katholischen mittelst eines öffentlichen Mandats

e) Theatr. Europ. T. III. S. 134. Müller S. 349.

dats entbieten ließ, sich nebst allen Pfaffen aus der Stadt zu begeben, ferner den Bischoff mit Arrest belegte, und ihm eine Contribution von vierzig tausend Reichsthalern abforderte. — wofür dieser nachher seine Festung Hochburg einräumte.

Den 8ten November ließ der Herzog durch seinen Hofprediger in dem Dom zum erstenmal evangelisch predigen, wohnte selbst dem Gottesdienst bey, und verordnete; daß künftig durch den Superintendent der Stadt, alle Sonntage darinne gepredigt werden solle.

Nach Regensburgs Eroberung will itzt der siegende Bernhard bis an Oesterreichs Grenzen dringen, und auch da den Protestanten ihre alte Religionsfreiheit wieder verschaffen. — Straubingen und Deckendorf öfnen ihm die Thore, am 14ten November, und im Angesicht des Generals von Werth setzt er unter dem Schutze seiner Artillerie, seine Truppen über die Iser. Johann von Werth entfloh mit seinen Streitern, und Bernhard fand nach seiner Landung nicht einen einzigen Mann. Bis nach Vilshofen schickt er eine starke Partey voraus, um Passau, die Beherrscherin von der Donau und der Inn, wegnehmen, und Oesterreich ob der Ens überziehen.

Der Kaiser zittert ietzt über die ihm drohende Gefahr, und beordert Wallenstein, mit der ganzen Armee gegen Passau aufzubrechen, den Bayern alsobald Hülfe zu leisten, und die gefährliche Niederlassung des Weimarischen Herzogs von Oesterreichs Grenzen zu hindern. Dieser, da er es nicht mehr vermeiden kann, den ernstlichen Befehlen des Hofes Folge zu leisten, unternimmt es endlich von Pilsen aufzubrechen, und in die Oberpfalz zu rücken; Passau wollte er aber nicht selbst betreten, sondern machte vielmehr bey Cham mit zehn Regimentern und hundert Reitergeschwadern Halt, und beorderte den Gallas und Strozzi dahin ee), iedoch auch diese mit dem ausdrücklichen Befehl, bey Lebensstrafe nicht zu Bayern zu stoßen *).

Herzog Bernhard, unbekannt mit den Absichten des Wallensteins, und befürchtend, daß sich

ee) Gualdo Hist. delle guerre pag. 190. Khevenhüller Th. 12. S. 623.

*) Ausführlich- und gründlicher Unterricht der vorgewesten Friedländischen und seiner Abhärenten abscheulichen Prodition.

sich solcher mit dem Gallas und von Werth verbinden, und ihn von Regensburg abschneiden würde, beschloß seinen Eroberungen ein freiwilliges Ziel anietzt zu setzen, und sich, um seine Oberpfälzischen Besitzungen zu vertheidigen **), über die Iser zurück zu ziehen, und Wallenstein anzugreifen.

Er eröfnete diesen Vorsatz seinen Officieren. Es war im December, der Boden hart gefroren, und die Kälte schneidend, dennoch aber gelobten die Weimarischen Krieger ihrem Feldherrn zu folgen. —

Am dritten December 1633 brach Bernhard also von der Iser auf, und lenkte seinen Marsch nach Straubing an die Donau. Ungehindert ging er über leztere, suchte allenthalben die Friedländische Armee auf, fand aber nichts als einzelne Trupps.

Wallenstein, den es nie in dem Sinn gekommen war große Thaten an der Donau zu verrichten, hatte Bernhards Annäherung nicht abgewartet, sondern verschwand, ehe man es sich von Seiten Bayerns versah, nach Böhmen zurück.

**) Chemnitz Th. 2. S. 261. Theatr. Europ. T. III. p. 141. Pufendorf. p. 122.

Die allzugroße Strenge des Winters verbot auch Herzog Bernharden, weitere Fortschritte zu machen. — Er endigte also diesen Feldzug und ließ seinen Truppen in den Winterquartieren auf feindlichem Boden die so längst verdiente Erholung wiederfahren; er selbst aber begab sich auf einige Zeit in sein Sächsisches Vaterland, und zwar besonders nach Gotha, Erfurt und Weimar zurück.

An dem zweiten Orte wurde von den sämtlichen Fürstlichen Brüdern ein anderweiter Vertrag errichtet, welcher hauptsächlich die Fürstliche Hofhaltung und die jährlich zu ziehenden Nutzungen zum Gegenstand hatte f).

f) Müller in Annal. S. 349. „21 December haben sämmtliche Hertzoge zu Weimar, Wilhelm, Albrecht, Ernst und Bernhard, wegen Ihres jährlichen „Deputats und Fürstlichen Hoffhaltung einen Vertrag „sub dato Erfurt auffgerichtet."

Siebenter Abschnitt.

Wallenstein ist Willens sich des Böhmischen Throns zu bemächtigen. Er versichert sich des Beistandes seiner Officiers. Der Kaiser erhält Wissenschaft von Wallensteins treulosem Benehmen. Der Herzog von Friedland wird seiner Oberbefehlshaberstelle entsetzt. Er ersucht den Herzog Bernhard und Chursachsen um ihren Beistand. Anstalten zu Wallensteins Aufbruch nach Prag. Er erhält Nachricht von seiner Absetzung und der Kaiserlichen Besitzergreifung zu Prag; rechnet auf Bernhards Beistand. Aufbruch von Pilsen nach Eger. Ankunft des Herzogs von Friedland zu Eger. Man beschließt, Wallenstein mit seinen Vertrauten ums Leben zu bringen. Wallensteins Freunde werden ermordet. Wallenstein selbst erfährt ein gleiches Schicksal. Der Herzog Franz Albrecht von S. Lauenburg wird gefangen. Auch Herzog Bernhard ist in ähnlicher Gefahr. Er weicht solcher aber aus. Schilderung und Charakter Wallensteins. Wallensteins Ermordung verursacht Veränderungen in der Kaiserlichen Armee. König Ferdinand von Ungarn erhält das oberste Kommando. Herzog Bernhard geht nach Franken; wohnt zu Coburg dem Begräbniß des Herzogs Johann Casimir bey. Er zieht mehrere Regimenter zusammen; belagert Cronach: steht von dieser Belagerung wieder ab. König Ferdinand fällt in die Oberpfalz ein, und belagert Regensburg. Bernhard eilt solches zu entsetzen. Er zieht wieder davon ab. Er geht über die Iser und fordert Landshut auf. Es geht solches über. Altringer kommt dabey ums Leben. Regensburg ergiebt sich an die Kaiserlichen. Bernhard wendet sich gegen Augsburg.

So wie das folgende Jahr seinen Anfang nahm, ereigneten sich auch Scenen, die man nie vermuthen konnte. — Der so lange Zeit geliebte und von Ferdinand so sehr erhobene Wallenstein wird gestürzt, und durch diejenigen, die ihm ehedem Verehrung huldigten und ihm alles zu verdanken hatten, des Lebens auf eine meuchelmörderische Art beraubt, und der Feldzug von dem neuen Heerführer zu einem der unglücklichsten für die Protestanten gemacht.

Doch man vergönne mir, Wallensteins Untergang, welcher auch in Bernhards Geschichte

schichte nicht unberührt gelassen werden darf, kürzlich zu erwähnen. —

Bey der von diesem General gegen alle Kaiserliche Befehle gezeigten Geringschätzung und Ungehorsam, konnte es nicht fehlen, daß nicht von allen Seiten die bittersten Klagen an den Kaiserlichen Hof gelangten, und bey dem Monarchen selbst die Idee, als werde von dem Herzog von Friedland eine strafbare Unterhandlung mit den Feinde gepflogen, rege gemacht wurde.

Wallenstein wurde bald der Kaltsinn des Kaisers dadurch offenbar, daß solcher, dem mit ihm eingegangenen Vertrage entgegen, nach welchem der Kaiser sich expreß anheischig gemacht hatte, sich nie ohne Wallensteins Einwilligung in die Kriegsangelegenheiten mischen zu wollen, eigenmächtige und unmittelbare Verfügungen bey der Armee traf, einem seiner untersten Feldherrn in Oesterreich Auftrag ertheilte, ein Heer wider den Herzog Bernhard gegen Passau anzuführen, und an Wallenstein selbst den unmittelbaren Befehl erließ: sechs tausend Mann dem eben aus Italien zurück kehrenden Cardinal Infanten zur Verstärkung zu senden.

Aeußerst fand sich durch alles dieses Wallenstein beleidiget, und gleichsam Zorn und Rache schnaubend beschloß er von dieser Stunde an, nunmehro seinen längst geschmiedeten Plan: Ferdinanden die Böhmische Krone vom Haupt zu reißen, und sich damit zu schmücken, zur Ausführung zu bringen.

Diesen seinen Zweck zu erreichen, war ihm der Beistand seiner Officiere unentbehrlich. Dessen sich nun zu versichern, beschied er alle Befehlshaber nach Pilsen, und berathschlagte sich besonders mit dem Tersika, Kinski und Illo, welche seine vertrautesten Freunde waren, über die Art, durch welche er sie unauflöslich mit sich und seinem Intresse verbinden könne. Man war bald hierüber einig. —

Illo warf sich zum Redner in der Versammlung der vornehmsten Generale, Obersten, und Officiers auf, und trug ihnen die Unbilligkeit aller der Forderungen vor, welche der Kaiser an den Herzog von Friedland, ganz dem mit ihm bey Uebertragung des Oberkommando's geschlossenen Vertrage entgegen, gemacht hatte; zeigte ihnen, wie alle die Vorwürfe, welche man von Seiten des Kaiserlichen

chen Hofes ihrem Befehlshaber in Ansehung der unterlassenen Eroberung von Regensburg, und Belästigung der Böhmischen Staaten mit den Winterquartieren andichten wolle, ihn nicht treffen könnten; wie Wallenstein aufgebracht über ein so unbilliges Benehmen gewillt sey, um einer zweiten schimpflichen Entlassung zuvor zu kommen, das Kommando freiwillig niederzulegen, und endigte endlich damit, daß er ihnen vorstellte, wie sie, wenn der Herzog dem Kommando entsage, für ihre treu geleisteten Dienste und aufgewendeten Summen ganz und gar keine Belohnung erhielten, und nichts als ruinirte Kavalliers wären, mithin er es am rathsamsten achte, den General zu bitten, daß er den Oberbefehl behalte, und sie nicht verlasse ff).

Wie von einem Zauber hingerissen ertönte von allen Zungen: daß man den General nicht ziehen lassen dürfe. Vier der vornehmsten trugen dem Herzog den Wunsch der Versammlung vor, und baten ihn flehentlich, die Armee nicht zu verlassen.

ff) Herchenhahn Th. 3. S. 199. Khevenhüller Th. 12. S. 1138. Ausführlich und gründlicher Bericht 2c.

Wallenstein ergriff abermals die Maske der Verstellung, und erklärte, um noch dringendere Bitten an sich zu locken: wie es sein unerschütterlicher Entschluß sey, von der Armee sich zu entfernen. Eine zweite Deputation ward abgefertiget. Auf diese ihre Vorstellung nahm er eine Miene der Wehmuth an, und versprach: nicht ohne Wissen und Willen der Kommandeurs aus dem Dienste zu treten, wenn diese ihm ein schriftliches Gegenversprechen thäten, mit einer unverbrüchlichen Treue an ihm zu halten, und für ihn den letzten Blutstropfen zu wagen.

Da dem schriftlich abgefaßten Revers die Bedingung: So lange Wallenstein in Seiner Kaiserlichen Majestät Dienst verbleiben, oder die Armee zum Dienste des Kaisers gebrauchen werde, einverleibt war, so trug keiner der Kommandeurs Bedenken, dieser Schrift seinen vollen Beifall zu schenken.

Der Mittag erschien, und Illo lud alle hohe Officiers zu einem Gastmale ein. Aus vollen Bechern ward gezecht, und nach aufgehobener Tafel sollte die Unterzeichnung des Reverses vor sich gehen. Die mehresten waren

ren berauscht, und schrieben leichtsinnig ihre Namen hin, ohne zu wissen, was von ihnen unterschrieben worden.

Einige wenige aber lasen die Schrift und fanden die Klausel: „So lange Wallenstein in Sr. Majestät Dienst verbleiben oder die Armee zum Dienst des Kaisers gebrauchen werde," weggelassen. Viele verweigerten itzt ihre Unterschriften, allein Illo's Beredsamkeit, und der Uebrigen Drohungen bewürkten endlich, daß auch sie ihre Namen ganz unleserlich unterzeichneten.

Illo händigte Wallenstein die Verschreibung der Generale ein, und gewissermaßen hatte Friedland nun seine Absicht erreicht; die geschehene Verweigerung der Officiere, und die so unleserlich geschriebenen Namen aber ließen ihm nicht ohne Grund unredliche Absichten vermuthen. Die Kommandeurs selbst zu harankiren, beschloß er am folgenden Tage. — Er wiederholte Illo's den Tag vorher gethanen Vortrag, und erklärte, daß er durch die von mehrern Obersten und Officieren geäußerte Widersetzlichkeit bey der schriftlichen Unterzeichnung des Vertrags, sich bewogen

wogen finde, sein Versprechen, das Kommando beyzubehalten, zurückzunehmen.

Die Obersten entschuldigten sich mit ihrer gestrigen Trunkenheit, offerirten sich zu einer abermaligen Unterschrift, und baten den Herzog, seinen Vorsatz zu ändern.

Wallenstein gab nach, — und wünschte nun nichts mehr als noch das Erscheinen der fehlenden vornehmsten Officiere, des Generallieutenants Gallas und der beiden Feldmarschälle Altringer und Colloredo. Piccolomini erbot sich, den Altringer zu holen, und solchen mit in die Verschwörung zu ziehen. Friedland nahm diesen Antrag mit Freuden an, und Piccolomini reis'te ab, statt aber den Altringer mit in die Verschwörung zu ziehen, berathschlagte er sich mit diesem über Mittel solche zu verhindern. Dem Kaiser von allem Wissenschaft zu ertheilen, war der Entschluß, und Altringer übernahm es, nach Wien zu reiten.

Es kamen Befehle, den Herzog von Friedland nebst seinen Anhängern Illo und Terzky zu verhaften, und wenn dieses, ohne Aufstand zu erregen, nicht zu bewürken seyn sollte, sie todt oder lebendig zu greifen.

Diese Kaiserliche Verfügung wurde allen Obersten und Officieren bekannt gemacht, und die ganze Armee ihrer zeitherigen Pflichten gegen Wallenstein entlassen, und an Gallas verwiesen.

Altringer und Piccolomini kehrten nicht wieder, und Wallenstein fiel, bey der Nachricht von dieser ihrem Abfall, die Binde von Augen.

Nur von Schweden und Sachsen hoffte er noch Beistand zu erhalten, und in dieser Absicht hatte er sich bereits an den Herzog Franz Albrecht von Sachsen-Lauenburg gewendet. Viele Mühe kostete es dem Herzog von Lauenburg, den Oxenstierna samt Bernhard von Wallensteins Aufrichtigkeit zu überzeugen, und Bernhard so wie Arnheim versprachen nichts mehr, als nach ausgebrochener Empörung den Wallenstein zu unterstützen.

Jetzt rüstete sich Wallenstein nach Prag aufzubrechen, und sich öffentlich gegen den Kaiser zu erklären. Tersika wurde voraus geschickt, aber schon drey Meilen von der Stadt erfuhr er nicht nur die Besitzergreifung von Prag für den Kaiser, und den Uebergang aller

Regi-

Regimenter, sondern auch die Absetzung des Friedländers, und Piccolomini's Annäherung mit einem großen Korps. Tersika kehrte eilig nach Pilsen zurück, und benachrichtigte Wallenstein von allem. Dieser hielt sich in Pilsen nicht mehr für sicher genug, und beschloß seine nach Prag vorgehabte Reise, nach Eger zu richten.

Von hieraus wollte er, wenn die mit dem Herzog Bernhard immer fortgesetzten Unterhandlungen erwünscht ausschlagen würden, den Schweden den Einmarsch nach Böhmen öfnen, und unter dieser ihrem Beistand, und Sachsens Hülfe seinen einmal gefaßten Vorsatz zur Reife bringen.

Den Regimentern wurde Befehl ertheilt, ihren Marsch nach Prag einzustellen und solchen nach Eger zu zu nehmen. Wallenstein begleitete niemand als seine vertrautesten Freunde, Tersika, Illo, der Rittmeister Neumann und der Graf Kinsky. Als sie sich ohngefähr noch zwey Meilen von Eger entfernt befanden, kommt ihnen Lesle, ein Irrländer, dessen ganzes Glück von Wallenstein gegründet worden war, und der es iezt übernommen hatte, an seinem Wohlthäter das

Todesurtheil mit zu vollstrecken, entgegen. Wallenstein empfängt ihn sehr liebreich, schattet sein Herz in den bittersten Ausdrücken gegen den Kaiser und König von Ungarn aus, und entdeckt ihm sogar das wichtige Geheimniß von der zu hoffenden Ankunft des Herzogs Bernhard g). Den 14 oder 24 Febr. Abends vier Uhr kamen sie in Eger an, und Wallenstein vernahm hier von dem vom Herzog Franz Albrecht von Regensburg nach Eger voraus geschickten, und eben eingetroffenen Molck die tröstliche Botschaft: daß Herzog Bernhard sowohl als Sachsen in sein Begehren gewilligt, und ihre Heere in Bewegung gesetzt hätten. Lesle hatte kaum Wallensteins Wagen verlassen und Egers Boden betreten, als er auch sogleich dem Gouverneur und seinen Mitverschwornen Gordon, Büttler, Deveroux, Borck und Geroldin die von Wallenstein gegen ihn unterwegs gesprochenen Worte mittheilte. Sogleich wurden sie, nach dem blitzenden Lohn, der ihrer am Kaiserlichen Hofe erwartete, schnaubend, einig, unverzüglich ihrem Feldherrn und seinen Vertrauten das Leben zu rauben.

Ein

g) Khevenhüller Annal. Ferdinand. Th. 12. S. 1156. Ausführlich- und gründlicher Bericht rc.

Ein anzustellendes Gastmahl schien zur Ausführung dieses blutigen Anschlags, die bequemste Gelegenheit darzubieten.

Buttlern wurde es dahero aufgetragen, auf dem Schloß ein öffentliches Mahl zu halten, und Wallenstein samt seinen vier Lieblingen, Terzky, Illo, Kinsky und Neumann, welcher letztere Geheimer Secretair des Feldherrn war, dazu einzuladen.

Wallenstein, über die dermalige Veränderung seines Schicksals viel zu bewegt, schlug die Einladung aus, und nur die übrigen vier erschienen.

Um die vorhabende Absicht desto sicherer zu erreichen, hatte man nicht nur einen großen Theil derienigen Besatzung, auf welche man sich besonders verlassen konnte, in das Schloß gelegt, sondern auch bey eingetretener Nacht, den Hauptmann Deveroux, und den Oberstwachtmeister Geroldin mit funfzehn der ausgesuchtesten Leute durch eine Hinterthüre eingelassen; den Hauptmann Borck aber mit hundert Mann beordert auf Ruhe in der Stadt zu sehen.

Ohne

Ohne Ahndung einer Gefahr, überließen sich die sorglosen Gäste den Vergnügungen der Mahlzeit, als in einem Hui auf einmal auf beiden Seiten sich die Thüren öfneten und der Saal mit Bewafneten unter Deveroux's und Geroldins Anführung angefüllt wurde. Lange lebe Ferdinandus, ertönte es von den Lippen des Deveroux, und lange sey das Hauß Oesterreich glücklich, versetzte Geroldin. Im Augenblick wurde die Tafel umgestürzt, und Kinsky und Terzky soglcich durchbohrt; nur Neumann entwich bis in den Hof, fiel aber auch hier unter den Schwerdtern der Wachen, Illo hingegen wehrte sich tapfer, — in einem Winkel stehend unterhielt er den Kampf so lange, bis er drey seiner Mörder verlezt hatte, und sank dann erst nur von der Menge überwältigt todt darnieder gg).

Sobald diese Mordscene beendigt war, ergriff Deveroux die Partisane eines Soldaten h), nahm dreißig neue Leute mit sich, und

gg) Eigentlicher Bericht, wie es mit dem Egerischen Blutbade zugegangen ꝛc. Chemnitz Th. 2. S. 329. Theat. Europ. T. III. p. 183. 184.

h) Seinen Degen hatte er während dem Gefecht zerbrochen.

und floh geradeswegs nach Wallensteins Wohnung, um auch dieses Generals merkwürdiges und großes Leben zu endigen.

Der Knall einer beym Eintritt im Vorhof losgegangenen Muskete erweckte den Herzog aus dem ersten Schlaf. — Er eilte an das Fenster um der bevorstehenden Gefahr, von der er durch das von den Gemahlinnen des Terzky und Illo ausgestoßene Geschrey noch mehr vergewissert wurde, zu entrinnen, aber im Augenblick stand Deveroux, der sich durch die Wachen durchgedrängt und sogar einen Pagen niedergehauen hatte, in dem mit Gewalt geöfneten Zimmer: Bist du der Verräther des Kaisers und des Reichs? — redete er den Herzog, der in Nachtkleidern, so wie er aus dem Bette geeilet war, beym Fenster an einem Tische stand, und weder Degen noch Pistolen bey sich hatte, an. Wallenstein würdigte ihn keiner Antwort, sondern hob seine Arme zum Himmel auf, und machte eine Bewegung als wollte er dem Mörder seine Brust entblößen, und empfing in dem Augenblick mitten in die Brust den tödtenden Stoß der Partisane, den 15ten Februar 1634 Abends nach 9 Uhr i). Er fiel

i) Wenige Augenblicke vor der Hinrichtung hatte sich Wallenstein in seinen astrologischen Träumen mit der

fiel stumm zu Boden und schwamm in seinem Blute. Die Mörder wickelten den Leichnam in einen von dem Tisch genommenen Teppich, und ließen ihn auf einem Wagen auf die Burg bey die vier andern Ermordeten bringen.

Neumann wurde unter den Galgen begraben, Friedland, Illo, Tersika und Kinsky aber erhielten ihr Begräbniß auf einem von Illo's Gütern.

Den Tag darauf kam ein Expresser vom Herzog von Lauenburg an, der die nahe Ankunft dieses Prinzen versicherte. Man bemächtigte sich seiner Person, und fertigte einen Trompeter in Friedländischer Livree, und mit diesem den Lieutenant Moser, dem reisenden Herzog entgegen, ab, um sich seiner Person zu versichern.

In Tirschenreit stieß der Herzog zu Moser, dieser ritt unter dem Schein eines von

der frohen Hoffnung geschmeichelt, daß sein Unglücksstern bereits vorüber wäre. „Die Gefahr ist noch „nicht vorbey," sagte der Astrolog Joan Battista Seni, der sich bey ihm befand: „Sie ist es" erwiederte der Herzog: „aber daß du mit nächsten „wirst in den Kerker geworfen werden, „das, Freund Seni, steht in den Sternen „geschrieben." Khevenhüller a. angef. O. S. 1164.

Tersika abgeschickten Begleiters mit ihm, und unterwegs erzählte Franz Albrecht, daß itzt alles gut gehen und die Vereinigung der Schwedischen und Sächsischen Truppen mit den Friedländischen nun bald zu Stande kommen werde, indem schon von Herzog Bernhard sechstausend, und von Chursachsen vier tausend Pferde im Anzuge wären.

So waren sie bis über Waldsachsen gekommen, und nun hielt es Moser nicht mehr für bedenklich sich des Herzogs zu bemächtigen.

Mit auf die Brust gesetzter Pistole sagte er ihm, daß alles verrathen sey, und erklärte ihn für des Kaisers Gefangenen ii).

Wenig fehlte, daß nicht auch Herzog Bernhard ein ähnliches Schicksal gehabt hätte. — Schon befand er sich auf dem Wege nach Eger, erhielt aber ohnweit Weyda, von der Hand der Vorsehung beschützt, noch frühzeitig genug Nachricht von Wallensteins Untergang, und zog sich schleunig zurück.

Wallenstein, der in einem Alter von funfzig Jahren fünf Monathen und zehn Tagen von

ii) Herchenhahn Th. 3. S. 282. und folgende.

von dem irdischen Schauplatz abtrat, würde bey der Nachwelt noch immer als einer der grösten und unternehmendsten Männer seiner Zeit geschätzt werden, wenn er seiner stolzen Seele und der Ehrsucht etwas engere Grenzen zu setzen fähig gewesen wäre.

In der Strenge der Kriegszucht ging er zu weit, mit der Menschen Leben schien er nur Spott zu treiben, und bey seiner Armee war er mehr gefürchtet als geliebt.

Sein Lieblingsstudium war die Astrologie, seine Pracht und Aufwand mehr als königlich. — Ueber beides drückt sich der Wallensteinische Geschichtschreiber Herchenhahn k), folgendergestalt aus:

Wallenstein hatte auf seinen geerbten, auf den vom Kaiser erhaltenen, auf denen den böhmischen Protestanten abgenommenen Herrschaften und Gütern, prächtige Palläste und Gebäude aufführen lassen, er konnte seinen Aufenthalt unter mehrern wählen. Jedes von Albrechts neuen Schlössern war seines Herrn würdig. Gitschin prangte mit einer köni-

k) In der Geschichte Albrechts von Wallenstein des Friedländers, 2r Thl. S. 6. und folg.

königlichen Wohnung, Sagan ward eben mit einem herrlichen Schlosse hoch geziert, doch übertraf alle an Pracht sein zu Prag gebautes Hauß.

Friedland legte auf seinen Gütern vortreffliche Gärten an, und schmückte sie sehr prächtig und glänzend, mit allen Zierden der Gartenkunst. Drey hundert auserlesene schöne Pferde standen in seinen Ställen, und die Ställe hatten wie bey Königen, marmorne Fontainen, marmorne Krippen, Rauffen von Kupfer. Verschwenderisch ward seine Tafel bedient. Hundert Schüsseln war die gewöhnliche Tracht. Sechzig Edelknaben aus den vornehmsten Häußern bedienten ihn, und diese ließ er auf seine Kosten durch die geschicktesten Lehrer in den Künsten unterrichten. Hellblauer Sammet war ihre Kleidung, garnirt mit Gold und rother Seide. Eine Leibwache von funfzig Mann, bewafnet mit Hellebarden machte im Schloßthore die Parade, und lag in den Vorzimmern.

Wallenstein hielt einen Oberhofmeister an seinem Hofe. Vier Kammerherren, von welchen einige vorher beym Kaiser in der nämlichen Bedienung standen, hatten das Amt,

die

die Gehörsuchenden aufzuführen, und ieder dieser Kammerherren hatte eigene Pagen und Livreebediente. Sechs Freiherren und eine gleiche Zahl von Rittern warteten auf Friedlands Wink und Befehle. Virtuosen von aller Art verherrlichten seine Hofhaltung.

Ging Wallenstein ins Feld, so waren zu seinem Gepäcke und zu seiner Tafel funfzig sechsspännige Wägen bestimmt, und nebst dieser Zahl bedienten noch sechs andere Kutschen iene Standespersonen, die seinem Hofe folgten. Funfzig mit kostbaren Sätteln und reichem Zeug geschmückte Handpferde verschönerten seine Equipage, und funfzig auf auserlesenen Pferden reitende Stallknechte führten iene — Des Kaisers Aufzug war weniger schön, als Friedlands, seines Dieners, und wenige europäische Könige hatten ein so großes Gefolge als Wallenstein.

Von Statur war Wallenstein groß, und hatte starke magere Glieder. Sein eigenes schwarzes Haar trug er verschnitten, und ließ sich auf den Seiten wenige hinter den Ohren hinabhängende Locken kräuseln.

Sein Gesicht war mehr länglich als rund, hager und gelblich. Eine hohe Stirne zierte sein Haupt; keine Runzeln, aber Linien bezeichneten sie. Die Augen waren schwarz, nicht sonderlich groß, voll Feuer und Leben, und erweckten Schrecken und Ehrfurcht. Sein Blick war wild, die Augenbraumen zogen sich immer in Ernst zusammen, seine ganze Miene war frostig und zurückscheuchend. Die Nase war aufgestülpt und etwas gebogen. Wallenstein trug einen schmalen, wenig über das Kinn herunterhängenden, aber dicken starken Bart, nebst einem Knebelbart. Seine Wangen waren mager, der Anstand gut, allein sein Betragen bezeichnete beständig eine Härte, und auch in seinem freundschaftlichen Zirkel legte er nicht alle Rauhigkeit ab.

Er strafte mit grausamer Härte, und ein kleines Vergehen brachte nicht selten dem Fehlenden den Tod. Laßt mir die Bestie henken, war dann sein gewöhnliches Wort, und augenblicklich mußte die Sentenz vollstreckt werden.

Einige Schriftsteller 1), versichern, daß seine Härte so weit gegangen sey, daß er einstmalen

1) Mauvillon Hist. de Gustave Adolphe, a Amsterd, 1764. 8. T. II. p. 156. Leben Wallensteins S. 44. Herchenhahn Th. 2. S. 13.

malen ein von seiner Gemahlin neugebohrnes Kind habe wollen henken lassen, weil es derselben viele Geburtsschmerzen verursacht habe.

Die Niederlage, so er in der Lützner Schlacht erlitten hatte, schrieb er auf die Rechnung mehrerer Officiere, beschuldigte diese, daß sie ihren Pflichten nicht nachgekommen wären, setzte zu Prag ein Kriegsgericht gegen sie nieder, und dieses, bekannt mit des Generals Absicht, verdammte alle die Angeklaaten zum Tode. Auf einer zu Prag vor dem Rathhauße errichteten hohen, mit schwarzem Tuch bedeckten Blutbühne wurden zwey Oberstlieutenants, ein Kapitainlieutenant, ein Rittmeister, vier Lieutenants, ein Fähndrich, und zwey Hauptleute von der Artillerie, als abtrünnig und flüchtig gewordne Officiere, welche Trennung und Confusion in der Schlachtordnung verursacht hatten, durch das Schwerd des Henkers hingerichtet, und sieben andere Soldaten unter den Galgen geführt, vier davon gleichfalls enthauptet, zwey gehenket, und einem Lieutenant der Degen über dem Kopf zerbrochen, er für unehrlich erkläret, und caßiret m).

m) Theatr. Europ. T. III. p. 19. Chemnitz Th. II. S. 60.

Nach Wallensteins Untergang bekam die Kaiserliche Armee eine andere Gestalt — das oberste Kommando wurde dem jungen König Ferdinand von Ungarn, welcher nachmals als Kaiser in der Geschichte uns unter dem Namen Ferdinands des dritten bekannt ist, von seinem Vater Ferdinand dem zweiten übertragen, und diesem der Graf Trautmannsdorf und General Gallas — Männer von gleich ausgezeichneten Talenten, und vieljähriger Erfahrung, zugeordnet, die Armee selbst aber bis auf dreißig tausend Mann verstärkt, und mit allen nöthigen Erfordernissen hinlänglich versehen.

Das erste Unternehmen des neuen Feldherrn war, daß er suchte seinen Feind von der Donau zu vertreiben, und in dieser Absicht Regensburg belagerte.

Doch ehe ich von den fernern Fortschritten des Ungarischen Königs rede, ist es nothwendig, daß ich mich zu Herzog Bernhard zurück wende.

Dieser brach nach den verunglückten Unterhandlungen mit Wallenstein mit einigen Regimentern Infanterie und Kavallerie nach

Kunnat

Kunnat auf, nahm die Stadt den 2ten oder 12ten März mit Accord ein, und wendete sich dann gegen Bayreuth und Culmbach, wo er einige Regimenter seines Bruders, des Herzogs Wilhelm von Weimar, an sich zog, sich mit dem Obersten Stallhanß und fünfhundert Finnen vereinigte, und die Belagerung der Festung Cronach unternahm.

Die Vorstadt ergab sich bald, aber das auf einem hohen Berge gelegene Schloß Rosenberg that den tapfersten Widerstand, und der darauf befindliche Commendant, der ein gebohrner Türke war, verweigerte unter den größten Spottreden, welche er dem Herzog sagen ließ, als: „er möge sich erinnern, „wie viel Mann ihm dereinst schon „Cronach gekostet habe" ꝛc. n), jede Ueber-

n) Theatr. Europ. T. III. S. 286.

Auszug eines Tagebuchs von den Feldzügen des Herzogs Bernhard von Weimar, in Meusels histor. litterar. Magazin Th. 4. S. 148. Dieses Tagebuch welches nicht völlig zur Hälfte durch den Druck ist bekannt gemacht worden, ist von des Herzogs Bernhard Generaladjutanten Johann Christoph von der Grün, wie er selbst versichert mit vielem Fleiß geführet worden, und ist das Manuscript desselben noch bis ietzt in der Herzoglich-Meiningischen Bibliothek befindlich.

Uebergabe. Demohngeachtet aber würde Herzog Bernhard sein Vorhaben, diesen Platz einzubekommen, ausgeführet haben, wenn nicht eben zu dieser Zeit der General Piccolomini mit einer viele tausend Mann starken Armee gegen ihn angezogen wäre. Dies bewog ihn, die Belagerung aufzuheben. Er trennte sich von seiner Armee, und begab sich nach Koburg um dem Leichenbegängniß des Herzogs Johann Casimir, der bereits den sechzehnden Julius des vorhergegangenen Jahres mit Tod abgegangen war, aber wegen der zu jener Zeit herrschenden außerordentlichen Kriegsunruhen erst neun Monathe nach seinem Abscheiden, den 24sten März 1634. beerdigt werden konnte o), beizuwohnen.

Mehrere Fürsten waren dabey zugegen, und die feierliche Beisetzung selbst geschah in der Stadtkirche zu St. Moritz, in ein neues im Chor aufgerichtetes Gewölbe p).

Der

o) Müller in Annal. S. 350. „Wurde Hertzog „Johann Casimirs Fürstlicher Leichnam, weiln es „wegen der continuirlichen Kriegs-Unruhe nicht eher „geschehen können, in der Stadt-Kirchen solenniter „beerdiget.“

p) Johann Gerhard Gruners, Geschichte Johann Kasimirs Herzogs zu Sachsen. Koburg 1787. S. 109. 110.

Der Herzog befand sich noch zu Koburg, als er unverhofft die Botschaft erhielt, daß Ferdinand mit seiner Armee gegen Bayern aufgebrochen, und Regensburg zu belagern willens sey.

Sogleich ertheilte er dem General Courville, welchem er während seiner Abwesenheit das Commando übertragen hatte, Befehl, die ganze Armee den 13ten oder 23 May bey Dinkelsbühl zu versammeln, wo eine allgemeine Heerschau gehalten werden sollte. Sie erfolgte, und die Armee wurde zwanzig tausend Mann stark befunden. Eine solche Truppenzahl schien unserm Herzog zu Regensburgs Rettung hinlänglich, daher brach er sogleich den folgenden Tag (den 14ten oder 24sten May) gegen Schwaningen auf.

Der Marsch ging durch den Tannen-Wald auf Roth, durch den Wald nach Verbing, und in der Nacht vom 18ten oder 28sten, bis zum 19ten oder 29sten paßirte die ganze Armee bey Kehlheim die Schiffbrücke, zog vor der Stadt Abach vorbey und auf Regensburg zu q).

Sobald

q) Meusels hist. litt. Magazin, Th. 4. S. 149.

Sobald König Ferdinand Nachricht von Herzogs Bernhard Anzuge erhielt, hob er alsobald sein Lager auf, und ließ blos einzelne Corps von Bayerischen Truppen und Kroaten zu Beobachtung des Platzes zurück.

Zwischen beiden Theilen fielen mehrere Scharmützel vor, bis endlich Bernhard die feindlichen Trupps zurück drängte, viele niedermachte und gefangen nahm. Unter den letztern befand sich auch ein Oberster, Namens Salaskowitz, welchem Herzog Bernhard überaus auszeichnend begegnete, und in seinem Leibwagen mit sich fahren ließ r).

Herzog Bernhard führte verschiedene Regimenter Infanterie und Kavallerie samt Geschütz

r) In dem vorgedachten Tagebuch über die Feldzüge des Herzogs Bernhard S. 149 und 150, drückt sich des Herzogs Generaladjutant Christoph von der Grün, folgendergestolt aus: „Sie wurden mit Gewalt zurück getrieben; viele niedergemacht und gefangen genommen, und unter den letztern der Obriste Salaskowitz. Der Herzog ließ diesem nicht allein überaus gut begegnen, sondern ihn auch stets in seiner Leibkutschen fahren, welches mir nachher als Gefangenen außerordentlich wohl zu statten kam, weil er mir wieder viel Freundschaft und Gutes erwies."

schütz durch Regensburg (21 oder 31 May), ließ Stadt und Hof auf drey Seiten gegen die Weinberge befestigen, um iedem feindlichen Andrang Schranken zu setzen. Feindlicher Seits war man damit nicht zufrieden, sondern suchte überall diese Anstalten zu behindern, und so trug es sich zu, daß an diesem letztern Orte einer der heftigsten Scharmützel sich ereignete — Von beiden Seiten wurde anfangs gleich stark gefochten, endlich aber mußte man Schwedischer Seits, indem der Feind mit aller Macht vordrang, die Regimenter wieder in die Stadt zurückziehen.

Der tapfere Generalmajor Courville verlohr bey dieser Gelegenheit das Leben; eine kleine Kanonenkugel schoß ihm dicht an Bernhards Seite, wo er zu Fuß bey den Kanonen stand, nieder s).

Kaiserlicher Seits wurde der von den Schweden unternommene Rückzug nicht unbenutzt gelassen, sondern von ihnen während der

s) Dieses tapfern Generals letztes Wort war: Mon Dieu. Der Herzog ließ den Leichnam mit sich führen, und solchen zu Nürnberg in der Kirche der Vorstadt Werth, mit militairischen Feyerlichkeiten, beisetzen, den 17 oder 27 Junius.

der Nacht die ganze Höhe der Weinberge besetzt, und mit sechzig ganzen und halben Karthaunen bepflanzt, welche mit Anbruch des Tages Himmel und Erde bebend machten, so daß des Herzogs Infanterie, welche oberhalb der Stadt an der Donau sich gelagert hatte, gezwungen wurde, sich auf die Höhe gegen das Kloster Bruel zu der Kavallerie zu ziehen.

Da indeß die um Regensburg befindliche feindliche Mannschaft nicht von solcher Stärke war, daß sich eine förmliche Belagerung der Stadt hätte befürchten lassen, man auch allgemein vermuthete, daß Ferdinands Hauptmacht sich gegen Böhmen ziehen werde, um dieses und die Oesterreichischen Lande wider jeden besorglichen Einfall Banniers und Arnims zu decken, endlich auch Herzog Bernhard selbst befürchtete, daß bey einem langern Verweilen es am Ende an Proviant mangeln werde;, so beschloß man den Abzug von der Stadt, und ließ nur eine mittelmäßige Besatzung zurück.

Aber auch auf dem Marsch blieb die Armee nicht unberuhiget. Bey Abensperg fielen die Croaten in die Arriergarde (29 May oder 8 Junius), und konnte dem Nachhauen nur dadurch ein Ende gemacht werden, daß Herzog Bernhard die Stadt Neustadt mit Infanterie besetzen ließ.

Zwey Tage und Nächte zog die Armee über die über die Donau geschlagene Schiffbrücke, bey der Nürnbergischen Stadt Lauff setzte sie über die Pegnitz, gegen Eschenau, und den 20 oder 30 Junius langte sie vor Forchheim an t), um solches nunmehro förmlich zu belagern.

Schon waren die Laufgräben geöfnet, das Wasser von den Mühlen abgegraben u), und eine baldige Uebergabe zu hoffen, als plötzlich und unvermuthet die Botschaft einging, König Ferdinand stehe abermals vor Regensburg.

Augenblicklich hob Herzog Bernhard die Belagerung von Forchheim auf v), ließ den General Kratz nur mit einigen tausend Mann zurück, und drang in den Feldmarschall Horn, mit schleuniger Hülfe herbey zu eilen; allein dieser

t) Meusels histor. litterar. Magazin, 4ter Theil, S. 152.

u) Theatr. Europ. T. III. S. 285.

v) Theatr. Europ. T. III. S. 286.

dieser übereilte sich nicht. — Er verließ die Ufer des Bodensees ungern, und wendete vor: Oberschwaben werde durch seine Entfernung dem Einbruch des Kardinals Infanten ausgesetzt werden.

Nach mehrmaligem von Bernhard geschehenen Erinnern, brach er endlich auf, ließ aber ganz unnöthiger Weise vier tausend Mann, welche weder den Bodensee in Gehorsam zu halten, noch Oberschwaben zu decken vermögend waren, hingegen bey der Armee einen ansehnlichen Abgang machten, zurück, und hielt sich unterwegs mit der Eroberung des Städtchens Aich und anderer geringen Orte auf.

Zwischen Augsburg und Friedberg, allwo Bernhard lange Zeit geharret, und Regensburgs belagerte Einwohner beständig mit der Hoffnung eines nahen Entsatzes vertröstet hatte, erfolgte endlich die Vereinigung beider Armeen.

Sie waren über dreißig tausend Mann stark, und brachen alsobald, nachdem die Stadt Friedberg bis auf den Grund abgebrannt worden war, gegen Regensburg auf,

erfuh-

erfuhren aber gar bald, daß es mit der Rettung dieser Stadt jetzt zu spät sey. Der Paß bey Kehlheim war bereits versperrt, und auf keiner Seite als nur mittelst einer Diversion durch Bayern, konnte man der belagerten Stadt mit Hülfe beikommen.

Beide Armeen brachen dahero den 3 oder 13 Jul. auf x), der Marsch ging über den Marktflecken Bruck; Fürstenfeld und Dochau, fielen in ihre Hände.

In dem ersten Orte wurden drey Compagnien Bayerische Truppen niedergemacht, die Stadt selbst geplündert und eingeäschert. Zu Freisingen, welches ein ähnliches Schicksal mit Bruck erlitte, schlug Herzog Bernhard über die Iser eine neue Brücke, an die Stelle der von den Kaiserlichen abgebrannten, errichtete zur Versicherung derselben ienseits dieses Flusses eine Sternschanze mit Pallisaden und Gräben, und besetzte solche mit fünfhundert Mann y).

Den 10 oder 20 Jul. Abends fünf Uhr erschien sein Vortrab vor Landshut. Durch

x) Theatr. Europ. a. angef. O. S. 315.

y) Theatr. Europ. a. angef. O.

einen Trompeter ließ er alsobald der Stadt entbieten: „Sich an ihn, da sie nicht mit „gnugsamer Munition und Proviant versehen „sey, zu ergeben.“

Allein genöthiget durch den Befehl, welcher wenig Tage zuvor von dem Churfürst von Bayern angekommen war und dem Kommendanten auferlegte: den äußersten Widerstand zu leisten, und Altringers Ankunft, welcher bereits mit funfzehn tausend Kriegern aufgebrochen sey, abzuwarten, wurde ganz kurz die geschehene Aufforderung ausgeschlagen.

Dies war für Herzog Bernhard genug, um ernstliche Maasregeln zum Beschießen der Stadt zu ergreifen.

Er besetzte alsobald samt Horn die um die Stadt befindlichen Höhen, pflanzte Kanonen auf, und dehnte seine Truppenlinien längst der Berge bis in die Tiefe hinab aus.

Altringer erschien, aber nicht mit funfzehn tausend Mann, den 11 oder 21 Juli, und ließ alsobald, um den Feind von der Stadt entfernt zu halten, bey seiner Ankunft die vor dem Judenthore belegenen Häuser in Brand

stecken,

stecken, und das Schwedische Lager beschiessen.

Da es des Weimarischen Herzogs Absicht nicht war, mit einer langwierigen Belagerung sich zu beschäftigen, so befahl er, alsobald Anstalt zum Sturm zu machen, und ließ in dieser Absicht seine Kanonen in drey Batterien, von welchen er zwey in den Thiergarten, und die dritte oberhalb vor das Judenthor postirte, formiren.

Von diesen zwei verschiedenen Orten fing man an, mit dem anbrechenden Morgen des (12 oder 22 Julii) die Stadt zu beschiessen. Vierundzwanzig- und Sechsunddreißigpfünder schmetterten ieden getroffenen Gegenstand vor sich nieder, und bald sah man einen beträchtlichen Theil von Landshuts Mauern in Trümmern gestürzt. Feuer gerieth in das Pulver der Belagerten, und der Sturm begann. Die äußerste Mauer des Schlosses war bald erstiegen, und der Zufall, daß die Zugbrücke durch das schnelle Herablassen sich aus dem Angel hob, und nicht wieder in die Höhe gebracht werden konnte, erleichterte den Belagerern den Eindrang in das Schloß, und von da in die Stadt selbst, wo nunmehro die Thore geöfnet wurden.

Schaudervoll und blutig waren die Auftritte, welche sich ietzt ereigneten. Die ganze Besatzung mußte über die Klinge springen, und alle Straßen, Häußer und Winkel waren mit Mord und Tod erfüllt. Viele Einwohner, welche sich davon und über die Iserbrücke flüchten wollten, wurden durch das Gedränge in den Fluß gestürzt, und fanden ihr Grab, und dieienigen, welche mit dem Leben davon kamen, wurden von ihren eigenen Freunden, den Altringerischen Truppen, geplündert. Auch General Altringer selbst, der in die Stadt ritt und alles anwendete, um die Fliehenden wieder zum Stehn zu bringen, kam in dem Getümmel, indem er durch das Wasser setzen wollte, in der Vorstadt, zwischen den Brücken genannt, durch einen Musketenschuß ums Leben z).

Nach

z) Theatr. Europ. T. III. p. 316.

Der Verfasser des obgedachten Tagebuchs drückt sich S. 153 und 154. über den ganzen Vorgang folgendergestalt aus: „So wie man die äußerste Mauer „vom Schlosse erstiegen, und der Feind diese und die „Thürmer verlassen hatte, und sich in das Schloß „zurückziehen wollte, so brachte er in der großen Verwirrung und Eile die Fallbrücke durch das geschwinde Aufziehen und Zuprellen also aus dem Angel, „daß er sie nicht wieder in die Höhe ziehen konnte.

„Damit

Nach der Eroberung von Landshut, hielt Herzog Bernhard einen allgemeinen Kriegs-

„Damit drangen wir mit dem Feind zugleich über „die Brücke in das Schloß ein, und wurden Meister „desselben. Nun drangen unsere Völker von allen „Seiten, und der Generalmajor Taupadel mit einem „guten Theil der Cavallerie, durch das Thor, das bey „dem Capuzinerkloster geöfnet wurde, in die Stadt, „und hieb alles nieder, was er antraf. Ohnerachtet „der General Altringer die Nacht zuvor mit einigen „1000 Mann angekommen war, und auf der andern „Seite der Iser im Felde stand, auch eine starke Un„terstützung in die Stadt warf, so half dieses doch „alles nichts, weil unsere Truppen von allen Orten „und Enden der Stadt, mit solcher Gewalt auf den „Feind eindrangen, daß er über Hals und Kopf über „die Iserbrücke getrieben wurde, und viele, so wie, „vorher zu Frankfurt an der Oder geschehen war „theils unter dem Thore, theils in der Iser ihren „Tod fanden. Unter den Todten, deren über 1500 „waren, befand sich auch der General Altringer, der „selbst in die Stadt ritt, sein Aeußerstes that, und „schrecklich einhieb, um die Soldaten wieder zum Ste„hen zu bringen. Er wurde, als er durch das Was„ser setzen wollte, in der Vorstadt zwischen der Brücken „genannt, durch einen Schuß zu Boden gelegt. Die „Stadt ward Anfangs geplündert, aber die Plünde„rung bald verboten. Indessen hatten diejenigen, die „mit ihren Sachen aus der Stadt geflohen waren, „mehr Verlust von ihren Freunden, als die Bürger, „welche in der Stadt geblieben waren, von ihren

rath, in welchem beschlossen wurde mit Regensburgs Entsatz zu eilen, und solchen zu bewürken, es koste auch was es wolle. Es wurde ein Buß- und Bettag angestellt, und die ganze Armee mit dem Herzog Bernhard, dem Feldmarschall Horn und allen Officieren ging den siebenten Trinitatis-Sonntag zum heiligen Abendmahl, worauf, den 20 oder 30 Julius, der völlige Aufbruch bis auf einige hundert Mann, welche in der Stadt zur Besatzung zurückgelassen wurden, erfolgte.

Nur noch einige Meilen befand man sich von Regensburg entfernt, als durch einen von dem Generalmajor Lars Kagge abgeschickten Lieutenant, welcher wegen seiner außerordentlichen Tapferkeit allgemein nur der Turke hieß, unverhoft die Nachricht überbracht wurde, daß die Stadt am 16 oder 26 Jul. accordiret, und sich, obgleich sie hundert und funfzig tausend Kanonenschüsse ausgehalten, und vierhundert fünf und sechzig Ausfälle gethan, habe ergeben müssen.

Da

„Feinden erlitten. Denn eben die Soldaten, unter „deren Schutz sie das Ihrige zu retten suchten, plünderten die Wagen rein aus, und hielten sogar die „Bürger so lange zurück, bis sie sich selbst ranzioniret „hatten."

Da auf diese Art Regensburg verlohren war; so änderte Herzog Bernhard seinen Marsch, und zog sich nach Augsburg, und von da nach einigen gehaltenen Rasttagen über die Donau zurück.

Schritt vor Schritt verfolgte die Ligistische Macht ihre zeitherigen erfochtenen Siege. Wendlingen, der Schellenberg und Donauwerth fielen in ihre Gewalt, und in forcirten Märschen eilte man auf Schwaben los.

Achter Abschnitt.

König Ferdinand belagert Nördlingen. Die Schweden setzen sich zum Entsatz desselben in Bewegung. Bernhard bricht von Laugingen auf. Er vereinigt sich mit Horn, und schlägt die Kaiserlichen bey Aalen. Die Schweden beziehen das Lager bey Bopfingen. Sie gewinnen einen Wald. Bernhard jagt die Kaiserlichen über die Eger. Horn bringt Besatzung in die Stadt. Kriegsrath der Schweden. Verschiedene Meinungen dabey. Bernhard stimmt für die Schlacht und seine Stimme behält die Oberhand. Aufbruch gegen das feindliche Lager. Herzog Bernhard schlägt die feindlichen Vorposten zurück. Der Versuch, den Arensberg zu besetzen, mißlingt. Man will diese Höhe mit Sturm ersteigen. Treffen dabey. Niederlage der Schweden. Bernhard befindet sich bey diesem Treffen in großer Gefahr. Er sammelt seine Truppen wieder. Nördlingen geht an die Kaiserlichen über. Folgen dieser Schlacht. Pragischer Friede. Urtheile über selbigen. Misvergnügen der Schweden darüber. Oxenstiern sucht bey Frankreich Beistand. Die Protestanten sichern Frankreich mehrere Vortheile zu. Frankreichs Versprechungen dagegen.

gen. Erscheinen einer Französischen Armee in Deutschland. Bernhard betritt vom neuen dem Kriegsschauplatz. Er geht über den Rhein. Mehrere Truppen stoßen zu ihm. Die Kaiserlichen ziehen sich zusammen. Sie werden von den Weimarischen Truppen von mehrern Orten vertrieben. Würzburg und andere Orte ergeben sich den Oesterreichern. Conventstag zu Worms. Bernhard erhält das Obergeneralat übertragen. Er erobert Speyer. Vereinigt sich mit dem General von La Valette und entsetzt Maynz. Die Oesterreicher belagern solches vom neuen. Bernhard entsetzt es zum zweitenmale. Er geht über den Mayn. Der Prager Friede setzt seinen Unternehmungen Hindernisse entgegen. Die Herzoge von Weimar und mehrere Fürsten treten dem Prager Frieden bey. Bernhard geht mit Frankreich besondere Unterhandlungen ein. Frankreichs Versprechungen gegen ihn. Er schlägt den Gallas zurück. Kommt nach Paris. Sein Aufenthalt daselbst, und seine Abreise.

Bey Nördlingen in Schwaben vereinigte sich König Ferdinand III. mit sechs tausend Mann Lothringischer, und funfzehn tausend Mann Spanischer Truppen, und unternahm also-

alsobald die Belagerung dieser Stadt (den 6 oder 16 August 1634).

Schweden, das sich schon tief durch den Verlust vieler Reichsstädte niedergebeugt fühlte, und sichs zur unauslöschlichen Schande hielt, gleichgültig dem Schicksal dieser Stadt zuzusehen, sie in der Noth zu verlassen, und der Rachsucht eines unversöhnlichen Siegers preis zu geben, unternahm es alsobald seine Kriegsheere in Bewegung zu setzen, entschlossen, diesen Ort zu befreien, auch wenn es eine Schlacht kosten sollte.

Um mit destomehr Nachdruck agiren zu können, entbot Herzog Bernhard den vor Forchheim zurück gelassenen General Kratz, und den in Elsaß sich befindenden Rheingraf Otto Ludwig zu sich, er selbst aber brach von Laugingen, und Horn von Mindelsheim auf. Zu Günzburg stießen sie zusammen, und zogen, gegen Ende des Augusts auf das Städtchen Aalen. Schon hier schlug Bernhard tausend Mann Kaiserliche aus dem Felde, daß keiner davon kam, und nahm dreyhundert gefangen. Von Aalen zog das ganze Heer nach Bopfingen, und stellte sich auf einer Höhe zwischen die Schlösser Flachberg und Wallerstein,

stein, die verbundne Kaiserliche Macht befand sich gegenüber. Beide Theile standen nicht lange müßig. Die Kaiserlichen wurden bald von einer Anhöhe herunter geschlagen, und dadurch den Schweden ein Wald, und durch diesen ein freier Paß nach Nördlingen selbst zu Theil.

Nördlingen war nicht mit so viel Volk und Proviant versehen, als, um eine langwierige Belagerung aushalten zu können, erforderlich war; die Belagerten baten dahero dringendst um Hülfe. Solche zu leisten machte sich augenblicklich Bernhard auf, und war so glücklich den Feind bis über die Eger hinauszutreiben.

Auch Horn gelang es, die innere Besatzung der Stadt zu verstärken, und zwey hundert und funfzig Mann im Angesicht des Feindes in selbige zu werfen. Er ritt selbst bis vor das Thor und ermahnte den Commendanten, getreu und standhaft zu seyn, und nur noch einige Tage zu harren, binnen welcher Zeit der erwartete Succurs gewiß eintreffen werde.

Indeß stieg die Noth der Belagerten von Tag zu Tag, die Kaiserlichen fingen die Stadt zu beschießen an, und die Einwohner gaben ihre traurige Lage mittelst eines Zeichens vom Thurme zu erkennen.

Dies war für unsern Bernhard genug sich völlig für eine Schlacht zu bestimmen.

In dem versammelten Kriegsrathe suchte er die für seine Meinung streitenden Gründe herauszusetzen. — „Regensburg ist verlohren „gegangen,“ sagte er, „will man nun auch „Nördlingen seinem Schicksaale überlassen, so „ist es um den Ruhm der Schwedischen Waf„fen geschehen, und die evangelischen Stän„de werden den Muth völlig sinken lassen; „im Kriege muß man etwas wagen *).“

Ganz verschiedener Meinung war aber der Feldmarschall von Horn. „Es ist,“ erwiederte dieser, „allzuviel gewagt, — geht „die Schlacht verlohren, so ist keine frische „Armee vorhanden dem Feind Widerstand zu „leisten, die Kaiserlichen, Spanier und Bay„ern sind uns an Macht weit überlegen, die „Gegenwart des Ungarischen Königs und des „Infanten wird alles beitragen, daß ein jeder „Soldat sich einzeln, tapfer und brav hält, „folg-

*) Brachel L. V. p. 322.

„folglich kann es geschehen, daß man in ei„nem und eben demselben Augenblick, wo man „alles zu erhalten hofft, alles verliehrt. Es „ist also besser die Ankunft des Generals Kratz, „und des Rheingrafen Otto Ludwig, welcher „letztere längstens binnen zwey Tagen eintref„fen wird, abzuwarten, und das Treffen so „lange zu vermeiden bis sich der Feind durch „die fortgesetzte Belagerung ermüdet und ge„schwächt haben wird.“

Alle diese Vorstellungen fanden aber bey Herzog Bernhard keinen Eingang, er glaubte unter ihnen die Stimme der Furcht zu vernehmen, und alles, was man von ihm erhalten konnte, war, daß er den General Kratz, der auf dem Punkte stand in das Lager inzurücken, erwartete.

Kratz kam an, nnd noch einmal würde mit Zuziehung dieses Generals in dem eroberten Walde Kriegsrath gehalten. Horn bleibt bey seiner gethanen Erklärung, und sagt im prophetischem Geist den unglücklichen Ausgang der Schlacht voraus. Kratz erklärt, daß man den Rheingrafen erwarten müsse — Indem hört man abermals aus der Stadt das Zeichen der Angst, und nun kann sich Bernhards große Heldenseele nicht länger halten. Den Degen gezogen ruft er aus: „wir müssen „schlagen," und seine Soldaten sehen ihn freudig an, — „wir müssen schlagen," wiederholt er noch einmal, „denn die Pflicht fordert uns auf, den Bedrängten beizustehen, „und das Glück zeigt uns den Weg *)."

Durch Herzog Bernhard höheres Ansehn überstimmt, entschließt sich also Horn zur Schlacht.

Noch denselben Abend (den 26 August), wird gegen das feindliche Lager aufgebrochen, und von Bernhard der erste Angriff auf die Kaiserlichen Vorposten, welche aus etlichen Regimentern zusammengezogener Kürassiers bestanden, unternommen. Sie wurden über den Haufen geworfen, und in der Nacht ein Versuch gemacht den Arensberg, von welchem aus man weit in der Runde das Kaiserliche Lager übersehen konnte, und von dessen Einnahme oder Verlust das Wohl und Wehe der streitenden Völker abhing, zu besetzen; allein das Unternehmen mislang, weil der mühsame Transport des Geschützes durch Hohlwege und Gehölze den Marsch der Truppen verzögerte; und

*) Schillers Geschichte des dreißigjährigen Krieges, 2r Th. 1792.

und als man gegen Mitternacht davor erschien, hatten schon die Spanier diesen vortheilhaften Posten besetzt, und starke Schanzen davor errichtet.

Man beschloß, mit dem anbrechenden Morgen diese Höhe mit Sturm zu ersteigen. —

Die ganze Armee wurde in Schlachtordnung gestellt (den 27 August). Herzog Bernhard, der das Commando des linken Flügels übernahm, stellte sich an den Wald, und postirte seine Stücke davor. Feldmarschall Horn hingegen, als Oberbefehlshaber des rechten Flügels, sollte den Berg ersteigen. — Glücklich vollführt dieser Feldherr auch dieses sein Unternehmen, — die ungestüme Tapferkeit seiner Truppen macht sich durch alle Hindernisse Bahn, der Feind muß den Berg hinauf sich retiriren, und die Verschanzungen werden glücklich erstiegen, aber da die Brigaden zu gleicher Zeit von entgegengesetzten Seiten in die Verschanzungen dringen, so gerathen sie unter sich selbst in Unordnung, welche noch vollends dadurch, daß in das von den Feinden hinterlassene Pulver Feuer kommt, allgemein wird. Nichts ist vermögend die Fliehenden zu bewegen den Angriff zu erneuern, und der Feldmarschall Horn, welchen an diesem wichtigen Posten ungemein gelegen ist, entschließt sich frische Truppen dagegen anzuführen. Schon aber haben indeß die Spanier, die von den Schweden freiwillig verlassenen Schanzen wieder besetzt, und unmöglich wird es den Schweden solche wieder zu erobern, funfzehnmal führt der tapfere Horn seine Soldaten gegen den Berg, iedesmal schlägt er den Feind zurück, aber auch iedesmal wird der Kampfplatz von neuen Fluthen Spanischer und Kaiserlicher Truppen überströmt, auch das von Bernhard unter dem Grafen von Thurn herbeigeschickte gelbe Regiment setzt siebenmal an, und wird zurückgeschlagen. Fürchterlich ist die Niederlage, welche die Feuerschlünde des Feindes von der Höhe herunter anrichten, Gustav Horn muß sich endlich, um dem allzuheftigen Kanonenfeuer zu entgehen, zum Rückzug entschließen.

Nicht weniger unglücklich geht es dem linken Flügel unsers Bernhards, welcher von einer andern Seite den Berg zu ersteigen und den Hornischen Truppen Beistand zu leisten sucht. In einer kleinen Entfernung von dem Dorfe Hirnheim hatte er bereits seine Truppen vom neuen gesammelt, und die Kanonen

postirt,

postirt, als es augenblicklich geschah, daß seine Reiterey durch das mächtige Andringen des Feindes und durch das versteckte und aufdonnernde Hagelgeschütz in eine allgemeine Unordnung gerieth, und von der überlegenen Macht des Feindes in die Ebene herab getrieben, auf Horns Leute einstürzte, und wie ein Strom alle mit sich fort riß, und Niederlage und Flucht allgemein machte.

Bernhard achtet keiner Gefahr — seinen fliehenden Truppen frischen Muth einzuflößen, stellt er sich bald vor dieses bald vor jenes Regiment, — alles aber ist vergebens, und zum erstenmale erfährt er, daß es unmöglich ist eine in gänzliche Unordnung gerathene Armee wieder zum Stehen zu bringen.

Ganzer acht Stunden hatte das Treffen gedauert, und schrecklich war die Niederlage der Schweden. Die ganze Infanterie wurde gefangen oder niedergehauen, zwölf tausend blieben auf dem Platz, dreyhundert Standarten und Fahnen wurden erobert, achtzig Stück Geschützes, alle Munition, und die gesammte bey Bopfingen befindliche aus viertausend Wagen bestandene Bagage fiel den Kaiserlichen, welche nicht über zwölfhundert Mann eingebüßt hatten, in die Hände.

Horn und Kratz geriethen beide in die Gefangenschaft. Ersterer gab sich nur erst dann, als er alle seine Waffen verbraucht hatte an Jean de Werth gefangen; letzterer aber, von Natur ein feiger furchtsamer Mann, welcher kaum einen Pistolenschuß in der ganzen Schlacht gethan hatte, wurde von einem einzigen Croaten weggeführt *).

Selbst Herzog Bernhard, welchem in dem Getümmel das Pferd unterm Leibe erschossen wurde, erwartete nichts als den Tod — und gewiß würde ihn solcher auch gefunden haben, wenn nicht ein edler Officier, der Hauptmann von Tupadel ihm sein eigen Pferd gegeben hätte, welches ihn glücklich obgleich von allem entblößt, ohne Geld, blos in dem Kleide, worinnen er gefochten hatte, nach Kanstadt brachte **). Von Kanstadt ging der Herzog nach Heilbrun;

*) Die Kaiserlichen schlugen ihm den Kopf ab, weil er, wie bereits Erwähnung geschehen, von ihnen zu den Schweden übergangen war.

**) Christoph von der Grün erzählt in seinem Msc. über die Feldzüge des Herzogs Bernhard, von dem Treffen bey Nördlingen und dem Verlust, welchen Bernhard dabey persönlich erlitten hat, folgende nähere Umstände: „Zu Nerresheim, sagt er, „habe er, sämmtliche Papiere und Briefschaften des „Herzogs

Heilbrun; überall sammlete er seine zerstreueten Truppen zusammen, aber erst bey Frankfurt am Mayn war er im Stande, sie wieder unter seine Fahnen zu stellen.

Glück war es noch für die Schwedische Cavallerie, daß eben an diesem Tage der

Q 3 Schlacht

„Herzogs verbrannt, und von den Juwelen des Herzogs zwey Diamanten gerettet, worunter der eine „so groß, als eine große welsche Baumnuß und in „einen güldnen Kästlein, darinn der König in Schweden auf einer Seiten, und die Königin auf der andern abgemahlt war, eingefaßt gewesen. Solches „Kleinod, daran unten eine Perlen-Eichel von ziemlicher Größe gehangen, und auf 60,000 Rthlr. æstimirt worden, hatte die Königin Ihro Fürstl. Gn. „vor einiger Zeit allergnädigst präsentirt und geschenket, welcher Stein, neben dem andern Diamant „welcher auch auf 11000 Rthlr. werth gewesen, habe „mit großer Gefahr wunderlicher Weise wieder herüber gebracht, und höchstgedacht Ihro F. Gn. zu „Frankfurt am Mayn mit Deroselben höchsten Freude „und Contentement überliefert."

Von der Schlacht bey Nördlingen selbst ist nachzusehen Puffendorf beim Jahr 1634. S. 163. Les memoires de Richelieu T. I, p. 429. Le Vassor hist. Ludovici XIII. libr. 37. p. 238. Epit. rer. Germ. p. 145. sqq. Müller S. 350. Tentzel Ernest. Medaillen-Cabinet. Theatr. Europ. Tom. III. S 335. u. folg.

Schlacht (den 27 August) das Rheingräfliche Corps, welches zu den Belagerungstruppen stoßen sollte, ohngefehr fünf Stunden von der Wahlstatt eintraf, und durch solches die feindlichen Truppen von fernerm Nachsetzen abgehalten werden konnten.

Den Tag nach dieser Schlacht ging Nördlingen über, und König Ferdinand säumte nicht, diesen seinen Sieg zu benutzen. Den Piccolomini und den Grafen von Isola sendete er nach Franken, um dieses Herzogthum Bernhard wieder zu entreißen. Rothenburg, Schweinfurt, Würzburg bis auf das Schloß, und mehrere Orte, welche sämtlich mit Lebensmitteln und Mannschaft übel versehen waren, fielen wieder in Kaiserliche Hände. Isola ging in das Stifft Fulda; ein Theil der Bayerischen Truppen wendete sich gegen Augsburg und suchte solche einzuschließen. Die Markgrafthümer Bayreuth und Anspach, die Grafschaft Oettingen und andere zwischen der Donau und dem Mayn gelegene Herrschaften und Städte, wurden durch ein Kaiserliches Oberamt bestellt, und diesem zu gehorsamen befehligt. Ferdinand zog in das Herzogthum Würtemberg, nahm sein Hauptquartier in Stuttgard; alles mußte sich ihm unterwerfen. —

Herzog

Herzog Bernhard verlegte die Trümmern seiner Truppen bey Frankfurt am Mayn in die Quartiere, als aber hier allgemeiner Mangel einriß, und auch ienseits des Rheins nichts mehr zu leben war, zog er sich gegen die Wetterau, und von da nach der Bergstraße, wo er, außer Stand gesetzt große Thaten an der Spitze der Schwedischen Armee zu verrichten, bis ans Jahres Ende stehen blieb.

Traurig war die Lage der Evangelischen, verlohren war die Ueberlegenheit der Schwedischen Truppen im Felde, verschwunden das Ansehn des Heilbrunner Bundes, erschüttert das ganze System des Schwedischen Reichskanzlers, und groß der Mangel an Geld und Mannschaft.

Die schlimmste Folge dieses unglücklichen Treffens aber war noch, daß der Churfürst von Sachsen, der bereits seit dem May des 1634sten Jahres zu Leutmeritz geheime Friedensunterhandlungen mit dem Kaiser gepflogen hatte, sich nunmehro von Schweden gänzlich losriß, den 22 November die Friedenspräliminarien unterschrieb, und den 20 oder 30 May 1635 den würklichen Frieden, welcher drey und dreißig Artikel ausmachte, aber für die deutsche Freiheit, das Glück der Protestanten sehr wenig, und für Schweden, dessen König mit Aufopferung seines Lebens Sachsen durch die Schlacht bey Lützen gerettet hatte, gar nichts enthielt, zu Prag abschloß.

Die Hauptpunkte desselben waren:

1) Daß es in Ansehung der mittelbaren Stifter und Klöster, welche vor dem Passauer Vertrage von den Augsburgischen Confessionsverwandten eingezogen worden, bey dem Religionsfrieden verbleiben sollte,

2) Die unmittelbaren Stifter und geistlichen Güter aber, die vor dem Passauer Vertrage, und alle mittelbare und unmittelbare, die nach dem gedachten Vertrage in Protestantische Hände gekommen, den Augsburgischen Confessionsverwandten, so viel sie davon im Jahr 1625 innen gehabt, noch auf vierzig Jahre, von der Zeit des Friedensschlusses an gerechnet, ohne Reichstagsstimme gelassen, unterdessen aber vor Ausgang der vierzigjährigen Zeit von beiderley Religion friedliebende Stände in gleicher Anzahl niedergesetzt, und die Streitigkeiten wegen geistlicher Güter durch gütliche Wege erörtert, ietzt aber die eine oder

die andere Religion, wo sie im Jahr 1627 den 2 oder 12 November gewesen, wieder zu üben verstattet werden solle.

3) Das Erzstift Magdeburg sollte dem Chursächsischen Prinz August, und Halberstadt dem Erzherzog Leopold Wilhelm verbleiben; von dem Magdeburgischen Gebiet aber

4) Die vier Aemter Querfurt, Jüterbock, Dama und Burk getrennt, und Chursachsen erblich überlassen werden.

5) Dem Kaiser wird es frey gestellt, ob er in Böhmen und den Oesterreichischen Erblanden den Protestanten die Ausübung ihres Gottesdienstes gestatten will oder nicht.

6) Das Reichskammergericht soll künftig mit beiderley Religionsverwandten in gleicher Zahl besetzt werden.

7) Alle Eroberungen, welche von der Zeit an, als der König von Schweden den deutschen Reichsboden betreten, gemacht worden, werden zurück gegeben, und den auswärtigen Mächten alles, was sie sich zugeeignet, mit bewafneter Hand wieder entrissen.

8) Der Kaiser sichert sowohl Chursachsen als allen übrigen Evangelischen Ständen,

welche zeithero im Kriege gegen ihn befangen gewesen, wenn sie sich samt oder sonders zu diesem Friedensschlusse und zu dessen Handhabung bequemen werden, eine allgemeine Amnestie vom Jahr 1630 an, zu; iedoch sollen davon ausgenommen seyn die so an den Böhmischen Unruhen Theil genommen haben, und dieienigen Stände, welche unter Oxenstierna's Direction den Rath der Oberdeutschen Kreise ausmachten, und zwar diese letztern deshalb, um ihnen den Frieden desto theurer zu verkaufen.

9) Der Kaiser verspricht zur Vollziehung dieser verglichenen Punkte eine Armee zu errichten, welche aus der Kriegsmannschaft aller paciscirenden Theile bestehen, in eine einzige Reichsmacht vereinigt vom Reiche unterhalten, und vom Churfürst von Sachsen commandirt werden sollte.

10) Sollte diese Friedensunterhandlung, weil solche außer einem Reichs- oder Deputationstage geschehen, dem Reiche und dessen Gliedern auf keine Art zum Nachtheil gereichen *).

Die

*) Londorp. Act. publ. Th. 4. S. 438. u. f. Du Mont. T. VI. P. I. p. 89. sqq. Müller S. 351.

Die wichtige Forderung der Pfälzischen Erben blieb, wie viel auch den Protestanten daran gelegen war, diese Churstimme nicht zu verlieren, gänzlich unberührt. —

Es konnte nicht fehlen, daß die Urtheile über diesen Frieden sehr verschieden ausfielen *). Die Protestanten beklagten sich über den zweiten Punkt, nach welchem die eingezogenen geistlichen Güther nach vierzig Jahren an die Katholischen wieder abgetreten werden sollten, und viele Stände beschwerten sich, daß Chursachsen mehr gethan habe, als es zu thun befugt gewesen, und gleichsam im Namen aller Protestanten, ohne sie zu befragen, Friede geschlossen habe.

Am meisten aber misfiel dieser Friede den Schweden. Ihrer war mit keiner Sylbe in demselben gedacht, als nur zu ihrem Nachtheil. Nach

*) Es erschienen in Ansehung dieses Friedens sehr viele satyrische Schriften, in welchen besonders der Churfürst sehr beißend angegriffen, und ein Verräther der Religion, und ein Mitverschworner des Kaisers genennt wurde. Iusti Asterii (Tilemanni stellae) deploratio pacis Germanicae, s. Diss. de pace Pragensi, tam infauste quam iniuste inita. Paris 1638. fol. Vindiciae secundum libertatem Germaniae contra pacificationem Pragensem; d. i. Rettung der alten deutschen Freyheit ꝛc. Stralsund 1635. 4.

Nach Deutschland gerufen waren sie Retter der protestantischen Religion und deutschen Freiheit worden, tausende, und mitten unter ihnen der große Gustav, hatten für Deutschlands Wohl geblutet, dennoch aber sollte ihnen für dieses alles keine Genugthuung, kein Ersatz für ihre aufgewendeten Kosten zu Theil werden. —

Oxenstiern sah sich eines großen Theils seiner Bundesgenossen beraubt, dennoch aber ließ sein großer Geist den Muth nicht sinken, sondern bestimmte ihn sogar auch die ihn betroffenen Widerwärtigkeiten zu seinem Vortheil zu kehren. —

Sein erster Blick war auf Frankreich gerichtet, und dieses damalige Königreich, geleitet durch das Staatsinteresse, welches gebot die Schwedische Macht in Deutschland nicht gänzlich sinken zu lassen, eilte ihm mit offenen Armen entgegen. Der staatskluge zu iener Zeit alles vermögende Cardinal Richelieu hatte längst auf diesen Zeitpunkt gehoft, und ließ sich auch iezt seinen Beistand theuer bezahlen, die Reichsfestung Philippsburg mußte ihm sogleich eingeräumt, und noch überdies von den Oberdeutschen Protestanten die Versicherung gethan

gethan werden, die Elsaß, die erst noch zu erobernde Festung Breysach und alle Pläze am Oberrhein, welche der Schlüssel von Deutschland waren, unter Französischen Schutz zu geben.

Für diese wichtigen Abtretungen machte Frankreich sich verbindlich, die Spanier zu bekriegen, und diesseits des Rheins eine Armee von zwölf tausend Mann zu unterhalten, welche, vereinigt mit den Schweden gegen Oesterreich agiren sollte.

Unter der Anführung des Kardinals von la Valette erschien eine Armee in Deutschland, welche in Vereinigung mit Herzog Bernhard würklich gegen den Kaiser ins Feld zog.

Bernhard hatte seine Truppen wieder bis auf sechzehn tausend Mann verstärkt, sie frisch mundirt, und passirte mit ihnen am Neujahrstag des 1635sten Jahres Frankfurt am Mayn, setzte ganzer drey Tage die Infanterie bey den Windmühlen über den Rhein, und führte die Artillerie, Bagage und eilf tausend Stückpferde durch die Stadt. Nicht weit von Frank...t stieß der Rheingraf Otto Ludwig mit drey tausend Musketirern, wie nicht weniger

zwey

zwey tausend Schotten, zwey tausend Niederländer unter dem Commando des Obersten Placquart, und vier tausend Franzosen zu ihm. Den übrigen Theil der Französischen Truppen, welchen der Marschall von la Force commandirte, ließ man theils ienseits des Rheins, theils auch zwischen dem Rhein und Necker bey Heidelberg, und theils an der Bergstraße herunter zur Deckung zurück.

Bernhard erschien mit diesem zehn tausend sechs hundert Mann starken Heer bey Gelnhausen, und lagerte hier, genöthiget durch die eingetretene übele Witterung, seine Truppen, er selbst aber hielt sich einige Zeit zu Hanau auf. Die Kaiserlichen zogen sich unter Graf Philipp von Mansfeld bey Aschaffenburg zusammen, verschanzten sich daselbst, und standen eine geraume Zeit der vereinigten Schwedischen Armee gegenüber, ohne etwas entscheidendes zu unternehmen.

Die Weimarischen Truppen vertrieben die Kaiserlichen aus dem Schlosse Wächtersbach, tödteten viele von der Besatzung, machten mehrere Officiers gefangen, und eroberten die Bagage eines ganzen Regiments *).

Unauf-

*) Theatr. Europ. T. III. S. 402.

Unaufhaltbar waren übrigens die Vortheile, welche die Kaiserlichen in Franken und andern Ländern gewannen. Das Schloß Würzburg wurde belagert, und mußte der Commendant von Thurn, ein tapferer Mann, wegen allzu großen Holzmangels und häufigen Sterbens der Mannschaft, mit Accord sich ergeben. Die Besatzung zog mit allen Ehrenzeichen aus, und erhielt nebst der sämtlichen Dienerschaft des Herzogs Bernhard und Ernst die Erlaubniß, alle Effecten mit sich zu nehmen, — ja selbst die diesen beiden Fürsten eigenthümlich zuständigen Sachen wurden verabfolgt. Bernhards ganzes Fränkisches Herzogthum eroberte der Kaiser wieder. —

Auch Philippsburg wurde am 14ten oder 24sten Januar von dem Obersten Caspar Bamberg überrumpelt; Speyer ergab sich gutwillig, Augsburg ging aus Mangel an Lebensmitteln über, und in Schwaben, besonders in dem Würtembergischen spielte Gallas den Meister.

Unter diesen Umständen ladet Oxenstiern die Stände der vier obern Kreise, des Fränkischen, Schwäbischen, Ober- und Niederrheinischen, zu einem Conventstage nach Worms

ein,

ein, um allda gemeinschaftlich sich zu berathschlagen, wie man dem Kaiser und den von dem Schwedischen Bunde abtrünnig gewordenen Ständen sattsam begegnen könne.

Oxenstierna, der Churfürst von der Pfalz, [illegible] von Würtemberg, der Markgraf [illegible] und viele andere waren persön[illegible] das Hauptgeschäfte, dessen [illegible] Herzog, war, daß man dem [illegible] den Herzog Bernhard, das [illegible] über die sämtlichen Armeen übertrug (2 März 1635) *), und den bey dem Kriegs-

*) Oxenstierna und sämtliche obgedachte Fürsten und Stände unterschrieben die Urkunde, worinnen dem großen Bernhard die höchste Gewalt übertragen wurde. Der Anfang derselben ist folgender: „Nachdem der Durchlauchtige Hochgeborne Fürst und Herr, „Herr Bernhard, Herzogk zu Sachsen, Gülich, Cleve „und Berg — — sowohl bey Lebzeiten Dero Königl. „Majest. in Schweden glorwürdigsten Andenckens, „als auch hernacher und bis anhero bey allen vorfallenden Rencontren, die Waffen zu Rettung der deutschen Libertät und Prophan-Sachen, mit Fürstl. „Heroischen Gemüthe also geführt, daß nicht allein „Höchstged. Ihro Königl. Maj. ob Dero löblichen „Actionen, ein besonder wohlgefälliges Belieben getragen, sondern auch die gesampte der vier obern „Creiße conföderirte Churfürsten und Stände, zu „Hochged.

Kriegsheere eingerissenen Geldmangel abzuhelfen suchte.

Unterstützt durch die von denen evangelischen Ständen verabreichten Geldsummen, wurde Herzog Bernhard in den Stand gesetzt, dem bey seinen Truppen herrschenden Geldmangel abzuhelfen, und solche zu neuen Unternehmungen zu ermuntern.

Speyer

„Hochged. Ihr Fürstl. Gnad. ein sehr hohes Vertrawen gesetzt, als haben sie dannenhero nicht umbgehen können, Ihro Fürstl. Gn. das Ober-Generalat Dero Armee zu deferiren, thun auch solches hiemit und in Crafft dieses, also und dergestalt daß zuvorderst die Disposition in militarischen Sachen theilst absolute J. F. G. als Ober-Generale, verbleibt, theils aber nach Eigenschaft und Bewandniß der Sachen, da es entweder eine grosse Last oder Consequenz am Haupt-Staat mit sich ziehet, mit dem Directorio communiciret werden muß, als zum Exempel eine Haupt-Belägerung, oder eine Expedition, welche da sie mißlinge, einen total Ruin, mächtigen Schaden dem gemeinen Wesen mit sich bringe — — ꝛc.“ M. sehe Cyprian. Adversaria historica quibus Bernhardi Magni vita illustratur — p. 3. Pufendorf. L. VII. §. 8. p. 181. Müller S. 35. Memoires historiques concernant M. le General d'Erlach T. I. S. 28.

Speyer den Oesterreichern zu entreißen war das erstere, was sich unser Bernhard angelegen seyn ließ. Mit einem ansehnlichen Theil Französischer Mannschaft, und zwey tausend Mann deutscher Kavallerie, und eben so viel Infanterie, unternahm er dessen Belagerung. Frühzeitig war die Schiffbrücke zerstört, die Rheinschanzen erobert, dadurch der Stadt der Succurs abgeschnitten, und fünf Pressen und drey Minen errichtet.

Die aus zwey tausend Mann bestehende Besatzung, sah bald, daß es ohnmöglich sey, eine lange Belagerung aushalten zu können, und verlangte mit Herzog Bernhard und einigen Französischen Generalen zu capituliren; iede Capitulation aber wurde verweigert, und begehrt, daß sich die ganze Besatzung auf Gnade und Ungnade ergeben, und bey den Schwedischen Truppen sich unterstellen, oder gewärtigen sollte, daß die Stadt mit Sturm erobert werde.

Von Noth gedrungen, und weil das Beschießen vom neuen seinen Anfang nahm, auch die Mauern durch die zehntägige Belagerung, binnen welcher tausend drey hundert fünf und dreißig Kanonenschüsse geschehen waren, den

heftig-

heftigsten Schaden gelitten hatten, ergaben sich endlich die Belagerten den 11ten März.

Aus Schonung gegen das zu iener Zeit sich allda befindende Reichs-Kammergericht, wurden nicht die geringsten Gewaltthätigkeiten ausgeübt, und auch die Plünderung gegen Erlegung einer Summe von hundert und sechzehn tausend Reichsthalern unterlassen.

Bernhard besetzte Speyer mit einer hinlänglichen Mannschaft, und wendete sich gegen Frankfurt am Mayn, um Maynz, welches die Kaiserlichen zu belagern angefangen hatten, zu entsetzen (im May). Er vereinigte sich mit der Armee des Grafen von Valette, und war auch würklich so glücklich, die eine geraume Zeit blocquirt gewesene Stadt wieder in seine Gewalt zu bekommen.

Allein von wenig Dauer war dieser erlangte Entsatz, denn nach kurzer Zeit erschienen die Oesterreicher, nach der Einnahme von Frankfurt, schon wieder davor, und Bernhard war genöthiget einen zweiten Entsatz zu unternehmen. Zu Ende des Monaths Julius näherte er sich samt dem Obersten Rosa der Stadt. Den 3ten oder 13ten unterwarf er sich Bingen, ließ alsobald die Schiffbrücke herstellen, und entsetzte nicht nur würklich Maynz, sondern versah es mit neuem Proviant *), auch Rüsselsheim unterwarf er sich, und befreite nach mehrern Gefechten die ganze Gegend von den Feinden, ging über den Mayn und verschanzte sich bey Hochheim.

Noch weit glücklichere und vortheilhaftere Fortschritte würde Herzog Bernhard gemacht haben, wenn ihm nicht der eben zu dieser Zeit bekannt gemachte Friede Hindernisse in den Weg gestellt, und ihn genöthiget hätte, sich mehr nach den Französischen Grenzen zurück zu ziehen.

Viele

*) Von Maynz aus berichtet der Herzog seinem ehemaligen Lehrer Hortleder, daß man ihm zu Worms das Obergeneralat übertragen habe, und ist der Inhalt des Schreibens ein Beweis, daß durch das unglückliche Nördlinger Treffen Bernhards Muth nicht niedergeschlagen worden ist. Tenzel in dem Ernestinischen Medaillen-Cabinet S. 543. 544. gedenket dieses Schreibens; das Original von des Herzogs eigener Hand geschrieben, wird unter den Hortlederischen Handschriften in der Eisenachischen Regierungsbibliothek, aufbehalten, und habe ich solches von einer genauen Abschrift desselben in der Beilage sub No. III. abdrucken lassen.

Viele mit Krieg führende Mächte waren nemlich nicht mehr im Stande das Elend des Kriegs zu ertragen, sie sahen den traurigen Zustand ihrer Unterthanen. Die Felder lagen ungebaut, eine reichliche Seegensvolle Aerndte wurde oft von einem einzigen Durchmarsch verheert, Dörfer lagen in grauenvoller Zerstörung, und die Städte seufzten unter der zügellosen, brutalen und räuberischen Behandlung des Soldaten.

Dies alles bewog mehrere und besonders den Herzog Wilhelm von Sachsen-Weimar, nebst seinen Brüdern Albrecht und Ernst a), die Herzoge August und Georg von Braunschweig-Lüneburg, die Herzoge von Mecklenburg, den Erzbischoff von Bremen, den Churfürst von Brandenburg, den Herzog von Pommern, die Städte Lübeck, Hamburg, Erfurt, Frankfurt am Mayn und andere, diesem Frieden beizutreten.

Die Herzoge von Sachsen-Weimar ließen wegen der von ihnen geschehenen Annahme dieses Friedensschlusses ein Notariatsinstrument errichten, und erklärten mittelst solchen gegen den Kaiser und Churfürst von Sachsen:

 daß

a) Pufendorf. L. VII. §. 71.–80. p. 206. ff.

daß sie sowohl für sich als ihre Lande und Leute gedachtem Frieden in allen Punkten beiträten b). Auch die Landesstände benachrichtete der Herzog mittelst eines gedruckten Mandats hiervon, und machte ihnen zugleich bekannt, daß er sowohl als seine beiden übrigen Brüder die zeithero auf den Beinen gehabte, und auf dem Eisfeld gelegene und in fünf Regimentern bestehende Mannschaft aus den Landen abführen, und solche an Chursachsen übergeben werde, (den 18 Aug.) c).

Herzog

b) „Müller S. 352. 5 Jul. 1635. haben Wilhelm „Albrecht und Ernst, Gebrüdere, Hertzoge zu Sach„sen Weimarischer Linie, durch eine offene Schrifft „gegen den Kayser, und Chursachsen sich erkläret, daß „sie den Pragischen Friedens-Schluß durchaus vor „ihre Personen, auch Lande und Leute acceptiret und „angenommen." Den 6ten Jul. haben itzt genandte 3 Fürstl. Gebrüdere wegen des angenommenen Pragischen Friedens coram Notariis et Testibus, nahmentlich: Basilius Wallichen, Botenmeister, und Michael Wonnen, Canzellisten, beeden Notariis, und Christoff Hilgunden, Cammer-, Dietrich Klemmen, Gerichts-Secretarien, und Jacob Schmieden, Canzellisten, als Zeugen, uff beschehene Requisition, durch Dero Räthe ein Instrumentum uffrichten lassen.

c) Müller a. angef. O. 18 Aug. gab Hertzog Wilhelm zu Sachsen-Weimar denen gesamten Land-Ständen

Herzog Bernhard, welchen nur der Krieg groß und bedeutend machte, verwarf den Prager Frieden mit Abscheu und hielt es für schimpflich den Entwürfen seines großen Geistes Schranken zu setzen. Seine Seele arbeitete an größern Planen, er wollte seinem deutschen Vaterlande einen rühmlichern Frieden als der ietzt geschlossene war verschaffen. —

Dieses sein erhabenes Vorhaben ins Werk zu stellen, mußte er sich auf große Thaten bereiten. Als General unter den Schwedischen Truppen konnte er dieses nicht, weil ihn diese Krone bey der Unterhaltung der Armee zu wenig unterstützte, und ihm das gebieterische Betragen des stolzen Reichskanzlers unerträgliche Fesseln anlegte. Bernhard brauchte Geld für seine Truppen, und nur von Frankreich, welches sich noch nicht durch den Krieg erschöpft hatte, konnte er dieses erwarten. Richelieu ließ sich gar bald bereitwillig finden, mit diesem

den durch ein in Druck ergangenes Mandat zu vernehmen, daß er vor sich und Dero freundlich geliebte Brüdere Hertzog Albrechten und Ernsten, den zwischen dem Kayser und Chursachsen getroffenen und zu Prage vollzogenen Frieden-Schluß acceptirt und angenommen, auch zu solchem Ende die bis dahin auff den Beinen gehabte Soldatesca aus denen Landen abführen lassen. Theatr. Europ. Th. 3. S. 526.

Fürsten in eine Unterhandlung zu treten, weil er dadurch Gelegenheit bekam einen seiner zeitherigen vorzüglichsten Wünsche, die Führung des deutsches Kriegs sich selbst in die Hände zu spielen, zu erreichen.

Durch seinen Geheimenrath Tobias von Poniskau oder Poniska d), ließ der Weimarische Herzog den Vergleich zu St. Germain en Laye den 27sten October 1635 in seinem Namen abschließen. Frankreich machte sich durch denselben anheischig, dem Herzog Unterhaltung einer eigenen Armee von sechs tausend Mann Kavallerie, und zwölf tausend Mann Infanterie, die er unter Königlichen Befehlen kommandiren sollte, vier Millionen Livres zu verabreichen, und verband sich noch überdies in einem gehimen Artikel, dem großen Bernhard die erst noch zu erobernde Landgrafschaft Elsaß samt dem Amte Hagenau mit der völligen Souverainität zu überlassen,

d) Dieser von Poniskau oder Poniska, war von einer alten Familie aus der Lausitz entsprossen, und würklicher Geheimerrath des Herzogs, und die Krone Frankreich sicherte ihm eine Pension von achtzehn tausend Livres zu. Er starb aber schon 1637 zu Basel, und sein Verlust war für den Herzog Bernhard beinahe unersetzlich. Memoires historiques concern. M. le General d'Erlach, T. I. S. 29 u. 30.

lassen, und auf seine ganze Lebenszeit ihm Pension von anderthalb Millionen Livres zu verabreichen e).

Bernhard willigte in diesen Vertrag, behielt sich iedoch aber vor, solchem in Ansehung seiner Person mehr Einschränkung geben zu dürfen, und eröfnete seine Operationen am Rhein, wo die Oesterreichische Armee unter Anführung des Generals Gallas, den Cardinal von la Valette bis Metz zurückgescheucht, und die von den Schweden besetzt gewesenen Städte Maynz und Frankenthal erobert hatte.

Gallas war willens seine Winterquartiere auf Französischem Boden zu halten; allein Bernhard setzte ihm Widerstand entgegen, lieferte mehrere Treffen, und zwang ihn seine Truppen in das ausgesogene Schwaben und Elsaß zurück zu führen, er selbst aber verlegte mit dem Anfang des 1636sten Jahres, seine Heere um Toul und Pontamouson f).

e) Memoires de M. d'Erlach, am angef. O. Müller S. 352. Memoires du Card. de Richelieu, T. I. p. 550. Der Tractat selbst ist zu finden in Lünigs R. Arch. Part. sp. Cont. II. Abth. IV. Abs. II. S. 430.

f) Theatr. Europ. Th. 3. S. 624.

Um diese Zeit, wo der Feldzug aufs neue eröfnet werden sollte, beschloß Herzog Bernhard, seinen Vorsatz, eine persönliche Reise nach Paris zu unternehmen, zur Ausführung zu bringen. Richelieu voraussehend, daß Bernhard für seine wichtigen Dienste mehr Vortheile zugestehen verlangen werde, suchte sein Erscheinen soviel als möglich zu verhindern. Mehrere Briefe wurden auf Veranlassung des Ministers an den Cardinal von la Valette geschrieben, und diesem aufgetragen dem Herzog vorstellig zu machen, wie es besser sey über die noch zu erörternden Punkte in der Entfernung, als in der Nähe, zu unterhandeln g). Nichts machte aber Bernhard seinen einmal gefaßten Vorsatz veränderud, und den 11ten oder 21sten März 1636 traf er zu Paris ein.

Man wies ihm samt seinem bey sich habenden Gefolge das Arsenal oder Zeughauß zur Wohnung an h), und zeichnete ihn sehr aus i). Der

g) Memoires historiques concern. M. le General d'Erlach, T. I. p. 29. 30.

h) Theatr. Europ. am angef. O. S. 624.

i) Das Theatr. Europ. sagt uns, daß des Herzogs Tractament täglich auf zwey tausend Gülden gekostet habe.

Der Cardinal von Richelieu und mehrere Große besuchten ihn zu verschiedenenmalen, und Ersterer beschenkte ihn sogar mit sechs der auserlesensten Pferde.

Die Aufführung nach Hofe geschah wenige Tage nach seiner Ankunft in Königlicher Equipage; Ludwig der dreyzehnde empfing ihn mit dem ganzen Ansehn seiner Königlichen Würde. — Während der Audienz bedeckte sich der König, und Herzog Bernhard, der als regierender deutscher Fürst die nemlichen Vorzüge verlangte, welche man kurz vorher dem zu Paris anwesenden Herzog von Parma, und vier und zwanzig Jahre vorher seinem ältern Bruder, Herzog Johann Ernst dem Jüngern, zugestanden hatte, setzte in dem Augenblick, als sich der König bedeckte, auch seinen Huth auf. Der ganze Hof gerieth hierüber in Erstaunen, — überall hörte man die Worte: Er bedeckt sich, er bedeckt sich, und der König selbst kam darüber so außer Fassung, daß er geschwind seinen Huth wieder abzog, und mit den Worten: Vetter, wir werden weitere Gelegenheit haben mit einander zu sprechen, eilig in sein Cabinet zurückging. Der heldenmüthige Bernhard fühlte sich hart durch dieses Benehmen beleidigt,

digt, und verließ, obgleich Richelieu bemüht war, ihn zu besänftigen, gegen das Ende des Monaths April unzufrieden Paris k).

Besonders bleibt es immer, daß man Bernhard, welcher eben so gut regierender Herzog von Sachsen war, als sein Bruder Johann Ernst, sowohl diesem, als dem Herzog von Parma nachsetzte, und konnte vermuthlich der ganze Grund einer solchen merklichen Abweichung im Ceremoniel kein anderer seyn, als daß man den Herzog Bernhard, wegen der von der Krone ziehenden Subsidien, als einen vom König abhangenden Fürsten betrachten wollte, da hingegen Johann Ernst, als deutscher Reichsfürst die ihm gebührenden Ehrenbezeugungen unweigerlich erhielt l).

---

k) Memoires historiques concern. M. le General d'Erlach, T. I. p. 31.

l) Das Theatrum Europäum gedenkt dieses Vorfalls nicht, sondern sagt vielmehr S. 640. daß der Herzog zu mehrernmalen zu St. Germain Audienz bey dem König gehabt habe.

Neunter Abschnitt.

Bernhards Vortheile aus seiner Anwesenheit zu Paris. Er rückt ins Elsaß, und zieht mit von la Valette gegen Elsaß-Zabern. Schlacht und Belagerung desselben. Bernhard wird dabey an dem Zeigefinger der linken Hand verwundet. Sturm auf Elsaß-Zabern. Gallas eilt zu Hülfe. Elsaß-Zabern geht an Bernhard über. Herzog Bernhards Gefahr bey dieser Belagerung. Er unterwirft sich mehrere Orte in Lothringen. Er reist abermals nach Paris. Sein Aufenthalt daselbst. Frankreich sichert ihm viele Vortheile zu. Er fällt in die Grafschaft Burgund ein. Verschiedene Treffen. Er schlägt die Kaiserlichen Truppen, und unterwirft sich mehrere Orte und Schlösser. Er passirt den Rhein. Siegt abermals, und erobert mehrere Städte. Die Kaiserlichen machen eine Diversion gegen Bernhard. Er verlangt von Frankreich Verstärkung. Solche erfolgt nicht. Bernhard ist genöthiget über den Rhein zurück zu gehen. Er will sich von Frankreich trennen. Er geht abermals über den Rhein und erobert verschiedene Städte. Er belagert Rheinfelden. Feindlicher Seits sucht man dies zu verhindern. Schlacht bey dem Dorfe Bücken. Der Sieg bleibt unentschieden, und die Belagerung von Rheinfelden wird aufgehoben. Herzog Bernhard verstärkt sich und bricht mit Toupadel nochmals gegen Rheinfelden auf. Treffen. Bernhard bekommt alle Kaiserliche Generale gefangen, und erobert viele Fahnen, Standarten, Geschütz &c. Rheinfelden geht über. Bernhard schickt die gefangenen Generale samt den eroberten Fahnen und Standarten nach Paris. Solenner Aufzug damit. Er geht auf Breisach los. Verhindert die Proviantirung dieser Festung, und schließt solche enger ein. Treffen. Bernhard siegt. Dankt Gott dafür. Er belagert Breysach förmlich. Abermalige Schlacht. Die feindlichen Truppen werden gänzlich geschlagen. Große Hungersnoth zu Breysach. Es geht durch Capitulation über. Bernhard verweiset dem Commendanten bey dem traurigen Anblick der ausgehungerten Menschen sein hartes Benehmen.

Der erste Vortheil, welchen Herzog Bernhard aus seinem Erscheinen zu Paris zog, war, daß nachher eine Zeit lang die versprochenen Subsidiengelder etwas richtiger, als zuvor bezahlt wurden, und er dadurch seine durch

Krank=

Krankheiten geschwächte Armee wieder in einen bessern Zustand versetzen konnte.

Sobald dieses geschehen war, rückte er nebst dem General von la Valette ins Elsaß, um die blocquirten und belagerten Oerter zu retten, und die von den Kaiserlichen eingenommenen Posten wiederum in seine Gewalt zu bringen. Die Festungen Benfelden, Schlettstadt und mehrere Orte wurden mit Proviant versehen, und der Commendant zu Benfelden, Oberster Quernheim, mit etlichen Regimentern abgeschickt die Stadt Oberehenheim zu belagern; Bernhard aber ließ sein erstes Unternehmen dahin gerichtet seyn, den Feind immer mehr von den Französischen Grenzen zu entfernen.

Zu diesem Ende unternahm er es in Vereinigung mit dem Cardinal von la Valette zu Ausgang des Monaths May, sich gegen Elsaß-Zabern zu wenden.

Sie theilten beide ihre Völker und nahmen ihren Weg so, daß sie auf einem Punkt wieder zusammen stießen.

Herzog Bernhard ging mit tausend Mann Infanterie und fünf hundert Mann Kavallerie

über

über Pfalzburg, und erstieg ehe man sich's versah, noch vor dem anbrechenden Morgen des zweiten Junii die Schanze oberhalb Zabern, ohne einen einzigen Mann dabey zu verliehren. Feindlicher Seits wurden viele niedergehauen, unmöglich aber war es dem Herzog, da seine Mannschaft zu schwach und die Artillerie noch zu entfernt war, der Stadt selbst beizukommen, sondern er mußte vielmehr dieses Unternehmen so lange versparen, bis der Cardinal von la Valette ankommen würde. Dieser war zu Ende des Monaths May 1636. mit vier Regimentern von Bernhards Volk von Toul und Verdün aufgebrochen, hatte unterwegs mehrere Scharmützel geliefert, Hagenau entsetzt, solches vom neuen mit Proviant versehen, und stieß den 8ten Junius zu Bernhard.

Man säumte sich nicht, der Stadt sogleich mit donnerndem Geschütz zu zusetzen, und schon den neunten desselben Monaths war an der einen Seite desselben eine Bresche geschossen, der Sturm nahm seinen Anfang, beide Partheien fochten mit namenloser Tapferkeit. Herzog Bernhard war in dem dicksten Schlachtgewühl, und hatte mit seinen tapfern Truppen, und in Vereinigung mit denen von

la

la Valette würklich schon einen Theil der Stadt inne, als unvrrhoft der Feind sich von neuem ermannte, und mit einem entsetzlichen Feuer Widerstand leistete. In diesem heftigen Gefecht, welches bis tief in die Nacht, wo kein Mann den andern mehr zu erkennen vermochte, dauerte, wurde der tapfere Bernhard durch einen Musketenschuß an dem Zeigefinger der linken Hand verwundet, welchen er nachmals abzulösen genöthiget war a), und mußte sich samt la Valette zurückziehen.

Kaiserlicher Seits wendete man alles an, um den Feind nur noch einige Zeit von einem anderweiten Sturm abzuhalten, weil in der Festung die zuverläßige Nachricht eingetroffen war, daß General Gallas die Stadt zu entsetzen begriffen sey.

Nichts

a) Müller S. 353. Sächsische Merkwürdigkeiten, S. 578. Cypriani adversar. histor. No. III. Tentzel in Ernestinischen Medaillen-Cabinet S. 545. sagt, aber irrig, es sey der rechte gewesen. Dieser Finger wurde anfänglich zu Weimar in der Fürstlichen Kunstkammer aufbewahrt, kam aber, als solche mit dem zu Jena befindlichen Naturalienkabinet vereiniget wurde, mit nach Jena, wo er noch vorgezeigt wird.

Nichts destoweniger aber wurde der Sturm den Tag darauf erneuert, und die Belagerten genöthigt, die äußere Stadt zu verlassen.

Jetzt war die Festung in der äußersten Noth, und Gallas mittelst forcirter Märsche in Anzug, um solche zu entsetzen. Bernhard sowohl als der Cardinal von la Valette wollten es aber dazu nicht kommen lassen, sondern brachen mit beiden Armeen auf, um dem Feind eine Schlacht zu liefern; der Oberste Rose ging voraus, und war so glücklich zwey Regimenter Croaten auseinander zu sprengen, viele davon zu erlegen und gefangen zu nehmen, dem General Gallas aber konnte man wegen seines allzusehr verschanzten Lagers bey Drusenheim, nicht beikommen, sondern mußte gegen die belagerte Stadt zurückziehn. Den 28 Jun. oder 4 Jul. gelang es den vereinigten französischen und deutschen Truppen, den Belagerten das Wasser abzugraben, und nachdem der Comte de Rhein mit zwey tausend Mann Infanterie, und sechs tausend Mann Cavallerie im Lager eingetroffen war, wurde den folgenden Tag ein abermaliger Sturm auf die Mittelstadt gewagt; das Unternehmen war tapfer, aber schrecklich. Mehrere hundert Krieger verhauchten ihr Leben, und der Commendant,

mendant, ein Herr von Mühlheim, gerührt durch das allgemeine Jammern der Einwohner, schickte endlich zwey Officiere in das Lager des Herzogs Bernhard, um wegen der Uebergabe der Stadt zu capituliren. Die Hauptpunkte waren: daß der Commendant noch an demselben Tage das Schloß Hohenbar räumen, die Besatzung samt Bagage einen freien ehrenvollen Abzug erhalten, und die beiderseitigen Gefangenen auf freien Fuß gestellt werden sollten.

Außerordehtlich war die Gefahr, welcher der heldenmüthige Bernhard bey dieser Belagerung ausgesetzt war.

Einst lag er in seinem Zelte auf dem Bette, als unverhoft eine zwölfpfündige Kanonenkugel zwey Schritte von dem Zelte zwey prächtige Pferde niederschmetterte, und bald darauf eine zweite von dem nemlichen Calibre in das Zelt selbst, unter des Herzogs Bette weg, und in den eben da stehenden Geldkasten drang.

Nachdem Elsaß-Zabern der Kaiserliche General Gallas verlohren sah, wendete er sich auf Breysach, und versuchte von neuem den

Krieg in das Innere Frankreichs zu spielen, fiel auch würklich in die Grafschaft Burgund ein. Aber Herzog Bernhard und Cardinal von la Valette säumten nicht, augenblicklich den tapfersten Widerstand entgegen zu setzen. Ersterer wendete sich besonders nach Lothringen, und unterwarf sich mehrere Orte. Die Stadt Blamont bekam er zuerst mit Sturm, nachdem sie iede gütliche Aufforderung ausgeschlagen hatte, in seine Gewalt. Es wurde geplündert, und der Commendant, ein tückischer Officier, retirirte sich vor Ueberwältigung der Stadt mit seiner Mannschaft auf das allda befindliche feste Schloß. Von hieraus glaubte er den Weimarischen Truppen seine List fühlbar machen zu können — und ließ während der Plünderung mehrere unter der Stadt befindliche mit Pulver angefüllte Minen springen, so daß der größte Theil derselben bis auf ohngefehr sechs bis sieben Häußer sich in einen Stein- und Aschenhaufen verwandelte, und viele deutsche Truppen dabey ihr Leben verlohren.

Theuer aber mußte er Bernhard diesen Frevel bezahlen. Schrecklich ließ er das Schloß beschießen, und bald nöthigte er den teufelischgesinnten Commendanten eine Capitulation

anzu-

anzutragen, ieder Punkt derselben wurde ihm aber verweigert, und auf Gnade und Ungnade mußte er sich mit seiner ganzen Mannschaft ergeben. Sein Lohn war, daß Herzog Bernhard ihn augenblicklich aufknüpfen ließ. Auch der Bürgermeister und Schultheiß der Stadt hatten sich mit auf dieses Schloß retirirt und wurden entdeckt, beide erwarteten nichts mehr, als mit dem Commendanten ein Schicksal erfahren zu müssen, erhielten aber auf demüthiges Bitten Gnade.

Romberville erfuhr ein gleiches Schicksal mit Blamont, und in Burgund stieß das sich vereinigte deutsche französische Heer bald auf kaiserliche Truppen. Viele Gefechte fielen vor, Joinville und mehrere Orte wurden von Herzog Bernhard nach einem kurzen Widerstand erobert und überall dem eindringenden Feind sich entgegengesetzt, so daß solcher in der Mitte des Novembers, da die ganze Armee, welche sich auf ihrem Zuge nach Burgund auf dreißig tausend Mann stark befunden hatte, bis auf zehn tausend Mann durch Hunger, Sterben und Kälte aufgerieben worden war, wieder zurück gehen mußte.

Aber auch Bernhards Truppen litten Mangel — die von Frankreich versprochenen

Gelder blieben von neuem aus, — seine meiste Mannschaft hatte es gegen Italien gewendet, und den Herzog selbst von dem Cardinal Valette, der seinen Priesterrock besser zu tragen als seinen Commandostab zu führen wußte, zu abhängig gemacht.

Der nach großen Thaten dürstende Bernhard konnte nicht handeln, sondern mußte seine Truppen vor Hunger ausreißen sehen. Dies war ihm unerträglich — er wollte eine eigne Armee haben, solche unumschränkt commandiren, oder sich ganz von Frankreich lossagen.

Dieses alles dem französischen Hofe zu erkennen zu geben, reis'te er zu Anfang des 1637sten Jahres abermals nach Paris. —

Der ganze Hof und selbst der stolze Cardinal Richelieu huldigten ihm allgemeine Verehrung b); aber auch der große Bernhard wußte sich überall Achtung zu erwerben. Dem Vertrauten des Richelieu, dem Capuziner-Pater Joseph zeigte er, wie wenig ein deutscher Fürst von einem Mönch sich den Weg zu Eroberungen zeigen lasse.

Dieser

b) Theatr. Europ. T. III. S. 761.

Dieser schlaue Alte war gewohnt sich in alle politische Angelegenheiten zu mischen, und unternahm es sogar dereinst, dem Herzog Bernhard, als dieser sich eben bey Richelieu befand, in Gegenwart Ludwigs des dreyzehnden auf einer Landcharte mit dem Finger zu zeigen, auf welcher Seite und auf was für Art er eine gewisse Festung angreifen sollte. Herzog Bernhard sah ihn lange mit außerordentlicher Gelassenheit zu, und sagte endlich scherzend zu ihm: „Recht gut, mein Herr Pater, nur „Schade, ihr Finger ist keine Brücke.“ Richelieu selbst lächelte über die Thorheit des Capuziners c).

Man ertheilte dem Weimarischen Herzog von Seiten Frankreichs nicht nur volle Gewalt, den Krieg nach seinem Gutdünken zu führen, sondern gab ihm auch zugleich große Summen Geldes samt ansehnlichen Geschenken, worunter ein prächtiger mit den kostbarsten Steinen besetzter Degen sich vorzüglich auszeichnete, sicherte ihm auch in einem besondern Tractat für den bevorstehenden Feldzug eine Summe von dreyzehn hundert und funfzig tausend Livres zu (den 17 oder 27sten

c) Schillers Geschichte des dreißigjährigen Kriegs, 1r Theil, bey Erklärung des zehnden Kupfers.

April 1637) d), und wies seinen erschöpften Truppen solche Gegenden an, worin sie sich schnell wieder erholen konnten.

Jetzt schlug Bernhards Herz siegenden Unternehmungen entgegen, und voll frohen Muths eilte er zu seinen Truppen (im May).

Zu Langres hielt er Rendezvous über solche, und befand sie damals zwanzig tausend Mann stark, worunter acht tausend Mann Cavallerie sich befand. Er fiel dem Frankreich gethanen Versprechen gemäß vom neuen in die Grafschaft Burgund ein, willens von da aus den Rhein zu paßiren und den Krieg wiederum in diese Gegend zu spielen.

Nachdem er mehrere Burgundische Orte in seine Gewalt gebracht hatte, richtete er zu Anfang des Monaths Junii sein Augenmerk auf Grey.

Den Verlust dieses Orts, an dessen Erhaltung ungemein gelegen war, zu verhindern und den anziehenden Bernhard zurück zu lagen, brachen Spanische und Kaiserliche Truppen in verschiedenen Colonnen auf,

Bern-

d) Lünigs R. A. Part. spec. Cont. II. S. 432.

Bernhard floh nicht, sondern zog ihnen vielmehr die Hälfte des Wegs bis gegen Besançon e) entgegen, er stieß zuerst auf fünf Burgundische Regimenter, und einer der heftigsten Scharmützel entstand (den 24 Junius oder 4 Jul. 1637), in welchem aber Bernhard, obgleich mit einigem Verlust den Sieg davon trug, und die Burgunder, zu schwach der Weimarischen Armee Widerstand zu leisten, sich zurückziehen mußten.

Kaum hatte der Weimarische Held diesen Sieg errungen, als plötzlich wie ein Strom die Spanischen und Kaiserlichen Truppen, welche siebzehn Regimenter ausmachten, gegen ihn vordrangen. Er ließ augenblicklich sie mit dem heftigsten Kanonenfeuer begrüßen, richtete eine völlige Unordnung unter ihnen an, so daß nur fünf tausend Mann durch die Flucht mit Hinterlassung der sämtlichen Bagage und Geschützes davon kamen, fünfhundert aber auf dem Platze blieben, und einige

 hundert

e) Besancon an dem Flusse Doux, war vor dem Westphälischen Frieden eine freye Reichsstadt, kam nachher aber unter Französische Hoheit, und ist gegenwärtig die Hauptstadt der Franche-Comte, und eine wichtige Festung mit zwey Citatellen.

hundert gefangen wurden f). Zum Zeichen dieses schönen Siegs schickte Herzog Bernhard siebzehn eroberte Standarten an den König von Frankreich. —

Er verfolgte den Rest der ausgerissenen feindlichen Truppen bis Besançon; allein diese hatten sich bereits durch die Stadt und über den Fluß Doux retirirt. — Indeß aber hatte die Weimarische Armee auf diesem Marsch sich

f) Das Theatr. Europ. T. III. S. 800. erzählt den Verlust welchen die vereinigten Lothringischen, Spanischen und Kaiserlichen Truppen bey diesem Treffen erlitten, folgendergestalt: „Es seyn aber in obgedachten Treffen unter andern das Warlofffkisch-Mercysch-Gonzagisch-Langisch, vnd Nicolaische Regimenter, sehr ruiniret worden, also daß in 500 „Mann auff dem Platz geblieben, vnd etlich hundert, „darunter der Graff von Reux Obrister, 2 Obrist-„lieutenante, nemlich Carrey vnd Joseph, 1 Major, „vnder den Todten gefunden, 10 Capitayne, 9 Lieu-„tenante, 15 Cornetten, 13 Quartiermeister, 37 Cor-„poralen, 13 Trompetter, 3 Kessel-Trommelschläger „oder Heerpaucker, 1 Profoß, sampt 426 gemeinen „Reutern sich gefangen geben müssen, ohne was das „Rheingräffische Regiment bekommen, vnd von der „Infanterie gefangen worden, massen den die Bagagy „vnnd Stücke meistentheils im Stich geblieben, vnnd „den 1 July 16 Standarten an Ihr Maj. den Kö-„nig in Frankreich präsentirt worden."

sich viele Orte und Schlösser unterworfen, worunter besonders Beaume und Clareval merkwürdig sind. An dem erstern Orte verlangte der Herzog eine harte Brandschatzung, nahm aber für die Hälfte derselben Früchte, und ließ solche nach Mümpelgard zur Errichtung eines Magazins schaffen. — Clareval hingegen hätte bald der Herzog ein trauriges Loos wiederfahren lassen. Die Stadt eröfnete bey dem Erscheinen der vereinigten französischen und deutschen Truppen sogleich die Thore, gestattete aber blos den erstern den Einzug. Aufgebracht hierüber drohete er mit ernstlichen Ahndungen, und ließ sogleich den Abt von Corville samt noch zweien andern nach Beaume so lange in Arrest bringen, bis die französischen Truppen wieder aus-, und seines Generallieutenants des von Halliers Mannschaft eingezogen war.

Nachdem diese Unternehmungen vollbracht sind, wendet sich nun Herzog Bernhard nach Mümpelgard, läßt das Magazin hinlänglich versehen, und macht bey Rheinau einen Versuch, den Rhein zu passiren (den 27 Jul. oder 6 Aug). General von Werth sucht auf alle Art Widerstand zu leisten, mehrere Gefechte tragen sich zu, dessen ohngeachtet aber wird

der

der völlige Uebergang zu Anfang des Augusts mit etlichen zwanzig deutschen Regimentern vollführt. Die französischen Truppen versammleten sich unter von Hallier zu Basel — die ganze Insel bey dem Dorfe Wittenweyer wurde mit Schanzen und Redouten umgeben, um jedem Angriff Trotz zu bieten, dennoch aber erfolgte solcher, nachdem Johann von Werth den General von Rhambach an sich gezogen hatte, und sich sechs tausend Mann stark befand (den 30 Jul. oder 10 Aug. 1637, nachmittags zwischen 3 und 4 Uhr) mit einer solchen Wuth, daß ganzer zwey Stunden lang, man Weimarischer Seits genöthigt war, unaufhörlich mit sechs- und zwölfpfündigen Stücken zu schießen, und den Feind mit Flintenkolben und Piquen abzuhalten.

Auch diesmal aber siegte Bernhard, ohne großen Verlust, und mußte der Feind mit Einbüßung mehrerer hundert Mann wieder abziehen. Unaufhaltsam wurde er aber verfolgt, das feste Schloß Mollberg, die Städte Endingen und Ettenheim in Nieder-Elsaß unterwarfen sich, und bis nach Offenburg, wo sich das kaiserliche Hauptquartier befand, drang Bernhard vor.

Diese Fortschritte des Weimarischen Herzogs zu hemmen, suchte der in Burgund befindliche Herzog Carl von Lothringen mit Macht gegen die französische Armee vorzudringen, und General von Werth samt dem Herzog von Savelli den Weimarischen Truppen in den Rücken zu kommen.

Nicht ungelegener konnte Bernhard diese Diversion kommen, als eben iezt. Sich aus der ihm bevorstehenden Gefahr zu ziehen, verlangte er von Frankreich Verstärkung. Allein Pater Joseph, welcher glaubte, daß der Weimarische Fürst auf Bayern losgehen werde, und zu Gunsten des Pabstes dieses nicht geschehen lassen wollte, lenkte das Cabinet, und Bernhard blieb sitzen.

Dergestalt geschah es würklich, daß den glänzenden Fortschritten des Weimarischen Helden ein Ziel gesetzt, und er genöthigt wurde seine in den Gegenden von Molzheim, Dachstein, und Bennfelden gelegenen Truppen zusammenzuziehn, und nach einer zu Elsaß-Zabern mit dem Bischoff von Metz und andern französischen Ministern gehaltenen Conferenz über den Rhein zurück zu gehen, und seine Rheinschanzen blos mit Truppen besetzt zu lassen (im Oct. 1637). Auch

Auch diese aber hielten sich nicht lange, und wurden schon am 2ten oder 12ten Nov. von dem Bayerischen General von Werth erobert, und die daselbst befindliche Brücke zerstört.

Herzog Bernhard zog sich mit seiner Cavallerie nach Mümpelgard, seine übrigen Soldaten aber quartierte er in das Bisthum Basel und in das Dallsperger und andere Bischöfliche Thäler ein.

Hier verstärkte er sich ansehnlich, ließ seine Truppen der Ruhe genießen, und gab nicht undeutlich zu erkennen, wie er die Hülfe Ludwigs und der Pfaffen List verschmähe, und willens sey, bey Eröfnung des neuen Feldzugs allein zu handeln und zu streiten g).

Frankreich merkt dies, verspricht alles wieder gut zu machen, und gegen den Frühling zu thun, was er haben wolle.

Ohne dieses aber abzuwarten und ehe sichs iemand versieht, passirt er mitten im Winter (den 18 oder 28 Jenner 1638) zu Stein, drey Viertel Stunden von Basel ohnweit

g) Pufendorf. L. VIII. §. 45 und 72.

weit Seckingen, in der Nacht mit tausend Mann Cavallerie und eben soviel Infanterie den Rhein, und bemächtigt sich, nachdem er den Tag darauf noch fünf hundert Mann Cavallerie und fünf hundert Mann Infanterie an sich gezogen hatte, des Städtchens Seckingen, und des Klosters Picken h); geht dann auf beiden Seiten des Rheins herunter, und unterwirft sich Lauffenburg. Durch Eroberung dieses letztern Ortes gewann er eine herrliche Brücke über den Rhein, über welche er seine noch übrigen Truppen, Artillerie und Gepäcke setzte (den 23 Jenner oder 3 Febr.), und Rheinfelden zu belagern eilte. Den 26 Jenner oder 5 Febr. erschien er davor, und ließ es sogleich hart beschießen. Die Stadt litte äußersten Mangel an Munition und Proviant, der Commendant schickte daher eiligst nach Breysach, um seine Verlegenheit vorstellig zu machen, der Bote wurde aber erhascht und vor dem Thore der belagerten Stadt aufgehenkt. Die Kaiserlichen hatten indeß kaum die Nachricht von der Belagerung dieses für sie so wichtigen Platzes vernommen, als sie augenblicklich mit einer furchtbaren Armee unter der Anführung des Herzogs von Savelli, Johann von

h) Theatr. Europ. Th. 3. S. 907.

von Werths, Enkefords und Sperreuters in forcirten Märschen zu Hülfe eilten.

Nach vier Tagen erschien diese Macht Bernhards Armee im Gesicht (den 18ten oder 28 Febr. 1638). Auf einem Berge bey dem Dorfe Bücken harrete er ihres Angriffs mit sechs Regimentern Cavallerie und vier tausend Mann Infanterie. Dieser erfolgte bald, und ein heftiges Treffen ereignete sich, Bernhards rechter Flügel, welchen General Taupadel commandirte, schlug den Kaiserlichen linken, und des Feindes rechter Flügel siegte über den Weimarischen linken. Bald aber recolligirten sich Bernhards Truppen wieder, drangen mit Tapferkeit auf den Feind ein, und eroberten vier verlohrne Stücke wieder. Die Vortheile des Treffens waren, so wie der Verlust an Mannschaft, gleich stark, und die eingebrochene Nacht machte allein den blutigen Scenen ein Ende.

Bernhard brachte solche mit seinen vom Streit ermüdeten Truppen auf freiem Felde zu, sein erhabener Geist beschäftigte sich mit den größten Entwürfen, und seine volle Seele ergoß sich in den Busen seines innigsten Freundes, des Obersten Rose, der ihm zur Seite in dem eben erst geendigten Schlachtgetummel gefochten hatte. — Der Plan war gemacht — Rheinfelds Belagerung wurde aufgehoben, aber dessen Eroberung nicht entsagt. Mit anbrechendem Tag zog sich der Herzog nach Lauffenburg zurück, um allda seine ganze Macht samt der Artillerie an sich zu ziehn, und mit größerm Nachdruck einen abermaligen Angriff auszuführen. Die Armee war bald vereinigt, und schon am 20 Febr. oder 2 März brach der Herzog mit der Infanterie, Artillerie und einigen Regimentern Cavallerie längst dem Rhein gegen Seckingen herunter, und Taupadel mit dem größten Theil der Reiterey über einen Theil des Schwarzwaldes auf. Bey Bücken stießen sie zusammen, und erschienen gegen aller Menschen Vermuthung am dritten Tage (den 21 Febr. oder 3 März 1638) nach der eben erst gelieferten Schlacht vor den Kaiserlichen, die in voller Sicherheit über den erhaltenen Sieg bey Rheinfelden ausruhten, und nunmehro ganz von aller Gefahr befreiet zu seyn glaubten.

Sobald aber das abermalige Vordringen der Weimarischen Truppen bekannt wurde, rüstete man sich Kayserlicher Seits zu einer nochmaligen Schlacht. Ein Theil der Infanterie wurde bey der Stadt in die Büsche versteckt, der andere in einem Graben, und das Wahlische Regiment in einem Wald gegen das Dorf Nollingen zu postirt.

Herzog Bernhard rückte seinem Feind bis unters Gesicht, und ließ zuerst die Büsche von der darinnen befindlichen Mannschaft säubern, und ließ auf zwey Seiten unter immerwährendem Kanonenfeuer die ganze Kaiserliche Armee attaquiren; der Oberste Rose, Bodendorf, Forbus und Hatstein setzten auf die Gräben, der rechte Flügel unterm Generalmajor Taupadel aber auf das in dem Walde befindliche Wahlische Regiment; keiner von den tapfern Weimarischen Truppen, welchen das krachende Kanonenfeuer zur Gewohnheit worden war, scheuete Gefahr. Gleich beym ersten Angriff über die Gräben fiel an Bernhards Seite der Oberste Bodendorf, und die tückisch lauernden Feuerschlünde des Feindes streckten mehrere darnieder. Demohngeachtet aber drangen sie mit unbeschreiblicher Tapferkeit vor, warfen die Kaiserlichen aus den Gräben, und erfochten einen der herrlichsten Siege.

Die ganze feindliche Macht entfloh, vier Kaiserliche Generale, Savelli, Enckeford,

Sper-

Sperreuter und Johann von Werth, das ganze in dem Walde befindlich gewesene Wahlische Regiment, und mehrere hundert auf der Flucht ergriffene Truppen wurden gefangen genommen i), und vieles Geschütz, Fahnen, Standarten und Bagage erobert.

Bernhard genoß die Frucht seiner großen Thaten, ohne Uebermuth. Als er die ihm vorgestellten Kaiserlichen Generale freundlich von sich gelassen hatte, stieg er vom Pferde, beugte seine Kniee und dankte Gott für diesen Sieg — das ganze Heer folgte seinem Beispiel —

Als diejenigen aus seiner Armee, welche den Feind verfolgt hatten, wieder zurückkehrten, ließ er unter Anstimmung der Gesänge, „Herr Gott dich loben wir," und „eine feste Burg ist unser Gott," eine öffentliche Betstunde halten (den 23sten Februar oder 5ten März).

i) Theatr. Europ. T. III. S. 914 bis 916. Brachel. L. V. p. 363. Epit. rer. Germ. p. 175. Pufendorf. L. X. §. 47. p. 333. Memoires historiques concern. M. le General d'Erlach; T. I. §. 34. Müller S. 355.

Hierauf forderte er Rheinfelden abermals auf, und mußte sich solches, so sehr es sich auch anfangs weigerte, da der Herzog zu einer förmlichen Belagerung Anstalt machte, ergeben (den 12 oder 22sten März 1638).

Bernhard sendete als ein Document dessen, was er vermochte, die gefangenen Generale und die eroberten Fahnen und Standarten nach Paris. Diese letztern ließ Richelieu, um das öffentliche Elend durch das Schaugepränge der erfochtnen Siege zu hintergehen, unter einer feierlichen Procession nach der Kirche de notre Dame bringen und daselbst aufhängen. Den Zug eröfneten unter Lösung der Kanonen von dem Louvre drei hundert Hatschierer, welche mit blauen Röcken, worauf das Stadt-Wappen gestickt war, gekleidet, und mit Helleparten versehen waren; diesen folgten drei hundert Mann der königlichen Schweizergarde, und diesen hundert königliche Leibgardisten, zwischen welchen beiden Garden die Fahnen und Standarten von des Königs Trabanten getragen wurden. Die beiden Couriere des Herzogs Bernhard, durch welche die Fahnen und Standarten überbracht worden waren, hatten den Ceremonienmeister in der Mitte, und den Zug beschlossen abermals

drey

drey hundert Mann von der Schweizergarde.

In der Kirche überreichte der Ceremonienmeister unter Anstimmung des Gesanges, „Herr Gott dich loben wir," dem Erzbischoff die Tropheen, der sie einweihete, worauf jede einzeln vor dem Altare geschwungen und aufgehangen wurde k), (den 18ten oder 28sten März 1638).

k) Theatr. Europ. T. III. S. 933. „Demnach „die bey Rheinfelden eroberte Fahnen vnd Standar„ten nach Pariß gebracht, und der Königl. May. da„selbsten im Namen deß Herzogen von Weimar, prä„sentirt worden, haben Ihr. Königl. Mayest. selbige „mit höchsten Wolgefallen vnd Bezeugung sonderlich „frewdigen Gemüths angenommen, worauff man sel„bigen Sonntags den 28sten diß. N. Cal. zu „Pariß in der Kirchen nostre Dame, oder zu vnser „lieben Frawen genanndt, an der Zahl 18 Fahnen „und 38 Corneten mit vberauß grossem Pomp dedi„cirt vnd aufgehenckt, welches also hergangen. Erst„lich giengen der Statt 300 Hatschuier alle in blawen „Röcken, worauff der Statt Wappen gestickt, vnd mit „Helleparten, darnach eine Compag. Schweitzer, vons „Königs Guarde auch 300 stark. Diesem nach des „Königs Leibguarde in ihrer Liberey 100 Mann, zwi„schen welche die Fahnen vnnd Corneten von des Kö„nigs Trabanten getragen wurden. Auff diese nun „folgten Ihro Fürstl. Gnaden Herzog Bernhards

„beyde

In einem ununterbrochenen Heldenlaufe, eilt nun Herzog Bernhard seinem großen Ziel näher zu kommen — die Festung Breysach am Oberrhein, welche als der Schlussel zum Elsaß betrachtet wurde, sich zu unterwerfen.

Fast

„beyde Currier, welche die Fahnen vnd Corneten ge„bracht hatten, vnd der Maistre de Ceremonis „in der Mitten mit etlichen zu Pferdt, hernach wie„der 1 Compagn. Schweitzer vom Regiment de la „Garde in 300 stark. Ehe vnd bevor die Fahnen „vnnd Corneten auß dem Königl. Pallast Louvre „getragen wurden, hat man gedachte beyde Currier „daselbst Königl. tractirt, vnd als die Procession an„gieng, wurde ein stark Salve vor gemeldten Louvre „geschossen. Als man nun in die Kirche kam, em„pfieng des Ertzbischoff den Maistre de Ceremonis, „welcher ihm dann die Fahnen recommendirt, vnd „wurd zugleich das Te Deum Laudamus lieblich „musicirt, ein Fahn nach der andern vor dem hohen „Altar dreymal geschwungen und also beygestellt. Da „nun nuch dieses geschehen, wurde das ander Salve „vor der Kirchen gegeben, vnd gieng man wieder in „voriger Ordnung, als man kommen war, nach dem „Loure, woselbsten das dritte vnd letzte Salve ge„geben worden, auch die beyde Currier vom Maistre „de Ceremonis ihren Abschied genommen, vnd je„dermann wiederumb nach Hauß gangen, da sich bey „währender Procession (sowol, als bey dem Actu „selbsten) die Trompeten sampt den Heerpaucken, „vber die Strassen tapffer hören lassen."

Fast an iedem Tage errang er einen neuen Lorbeerzweig. — Das Schloß Röteln in Elsaß eroberte ee mit Sturm (den 18ten oder 28sten März). Neuburg fiel in seine Hände, und Freyburg im Breisgau mußte sich ihm ergeben (den 1 oder 11 April). — Jetzt war der Held vollendet, ietzt beschloß der große Herzog, Breysach, welches vermöge der Festigkeit seiner Werke und der Vortheile seiner Lage iedem gewaltsamen Angriff Trotz bot, zu blocquiren, und durch Hunger zu besiegen.

Nachdem er die Hüninger Schanze in Augenschein genommen, Rheinfelden noch mehr befestiget und ein starkes Magazin darinnen aufgerichtet hatte; so brach er mit seiner Armee dahin auf, schnitt bald der Stadt die Zufuhr ab, und verursachte dadurch, und weil der Commendant Baron von Reinacher, welcher keines Angrifs gewärtig war, die Stadt mit äußerst wenig Proviant versehen, ia sogar den aufgehäuften Getreidevorrath zu Gelde gemacht hatte, keinen geringen Mangel an Lebensmitteln.

Kaiserlicher Seits wußte man dieses, und suchte dahero der General Götz in größter Geschwindigkeit einigen Proviant in die Stadt zu werfen, und da er seinen Weg von Offenburg her nahm, die Weimarische Armee aber bey Schopffen und Brambach lag, so gelang es ihm würklich, nicht nur zwey hundert Musquetirer, sondern auch fünf hundert Säcke Mehl, nicht weniger fünf hundert Stücke Vieh samt einem großen Vorrath an Speck, Butter und Käse in die Festung zu bringen. Herzog Bernhard, sobald er diese Proviantirung erfahren hatte, ergriff sogleich die ernstlichsten Maaßregeln, und schloß die Festung enger ein.

Der Mangel vermehrte sich täglich, und der Zufall, daß durch Verwahrlosung einiger gemeiner Soldaten das Magazin mit achtzig Tonnen Pulver, und vier hundert Viertel Korn in die Luft geschmettert wurde, vermehrte solchen noch mehr 1).

Nach mehrern mislungenen Versuchen die Stadt mit den nöthigsten Lebensmitteln zu versehen, nach mehrern deshalb vorgefallenen Scharmützeln, erhielt endlich der Kaiserliche General Götz Befehl, alles für die Rettung dieses Platzes zu wagen, und die Festung zu entsetzen, wenn auch die ganze Armee drauf gehen sollte.

Götz

1) Theatr. Europ. T. III. p. 951.

Götz zog daher alle seine Truppen zusammen, und hielt bey Stollhofen Heerschau über sie. Bernhard sendete Kundschaft aus, um zu erforschen wie hoch sich die feindliche Mannschaft belaufe. — Sie wurde ihm gegen zwölf tausend Köpfe geschätzt, und zugleich versichert, daß unter ihrer Bedeckung ein Transport von drey tausend Proviantwagen nebst vieler Ammunition in die Festung gebracht werden solle.

Augenblicklich setzte sich das Weimarische Heer in Bewegung, und brach durch einige tausend Mann französischer Truppen verstärkt, nach Kentzingen auf (den 28sten Jul. oder 7ten August), die ganze Nacht wurde marschiert, und den andern Tag, welches eben ein Sonntag war, traf man den Feind bey dem Kloster Schietten, nicht weit von dem Dorfe Friesenheim an; die Vorposten wurden sogleich attaquirt, ein Lieutenant mit acht Mann gefangen genommen, mehrere niedergemacht, und der Rest bis hart an die Armee verfolgt. Die Fliehenden steckten, alles fernere Nachsetzen zu verhindern, das Dorf Friesenheim hinter sich in Brand, und eilten zu dem Hauptcorps, welches sich, sobald es von Herzog Bernhards Anzug unterrichtet war, alsobald mit der sämtlichen Artillerie auf einen hohen sehr vortheilhaften Berg zog.

Von dieser Höhe herunter wurde der Weimarische Herzog bey seiner Ankunft mit dem heftigsten Kanonendonner begrüßt, sie schadeten ihm aber wenig, der Berg war zu hoch, und die Kugeln flogen über den Köpfen seiner Mannschaft durch die Luft, daher unternahm es Bernhard nicht mit stürmender Hand den Berg anzugreifen, sondern blieb in völliger Schlachtordnung auf dem platten Felde, und wartete es ruhig ab, daß er angegriffen würde. Allein der Feind veränderte seine Stellung nicht — nichts als kleine Neckereyen erfolgten, und der Herzog war genöthigt durch einen verstellten Rückzug seinen Feind von der Höhe herab zu locken.

Er ging nach Mohlberg, wo er den folgenden Tag in dem Lager Gottesdienst halten ließ.

Die Kaiserlichen und Bayerischen Truppen glaubten, daß es Bernhard mit einer Schlacht kein Ernst sey, und zogen sich an den Rhein hinauf gegen Breysach zu. Der Herzog aber eilte ihnen entgegen ihr Unternehmen zu vereiteln — (den 30 Jul. oder 10 Aug.)

Der

Der Weg war mühsam, er führte durch einen dicken Wald, verwachsene Gräben und andere gefährliche Passagen, dennoch aber traf er um die Mittagsstunde bey dem Dorf Wittenweyer den Feind an.

Bernhard stellt noch ehe er aus dem Wald kommt seine Armee in Schlachtordnung, und greift mit gleicher Fronte den Feind an. Sein rechter Flügel unterm Generalmajor von Taupadel wird anfänglich zurück gedrängt, bald aber erholt er sich wieder, unterstützt von dem Reservekorps des Obersten Kanoffsky, dringt von neuem unter Bernhards tapferer Anführung vor, und auf des Feindes linken Flügel ein. Zugleich erregt auch der an Bernhards linker Seite fechtende Oberste Rose unter dem Götzischen rechten Flügel eine Unordnung, drückt solchen in seine eigne Infanterie, und verursacht hierdurch nicht nur großen Schaden, sondern auch daß ein Theil derselben anfängt sich nach der Flucht umzusehn. Die übrigen Kaiserlichen Brigaden streiten indeß würklich wie Löwen; als sie nicht mehr schießen können, kehren sie die Gewehre um und schlagen mit den Kolben drein. Keine Parthey will der andern den Platz überlassen, — zweimal kommt ieder Theil auf des andern

Stelle

Stelle zu stehn, — fünf ganzer Stunden bleibt der Sieg unentschieden. Eine allgemeine Unordnung entsteht endlich in der feindlichen Armee, und alles flieht davon, zuerst nach Offenbach, dann nach Oberkirch, und von da durch das hohe Gebürg, der Kniebus genannt.

Taupadel ließ sich von dem allzugroßen Eifer hinreißen, den Feind mit wenigen Truppen zu verfolgen, und wurde gefangen.

Von den vereinigten Kaiserlicheu und Bayerischen Truppen, welche, als sie in die Schlacht zogen, funfzehn tausend Mann stark waren, kamen nicht mehr als drey tausend davon, über zwey tausend blieben auf der Wahlstatt, viele ertranken im Rhein, mehrere hundert wurden gefangen und verwundet, und viele nahmen Dienste. Der ganze Transport, welcher nach Breysach eingebracht werden sollte, fiel dem Herzog Bernhard, samt der ganzen Equipage des Götz, in die Hände. Vieles schweres Geschütz, Munition, achtzig Fahnen und Standarten wurden erobert.

Herzog Bernhard führte beinahe iede Schwadrone selbst in die Schlacht — war oft mitten unter dem feindlichen Kugelregen — sein

Schutz-

Schutzgeist aber stand ihm zur Seite, und zwey Schüsse prallten auf seinem Harnisch ab, er selbst aber blieb unverletzt m).

Sein ganzer Verlust bestand in ohngefehr fünfhundert und neun und funfzig Todten, tausend Blessirten, vierzehn Fahnen und Standarten.

Auf dem Wahlplatz mitten unter aufgethürmten Haufen von Erschlagenen, eben an dem Orte, wo die Kaiserlichen und Bayerischen Truppen zu Anfang des Treffens gestanden hatten, schlug Bernhard die Nacht sein Lager auf (den 30 Jul. oder 10 Aug. 1638).

Den folgenden Tag ließ er die Todten begraben, die Bagage von Mollberg zu sich auf die Wahlstatt kommen, und gab seinen tapfern Truppen zur Erholung die sämtlichen eroberten Proviantwägen preis.

Auch für diesen Sieg aber vergaß Herzog Bernhard nicht Gott zu danken. Zur Ehre des Allmächtigen ließ er am 1 oder 11 August ein allgemeines Dankfest halten. —

Alle

m) Theatr. Europ. T. III. S. 963 — 65. „in welchem ernsthafften Treffen Ihre Fürstl. Gn. „gantz unverletzt geblieben, vnnd allein auff Dero „Waffen zwey Schüß bekommen."

Alle hohe Officiere versammlete der fromme Sächsische Held um sich, und in der ganzen Runde wurde von allen Zungen der Gesang des hundert vier und zwanzigsten Psalms, „Wär Gott nicht mit uns diese Zeit,“ unter Begleitung der Feldmusik angestimmt, dann eine Predigt gehalten, und zuletzt das Lied, „Herr Gott dich loben wir“ angestimmt. Bey den Worten: „Heilig ist unser Gott,“ fiel der große Bernhard auf seine Knice, die ganze Armee folgte ihm nach, und rührend war der Anblick auf der nemlichen Stelle, wo man zwey Tage vorher den Helden gesehen hatte, itzt auch den frommen und demüthigen Verehrer Gottes zu finden. Auch bey den Truppen selbst machte diese Scene einen tiefen bleibenden Eindruck; sie huldigten ihrem großen Feldherrn allgemeine Verehrung, und sämmtliche Regimenter brachten die eroberten Fahnen und Standarten n); und steckten solche vor des großen Bernhards Zelt. Eine dreimalige Salve beschloß endlich die ganze feierliche Handlung.

Der große Bernhard macht nun Anstalt Breysach völlig zu belagern. Die Festung ist in

n) Auch diese schickte Herzog Bernhard nachmals durch seinen Hofiunker Freyherrn von Zieren, an König Ludwig den dreizehnden nach Paris.

in der größten Noth, und abermals laufen von dem Kaiserlichen Hof Befehle ein: für die Rettung derselben alles, was nur möglich ist, zu thun.

Herzog Bernhard befand sich eben zu Colmar kränklich, als er die Nachricht, daß das Lothringische Heer von der Saar gegen Thann in Anzuge sey, von einigen eingebrachten Gefangenen erhielt. Dessen ohngeachtet aber führte er seine Soldaten persönlich zur Schlacht, — stieg unter den Worten: „Gott „wird mich nicht verlassen," zu Pferd, und erschien den 2ten oder 12ten October gegen Abend zu Ensisheim, hier erwartete er seine Infanterie und Artillerie, und eilte als solche erschien den 4ten oder 14den October dem Herzog von Lothringen, welcher, unbekannt mit dem Anzuge des Weimarischen Heeres, denselben Tag von Thann aufgebrochen war, entgegen.

Zwischen Sennen und Thann auf dem sogenannten Ochsenfelde, trafen sie zusammen o): Es

o) Memoires historiques concern. M: le general d'Erlach, T. I. p. 40. 41. Chaque jour voyoit naître de nouvelles tentatives

Es wurde nicht lange gezaudert und der Angriff geschah alsobald auf die Cavallerie. Die Lothringischen Truppen stritten anfänglich herzhaft, bald aber ergriffen sie die Flucht, und überließen Herzog Bernhard das Schlachtfeld. Fünf Stück Geschütz, vier und zwanzig Standarten, und zwanzig Fahnen, mehrere Proviantwägen, und die mit sechs prächtigen Schimmeln bespannte Leibkutsche des Obersten

Mercy,

tatives qu'il falloit rendre inutiles, et de nouveaux combats qui multiplioient les victoires; le général Götz fut battu, le Duc de Savelly mis en fuite, le Duc de Lorraine fut sur le point d'être fait prisonnier. Lorsqu'on apprit l'approche de ce dernier avec un convoi, le guerrier Allemand monta à cheval, quoique foible et malade, se mit à la tête de quelques régimens de cavalerie et deux ou trois d'infanterie, et s'avanca jusqu'à Ensisheim où l'on prit quelque repos: A minuit le Duc remonte à cheval et marche droit aux ennemis qu'il trouve rangés en bataille près de la petite ville de Senne, non loin de Thann.

Mercy fiel in seine Hände p), (den 4ten oder 14ten October 1638).

Kaum war dieser Sieg erfochten, so erschien der Spanische General Bambon mit Kaiserlichen Truppen aus den Niederlanden — zu ihm gesellte sich Götz mit den Trümmern seiner geschlagenen Armee, beide suchten durch die vor Breysach errichteten Werke zu brechen, und Bernhards Lager zu stürmen.

Den ganzen Tag wurde gefochten — (den 15 oder 25 October), die Kaiserlichen eroberten würklich nach einem fünfmaligen Sturm eine Schanze, und drangen von da auf die Schiffbrücke, von beiden wurden sie aber, da die Weimarische Armee einen neuen Succurs von Frankreich aus, unter dem Grafen von Guebrian erhalten hatte, mit einem schrecklichen Verlust an Mannschaft, zurück getrieben q).

Götz verlohr über diesen fehlgeschlagenen Entsatz das Commando, und kam auf zwey Jahre in Arrest r). Jetzt

p) Pufendorf. L. X. §. 54. pag. 337. Müller S. 357.

q) Pufendorf. L. X. §. 55. p. 338.

r) Epit. rer. Germ. p. 178. Pufendorf. L. X. §. 56. p. 339.

Jetzt war die Noth in der belagerten Festung aufs äußerste gestiegen, funfzehn hundert Menschen waren aus Mangel an Brod aus der Stadt getrieben worden. — Die übrigen Einwohner konnten vor Hunger kaum noch auf den Beinen stehen, die gemeinen Kaiserlichen Soldaten aßen Brod aus Eichenrinde, die Officiere Haferbrod, und die Schwedischen Gefangenen ließ der Commendant verhungern. In einem Tage gingen drey vornehme Kinder verlohren, die vermuthlich geschlachtet und aufgezehret wurden. Die todten Körper, welche schon einige Tage unter der Erde gelegen, scharrete man wieder aus, und fraß sie auf. Hunde und Katzen waren eine Delicatesse, und mehr als zwey hundert Rinds- und Schaaffelle wurden, das Stück mit fünf Gülden bezahlt, und aufgezehrt.

Dem Herzog Bernhard war dieses schreckliche Elend der Stadt bekannt, er ließ dahero den Commendanten zu drey verschiedenenmalen auffordern, aber eben so vielmal schlug der harte Reinacher solche aus, und nur erst nach einer viermonathlichen Belagerung, als alle Hoffnung zu einem Entsatz für ihn verschwunden, und die bedrängten Einwohner bis zur Verzweiflung gebracht worden

waren,

waren, entschloß er sich zur Uebergabe, und um einen billigen Accord zu bitten (den 2ten oder 12ten Dec.).

Herzog Bernhard schrieb die Capitulationspunkte selbst vor. Es waren deren vierzehn, und der Hauptinhalt derselben folgender: daß erstlich dem zeitherigen Commendanten Freiherrn von Reinacher mit seiner sämtlichen Soldatesca und Bagage ein freier ehrenvoller Abzug gestattet seyn, und solche bis Stollhofen convoyrt werden solle; zweitens, daß dem Herzog Bernhard sogleich nach Schließung der Capitulation etliche annehmliche Posten der Festung eingeräumt würden; drittens, alle gefangene Officiere unentgeldlich losgegeben werden sollten, wogegen er Herzog Bernhard ein gleiches thun wolle; viertens sollten in der Festung die sämtlichen Archive, alle Ammunition und Gewehre gelassen, und endlich von dem Commendanten von Reinacher cavirt werden, daß durch verdeckte Minen oder sonst auf eine Art den einziehenden Truppen kein Schaden geschehe s).

Man gestand alles zu, — Reinacher unterwarf sich des großen Bernhards

 Gnade,

s) Theatr. Europ. T. III. S. 1023. und folg. Müller a. angef. O. S. 358.

Gnade, und übergab den 9ten oder 19den December 1638, welches eben ein Sonntag war, die Stadt.

Es war dies eine Scene, die man noch jetzt nicht ohne Rührung und Bewunderung betrachten kann. — Herzog Bernhard der Held und Menschenfreund hielt vor den Thoren. Er hatte Brod und warme Suppe zubereiten lassen, um die ausgehungerten feindlichen Soldaten und die abgematteten Einwohner damit zu erquicken, — die Thore werden geöfnet, — Reinacher und der Kanzler Volmar, welcher letztere sich erlaubt hatte von Bernhard der niedrigsten Schmähreden sich zu bedienen t), erschienen zitternd, ersterer sich seiner Grausamkeiten, und letzterer sich seiner Lästerungen bewußt. Reinacher übergab die Schlüsseln der Stadt, küßte demüthig Bernhard den Stiefel und suchte sich auf alle nur mögliche Art zu entschuldigen. Volmar fiel zu drey verschiednenmalen auf die Knie. Die Einwohner und Soldaten erschienen bleich, matt und abgezehrt, viele von ihnen hatten noch große Stücken Menschenfleisch in den Händen,

t) Er hatte den Herzog Bernhard nur immer den Bärenhäuter genannt.

Händen, aßen davon, und wiesen solches dem Herzog.

Dieser wurde hierüber, und weil er erfuhr, daß der Commendant dreißig seiner gefangenen Soldaten im Stockhause habe Hungers sterben lassen, und achte derselben für entsetzlichen Hunger von ihren eignen Cameraden aufgezehrt worden wären, dergestalt aufgebracht, daß er augenblicklich den Degen zog, und befahl, den Commendanten mit der ganzen Garnison niederzuhauen. Nur das Bitten mehrerer hohen Officiere bestimmte ihn zur Begnadigung, und ein leichter Verweis, in welchem er ihm die Härte und das Strafbare seiner Behandlung vorstellte, war alles, was er diesen seinen Feinden wiederfahren ließ u).

u) Memoires de M. le General d'Erlach l. c. S. 41 u. 42. „Le siege duroit depuis „quatre mois: la famine y renouvelloit „ses horreurs; on y dévoroit des rats, des „cadavres qu'on arrachoit à la terre qui „déjà les couvroit, huit enfans furent „égorgés pour offrir d'affreux repas a des „sque-

Er empfing die Ueberwundnen mit Leutseligkeit und Güte, nannte sie seine Kinder, und

„ſquelettes vivans; une mere donna la „mort à ſon enfant pour s'en repaitre. „Il fallut ſe rendre après une défenſe, qui „avoit cauſé bien des crimes. Le Duc en „apprenant que trente de ſes ſoldats pri„ſonniers étoient morts de faim à Briſach, „quoique pluſieurs euſſent retardé leur „dernier moment en mangeant les cada„vres de ceux qui avoient ſuccombé les „premiers, frémit de colere, et vouloit „faire paſſer au fil de l'épée et le gouver„neur et la garniſon. Ce gouverneur étoit „le baron de Rinach; il alléguoit ſes or„dres, il cherchoit à s'excuſer, il embraſſa „les genoux du prince pour l'attendrir; „trois fois le chancellier Wohlmar s'age„nouilla devant lui; il ne leur pardonna „qu'avec peine, et leur fit une repriman„de ſévere."

Brachel. L. V. p. 365. „Fama eſt, „non pacitum humanis carnibus: Canes „vero, feles, mures, coria, et eiusmodi „alia in deliciis fuiſſe. Porro ratas iam

„ſub-

und Soldat und Bürger erstaunten in ihrem Besieger einen Erretter und Wohlthäter zu finden v).

„subscriptasque deditionis conditiones „paene avertit ira Ducis Vinariensis, post„quam intellexit, triginta fere captivos „Gallos inedia per ergastula misere periisse, „ex quibus septem a semivivis adhuc sociis „in cibum absumpti essent."

Müller in Annal. S. 358. thut von der Hungersnoth welche in Breysach geherrscht hat, und von den entsetzlichen Preisen, in welchen iedes Lebensmittel, ja sogar das schlechteste Ungeziefer gestanden hat, umständlich Erwähnung, wenn er sagt: „Gestalt dann die Hungersnoth darinnen dermassen überhand genommen, daß in einem Tage acht vornehme Kinder uff einmahl verlohren gangen, und vermuthlich geschlachtet und uffgefressen worden. In dem Stockhauße sind 30 Gefangene aus Hunger gestorben, weshalber Hertzog Bernhard selbigen Commendanten, Freyherrn von Reinach, bey dem Auszuge mit allen den Seinigen niedermachen lassen wollen, so aber noch von denen hohen Officiren erbeten worden, die todten Cörper, so schon etliche Tage unter der Erden gelegen, hat man wiederum ausgescharret, auffgeschnitten, und Ihr inwendig Gedärm gefressen. Die hohen Officirer haben sich mit Haber-Brod, und die andern mit Brod, aus eichen-Rinden gebacken, behelffen müssen.

Die ganze Besatzung bestand bey ihrem Abzuge aus vierhundert gesunden, und funfzig kranken Personen, welche mit neunzehn Fahnen, siebzig Pferden, zwey Mauleseln, sechs Kutschen, und drey Bagagewägen, theils zu Wasser, theils zu Lande Breysach verließen w).

Bernhard

Ein Malter Kleyen hat gekostet 132 Gülden, ein Pfund Kleyen-Brod 36 Batzen, vor 3 Pfund Brod und ein Maß Wein ist ein göldener Ring mit einem kostbaren Diamant gegeben worden, vor ein Sester Weitzen gab einer einen Beltz so 40 Thaler gekostet, vor ein Sester gemahlene Frucht etliche Kleinodien, welche 80 Thaler werth gewesen, ein Laib Brodt galt 4 Reichsthaler, ein Ey 1 Gülden 9 Batzen, 1 Pfund Käse 1 Gülden 9 Batzen, ein Viertel Kalbfleisch 8 Gülden, ein Pfund Roß-Fleisch 7 Batzen, ein Pfund Roß-Caldaunen, 7 Batzen, zwey Hinter-Viertel von einem Hunde 7 Gülden, ein Pfund Hundefleisch 7 Batzen, eine Ratte 1 Gülden, und ein Maß Wein 10 Stüber. Es seynd alle Hunde und Katzen, die nur zu bekommen gewesen, verspeiset, und mehr als 2000 Roß- Ochsen- Kühe- Kälber- und Schaffs-Häute, eine in die andere vor 5 Gülden verkaufft, und verzehret worden. Bey dem Auszuge haben die Soldaten noch gantze Stücke Menschen-Fleisch bey sich gehabt, davon sie gessen, und solche Hertzog Bernharden gewiesen."

v) Theatr. Europ. T. III. p. 1024.

w) Müller a. angef. O. S. 358.

Bernhard hielt einen herrlichen siegreichen Einzug (den 9 oder 19den December 1638), zwey hundert Kanonen, eine Menge kleines Geschütz, fünf hundert und sechs und funfzig Centner siebzig Pfund Pulver, drey hundert neun und vierzig Centner Bley, dreimalhundert und acht und achtzig tausend Stück Musketenkugeln, vieles Gold, Silber und Pretiosa wurden ihm zu Theil. Vier und zwanzig tausend Menschen hatten aber auch bey dieser Belagerung ihr Leben verlohren, und eilfmalhundert tausend Thaler hatte solche den Ueberwindern gekostet x).

x) Memoires historiques concern. M. le General d'Erlach, T. I. S. 42.

Zehender Abschnitt.

Herzog Bernhard giebt zu erkennen, daß er Breysach sich selbst zuzueignen Willens sey. Er geht wieder nach Burgund, und bringt mehrere Orte daselbst unter seine Gewalt. Frankreich macht verschiedne Versuche Bernhard zu bewegen, Breysach und das Elsaß abzutreten. Bernhard versteht sich hierzu nicht. Frankreich entzieht ihm die Subsidiengelder, und handelt hinterlistig gegen ihn. Der Herzog trifft Vorsehungen in seinen eroberten Landen, und kommt nach Breysach. Er kehrt wieder nach Burgund zurück. Er will über den Rhein gehen, und wird plötzlich krank. Er errichtet sein Testament und stirbt. Muthmaßungen in Ansehung seines Todes. Der entseelte Körper wird zu Breysach auf eine feierliche Art beigesetzt, von da aber nach Weimar abgeführt. Dessen Beisetzung das. Beschreibung seines Grabmahls. Hauptzüge seines Characters. Sein Aeußerliches. Mehrerer Mächte Bestreben nach seiner Armee. Frankreich weiß sich solche samt den eroberten Landen zu verschaffen.

Herzog Bernhard hatte die Capitulation von Breysach blos in seinem eignen Nahmen geschlossen, ohne darinne der Krone Schweden und Frankreich Erwähnung zu thun, ietzt ließ er dergestalt auch sich von den Ueberwundnen huldigen, — alle Urkunden der Stadt und des ganzen Brisgaues ausliefern — mehrere Medaillen in seinem Nahmen schlagen y), und sich

y) Tentzel in Ernest. Medaillen-Cabinet S. 546 bis 548. zeigt uns deren fünf, als zwey Ducaten, welche auf einer Seite das Sächsische Hauptwappenschild, und die Umschrift: Ducatus Saxoniae Brisacensis 1638, auf dem Revers aber die Worte haben: Bernhardo Saxoniae duci Victori, vrbem ingredienti die $\frac{9}{19}$ Decembris Senatus populusque Brisacensis submissionis ergo. Ferner zwey Medaillen, die nur durch die Brustbilder des Herzogs verschieden, aber auf dem Rücken, welcher die Stadt Breysach mit ihren Schanzen vorstellt, und die Umschrift hat; Brisach fortis sed fortior Deus fuit et Weimarius 1638, (Breysach ist stark, aber stärker war Gott und der Herzog von Weimar 1638), überein sind. Um das eine Brustbild stehen die Worte: Herois huius Nomina in cuncta clarent secula, (dieses großen Helden Nahmen sind in Ewigkeit berühmt), auf dem andern aber blos des Herzogs Titel. Die fünfte endlich stellt auf der einen Seite den Herzog geharnischt zu Pferde sitzend, und wie er aus

sich nicht undeutlich merken, daß er diesen Platz mit der ganzen Provinz für sich zu behalten Willens sey.

Nach mehrern getroffenen Anstalten besetzte er die Festung mit einer hinlänglichen Mannschaft von deutschen Truppen, und eilte Landskron sich zu unterwerfen, welches auch ohne großen Widerstand sich an ihn ergab (den 30 December oder 9 Januar 1639).

Nach Burgund eilte er nun, um allda seine Soldaten durch den Segen des Landes zu erquicken, und durch Eroberungen thätig zu erhalten. Den Paß bey Mortau, und das feste Schloß Joignon, brachte er unter seine Gewalt. Pontarlin wurde nach einer dreitägigen Belagerung erobert, und mehrere schlecht besetzte Oerter und Schlösser, unter welchen

aus den Wolken mit einem Lorbeerkranz gekrönt wird, dar, mit der Umschrift des ganzen Titels. Auf der andern Seite, sieht man die Stadt Breysach, über welche zwey Engel in der einen Hand das Stadt-Wappen, in der andern aber Palmen als Siegeszeichen halten, mit der zugleich die Jahrzahl in sich enthaltenden Umschrift:

BrIsIaCo Capto CoeLIs VICtorIa VenIt
BernharDo tVLIt eX hoste trophaea DVCI.

welchem letztern besonders das feste Schloß Joux merkwürdig ist, unterjocht (im Febr. 1639).

Richelieu horchte indeß hoch auf, als er Bernhards sehr unzweideutige Aeußerung, die Früchte seines Sieges sich selbst zuzueignen, Breysach für sich zu behalten, gewahr wurde. Er hatte sich dieses nie träumen lassen, sondern schon in Gedanken das Elsaß, das Brisgau und alle Oesterreichische Vorlande, ohne sich der Zusicherung, welche er dereinst Bernhard gethan hatte, zu erinnern, verschlungen. Mit verdoppelten Bemühungen suchte der listige Cardinal alle Künste der Politik vor, dem Herzog seine Absichten zu vereiteln. —

Das erste, was von Seiten des französischen Hofs geschah, war, daß man den kleinen deutschen Fürsten, welcher einstens so wenig geachtet, und dem Herzog von Parma sogar nachgesezt worden war, dringend nach Paris einladen ließ, um sich da, wie man vorgab, von seinen Siegen an Schauspielen und andern Ergötzungen zu erholen, — Herzog Bernhard verbat sich die Ehre, und floh die Schlinge. — Richelieu ließ ihm eine Vermählung mit einer seiner

Verwandten, der Herzogin Combalette von Egu:llon, antragen; um das Sächsische Blut aber durch keine Mißheirath zu entehren, schlug sie der stolze Reichsfürst aus; endlich muthete man Bernhard zu, daß er neben den deutschen Völkern, auch französische Truppen nach Breysach legen, und wenigstens auf den Fall des Absterbens, oder der Gefangenschaft, solches Frankreich überlassen möge. Aber auch hierzu verstand er sich nicht.

Jetzt betrachtete man ihn als einen gefährlichen Feind, behandelte ihn auch so, und suchte ihm auf alle Art seine weitern Unternehmungen zu vereiteln. Die zeithero von der Krone erhaltenen Subsidiengelder wurden ihm entzogen, und die vornehmsten Officiere bestochen.

Hierunter gehörte besonders sein Generalmajor von Erlach, welchen er nach Paris geschickt hatte, um ihn theils wegen aller derer von ihm geschehenen Ablehnungen zu entschuldigen, theils aber um die Auszahlung der versprochenen Subsidiengelder zu betreiben. Gewonnen von den Franzosen, wurde er zum Verräther seines Herrn, und versprach nach dem Tode des Herzogs Breysach und das

Elsaß an Frankreich zu bringen, wofür ihm dieses die Befehlshaberstelle über Bernhards Truppen zusicherte z).

Dem Herzog Bernhard blieben alle diese Ränke kein Geheimniß, und überall traf er Vorkehrungen in den eroberten Plätzen, voll von stolzer Hoffnung, die gemachten Eroberungen ohne Frankreichs Zuthun behaupten zu können. Er vertraute seiner Armee, die unter seiner Anführung sich unüberwindlich fühlte. —

Breysach ließ er mit hinlänglichem Proviant versehen, die ruinirten Festungswerke nicht nur wieder herstellen, sondern noch mehr verbessern, und im Frühiahr unternahm er selbst von Burgund aus, wo er seine Armee unter den Befehlen des Obersten Oehm zurückließ, mit seinem ganzen Hofstaat, einer Bedeckung von drey hundert Dragonern und sechs hundert Pferden, und in Begleitung des Herzogs von Würtemberg, Markgraf Carls des Großen, des Obersten Rose, und mehrerer Cavaliere, eine Reise dahin. Von Rheinfelden aus commandirte er den Obersten Rose

mit

z) Histoire militaire des Suisses, par Zurlauben, T. III. p. 419.

mit sechs hundert Mann nach Thann, um diesen Ort so lange blocquirt zu halten, bis die Artillerie und Infanterie von Colmar eintreffen würde. Auch Lauffenburg nahm er in Augenschein, musterte daselbst seine Garnison, ging nach der Hüninger Schanze, und traf den 7 oder 17 August zu Wasser in Breysach ein *). Hier wurde er unter dem Donner der Kanonen empfangen, und ieder Einwohner äußerte seine Freude besonders, über das Erscheinen des großen liebenswerthen Helden. Er hielt sich nicht lange zu Breysach auf, sondern eilte zu dem Obersten Rose vor Thann, um diesen Ort mit Macht anzugreifen. Bald mußte er sich ergeben, und Bernhards Besatzung in seine Mauern aufnehmen (den 4ten oder 14ten May 1639).

Dergestalt hielt der Weimarische Herzog seine Truppen, auch aller ihm von Frankreich aus entgegengesetzten Hindernisse ohngeachtet, in Thätigkeit. Allein die Ausführung seines großen Entwurfs, welcher war: über den Rhein zu gehen, an den Ufern der Donau gegen den Kaiser und die Bayern zu agiren, und Bannern abzulösen, wurde verzögert.

Zu

*) Theatr. Europ. T. IV. S. 11.

Zu Anfang des Monaths Junii traf er zu Pontarlin und Joux in Burgund wieder ein. In seiner Abwesenheit waren einige Summen französisches Geld angekommen, und nun säumte er sich nicht, sein großes Vorhaben zu vollführen.

Schon den 4ten oder 14den Junius wollte er über den Rhein, wurde aber unverhofft, während daß er zu Pontarlin bey dem Obersten Oehm speisete, krank, und in seinem Vorhaben behindert.

Er genas wieder, und mit seiner zurückkehrenden Gesundheit, lebten auch seine Hoffnungen wieder auf. Banner meldet ihm einen erfochtenen Sieg, und nun bricht er fröhlich und zufrieden aus Burgund auf, will mit seiner Armee nach Bayern eilen, wird aber unterwegs, als er mit dem Schwedischen Residenten Mockeln von Hüningen auf dem Rhein nach Neuburg fährt, abermals krank, (den 4ten oder 14ten Jul.) *).

Diese Krankheit, welche mit den heftigsten Leibesschmerzen begleitet war, war gleich

*) Müller a. angef. O. S. 359.

so angreifend, daß der Herzog, sobald er zu Neuburg ankam sich auskleiden, und zu Bette bringen lassen mußte.

Den folgenden Tag als seine Schmerzen noch mehr zugenommen hatten, befahl er: „niemand, wer es auch seyn möge, anzumel„den oder vorzulassen.“ Alle Hülfe der Aerzte schien fruchtlos, bald fühlte er die Annäherung seines Endes, und ließ den 8ten oder 18den Jul. Morgens ein Uhr seinen Hofprediger und seinen Canzler Doctor Hanß Ulrich von Rehlingen rufen.

Mit ersterm betete er andächtig *), genoß das heilige Abendmahl, und dictirte sodann letzterm

*) Müller in Anal. S. 359. „Frühe um 6 Uhr hat er seinen Beichtvater zu sich erfordern, und nach gethaner hertzlichen Beichte, ihm das H. Abendmahl reichen lassen, und unter andern diese Worte gebrauchet: „daß Er durch niemand, niemand, niemand, (mit dreymahliger Wiederholung)“ als durch Chri„stum Jesum, und sein heiliges Verdienst könne „von Sünden entlediget und selig werden.“ Ferner gesagt: „Er traure nicht so sehr, daß er mit seinen „groben vielfältigen Sünden die Hölle und ewiges „Verdammniß verdienet, und derowegen Ihn Gott „aus dem Buche des ewigen Lebens auslöschen kön„te, als daß Er seinen lieben, seinen frommen, sei„nen

letzterm ein kurzes Testament. In diesem disponirte er zuförderst über die von ihm mit dem Degen eroberten Lande *). Diese sollten demienigen seiner Herren Brüder zu Theil werden, welcher sich entschließen würde, solche anzunehmen, wenn keiner derselben aber hierzu geneigt wäre, Frankreich vor allen andern Mächten den Vorzug haben. Das Commando über die Armee, übertrug er dem Generalmajor von Erlach, Obersten Oehm, dem Grafen von Nassau und Obersten Rose. Außerdem aber legirte er noch dem Generalmajor von Erlach und dem Obersten Oehm iedem zwanzig tausend Thaler, seinem geliebten Freund Rose zwölf tausend Thaler, dem Grafen Wilhelm Otto von Nassau gleichfalls zwölf tausend Thaler, dem Rittmeister Starschedel zehn tausend Thaler, dem Kanzler von Rehlingen zwanzig tausend Thaler, seinen Hofiunkern zusammen vier tausend Thaler, dem Sekretair Jahr drey tausend Mark, seinem Hofmarschall von Rennihagen sechs tausend Thaler, seinen bei-

„nen gnädigen Gott so offt und vielmahl mit seinen „Sünden erzürnet, der Ihm doch von Jugend auff „so viel Gutes erzeigt und erwiesen habe.“

*) Woraus solche bestanden, ist aus dem unter No. V. abgedruckten Verzeichniß zu ersehen.

den Aerzten iedem tausend Thaler, und dem Sekretair Ferel tausend Thaler.

Zitternd unterzeichnete er, als man ihm dieses Testament zur Unterschrift vorlegte, seinen Nahmen, und setzte noch eigenhändig hinzu, daß seine sämtlichen Kleinodien seine Herren Brüder, damit sie beym Hauße bleiben mögten, vier tausend Thaler sein Hofprediger, der Graf von Guebriant seinen Hengst, welchen er wegen seiner schwarzen Farbe nur alles den Raben zu nennen pflegte, seine Pferde sein Hofmeister, und die Pagen erhalten, und dreymal hundert tausend Thaler, welche von den Legaten übrig bleiben würden, unter seine wohlverdienten Leute ausgetheilt werden sollten a).

Als der edle Bernhard dieses alles vollendet hatte, sagte er zu den Umstehenden: „Ihr Brüder, geht hinaus, ihr macht mich „sonst irre, ich habe genug mit euch geredet, „ich muß iezt mit Gott reden.“ Alles entfernte sich, und niemand als sein Hofprediger und

a) Müller a. angef. O. S. 360 Dieses Testament, welches bis iezt noch ungedruckt ist, und von welchem ich eine glaubhafte Abschrift besitze, füge ich den Beilagen, unter No. VI. bey.

und sein einziger Freund Rose, durften bey ihm bleiben. Mit dem Blick der Liebe sieht er Rosen an, bis ihm die Augen brechen. — Schon vergeht ihm die Sprache, nochmals faltet er seine Hände, und winkt seinem Hofprediger mit Beten fortzufahren. Dieser thut es, der Herzog segnet sich selbst mit einem Kreuz ein, und giebt mitten unter dem Gebet; „Herr Jesu Christ wahr'r Mensch und Gott," eben bey dem Worte Jesu, unter einem tiefen Seufzer, seinen Geist auf (den 8ten oder 18den Jul. 1639. früh nach 7 Uhr) b).

Herzog Bernhard starb in der Blüthe seiner Jahre, in einem Alter von vier und dreißig Jahren, eilf Monathen und zwey Tagen c).

Sein erblaßter Körper wurde den Tag nach seinem Hinscheiden geöfnet und balsamirt. Der innere Zustand desselben sowohl, als die kurz vor seinem Tode überall ausgebrochenen schwarzen Flecken, verriethen nicht undeutlich, daß empfangener Gift die Ursache seines plötzlichen Todes sey d).

b) Theatr. Europ. T. IV. S. 14.

c) Müller a. angef O. S. 360.

d) Müller S. 360. „Der Fürstliche Cörper ist „bald geöffnet, und an demselben äusserlich befunden „worden:

Der Feldscherer ritzte sich bey der Section von ohngefehr mit der Hand an den Hirnschädel,

„worden: 1) Uff der rechten Seiten am Halse zwey „grosse schwartze gifftige Blattern, 2) unter dem Kinne drey rothe feuerbrennende Blattern, 3) der ganze „Leib ist mit schwartzen Todten-Mählern überzogen „gewesen. Nach beschehener Eröffnung hat es 1) einen „überaus starken üblen Geruch gegeben, und seynd „2) die intestina dergestalt braun gewesen, als hätte „man sie in ein gestandenes schwartze Geblüt gelegt ge„habt, 3) an dem Hertzen ist zwar keine Malignität „zu spühren, doch aber dasselbe in die Breite sehr zu„sammen geschrumpfft, und die Hertzkammer ziemlich „voller Wasser gewesen. 4) Der Magen ist auswendig „nicht so böß als inwendig befunden worden, denn „Er innerlich mit einem solchen zähen Schleim behängt „gewesen, gleich einer Weindrüssen, gantz schwartz und „verbrandt, 5) die Lunge gantz voller giftiger Blat„tern, aus welchen eine faule enterichte Materie ge„gangen, 6) die Leber gantz schwartz, putrificirt, „7) die Galle ziemlich groß, und doch fast gantz leer, „8) die Miltz so groß und auffgeloffen, dergleichen die „anwesenden Medici und Chirurgi sonst noch nie „gesehen haben, 9) die Blase hat gar keinen Urin „gehabt, 10) der hohle Leib ist voller Wasser, und „darinnen gelbe Materie, als wie Gallert gewesen, „dern 6 grosse Hände voll herausgethan worden, 11) „das Gehirn ist fürtrefflich groß, gesund und frisch „gewesen." Epit. rer. Germ. pag. 190. sq. et no. 9. Pufendorf. L. XI. §. 41. p. 373. Tentzel Ernest.

del, und augenblicklich fing solche an zu schwellen, und den eilften Tag war er todt e).

Verschiedentlich will man zwar behaupten, daß er an einer pestartigen Krankheit, welche damals bey der Armee geherrscht, und in wenig Tagen gegen vierhundert Menschen hingerafft habe, gestorben sey, allein keiner von allen Personen, welche um den Herzog waren, wurde angesteckt, welches doch bey dergleichen Krankheit nothwendig geschehen seyn würde.

Die Vermuthung für eine geschehene Vergiftung bleibt also unbezweifelt richtig, und

X 4 wird

Ernest. Med. Cabinet S. 549. Cypriani adversaria historica, quibus Bernhardi Magni Duc. Vin. vita et Germ. et Suecor. belli funestissima periodus illustrantur, p. 27. sq. et 35. Heinrichs Sächs. Geschichte 2r Theil S. 173.

e) Dieser Umstand, dessen ich blos aus dem Grund gedenke, weil so viele ältere Historiker ihn in Erwägung gezogen haben, dürfte itzt wohl nicht hinreichend seyn, daraus eine Vergiftung zu erweisen; indem ein jeder Anatomiker sich hütet, sich mit seinem Messer nicht sodann zu verwunden, wenn es mit dem faulenden Safte eines Cadavers benetzt ist, weil so viele Exempel die Tödtlichkeit eines solchen auch noch so kleinen Stichs oder Schnittes darthun.

wird solche noch mehr dadurch bestätigt, daß der Herzog einige Zeit vor seinem Tode von mehrern Orten, besonders aber von Venedig aus, war gewarnet worden, sich vor Gift zu hüten; ferner daß sogleich nach seinem Tode von den entferntesten Orten, wo man ganz ohnmöglich noch Nachricht von seinem Ableben haben konnte, nach Basel Briefe kamen, in welchen angefragt wurde: ob Herzog Bernhard todt sey? auch unter der ganzen Kaiserlichen Armee schon im Frühiahr des 1639sten Jahres einer dem andern in die Ohren raunte: „Herzog Bernhard werde seine „Victorien nicht lange überleben," und endlich der heldenmüthige Fürst selbst auf seinem Todtenbette wegen empfangenen Gifts verschiedene Aeußerungen gethan, und sein Hofprediger in der Leichenpredigt sogar kein Geheimniß daraus gemacht hat.

Zweifelhaft ist und bleibt es aber bis ietzt noch immer, auf welche Art f), und auf wessen Veranlassung diese That verübt worden ist. Einige Schriftsteller beschuldigen Frank-

f) Soviel ist nach der Zeit halb und halb kund worden, daß ein Medikus aus Genev Namens Blandin das Gift zubereitet habe, und solches dem Herzog in einem Gericht Fische beigebracht worden seyn soll.

Frankreich g) und den Cardinal Richelieu, andere den Kaiserlichen Hof h). Ueber beide Meinungen will ich kein entscheidendes Urtheil fällen, aber nur soviel erwähnen, daß der Französische Hof durch seine Abneigung, welche er gegen Bernhard von iener Zeit an, als er merkte, daß dieser Held Breysach, den Schlüssel von Deutschland sich allein zuzueignen Willens sey, nur zu sehr äußerte, und durch die unverkennbare Reue über seine Zusage, dem Herzog, das Elsaß abtreten zu wollen, und

 endlich

g) Hierher gehört vorzüglich Tentzel a. angef. O. S. 550. und der Autor der Sächs. Merkwürdigkeiten S. 581.

h) Dieses behauptet nur ein Franzose Nahmens Michel de Vossor dans l'histoire de regne de Louis XIII. Tom. IX. L. XLIV. p. 262. Dieser Schriftsteller will seine Meinung daraus deutlich machen: weil von Weimar aus, der Gesundheit des Herzogs ohngeachtet, gemuthmaßt worden, daß er nicht lange mehr leben würde, und daß man auch von da aus in einer am Rhein gelegenen Stadt angefragt: ob er noch lebe. Endlich sagt er ganz frey: On seroit donc plus tenté de croire, que la cour de Vienne voulut se delivrer d'un ennemi formidable. Von dem Tode dieses Fürsten findet man auch Nachricht in Struvens hist. polit. Archiv. P. II. p. 215. und in den Memoires des Grafen von Erlach p. 53.

endlich auch dadurch, daß es nach der am 9ten oder 19den July geschehenen Publication des Bernhardischen Testaments öffentlich durch den Herrn von Choysy, den 2ten oder 12ten August 1639 erklären ließ: daß der Herzog nicht vermögend gewesen sey, über Gegenstände, welche nicht sein Eigenthum wären, zu disponiren, — keinen geringen Verdacht gegen sich erregt habe.

Der entseelte Körper des Herzogs wurde zu Neuburg so lange standesmäßig bewacht, bis er am 20 oder 30 July nach Breysach unter einem großen Gefolge gebracht wurde.

Die Fürstliche Leiche stand auf einem mit schwarzen Tuch behängten Trauerwagen, welcher von sechs gleichfalls schwarz behängten Pferden gezogen wurde, ihr folgten, der junge Pfalzgraf, der Graf von Nassau, Generalmajor von Erlach, Resident Mockel, die Obersten Oehm, Rose und Moser, samt mehrern Cavaliers, und den ganzen Fürstlichen Hofstaat.

An den Ufern der Festung Breysach warteten ihrer drey Infanterieregimenter, und die Leibcompagnie des verstorbenen Herzogs. Acht Capitaine hoben den Sarg vom Trauer-

wagen,

wagen, und trugen ihn in den Dom, wo er nach der vom Hofprediger des verstorbenen Herzogs gehaltenen Leichenpredigt in einer schwarz bekleideten Capelle so lange beigesetzt wurde, bis ihn seine Herren Brüder von da wieder abholen lassen würden i).

Diese bemüheten sich auch sogleich nach erhaltener Nachricht von Bernhards Ableben k), um die Kaiserliche Erlaubniß zur Transportirung des erblaßten Körpers, sie erhielten sie auch von Ferdinand dem dritten, allein von Seiten der Generalität wollte man ihn nicht verabfolgen lassen, und so verzog es sich ganzer sechzehn Jahre bis 1655.

Um diese Zeit schickten die Herzoge Wilhelm von Weimar, und Ernst von Gotha mehrere Abgeordnete nach Breysach, welche den 11ten oder 21sten Sept. daselbst eintrafen,

i) Theatr. Europ. Tom. IV. S. 15. Müller S. 360 u. 361.

k) Das Schreiben, welches diese traurige Nachricht enthielt, war von des verstorbenen Herzogs Roth, Landes-Hauptmann und Obersten Hanß Georg Verthram von Hersbach, unterm 11ten oder 21sten Jul. abgefaßt, und habe ich solches seiner Merkwürdigkeit wegen sub No. VII. abdrucken lassen.

sen, binnen drey Tagen die nöthigen Verfügungen zum Transport trafen, und den 15den oder 25sten September unter Begleitung des Königlich Französischen Gouverneurs, mehrerer hohen Officiere, und Abfeierung derer auf die Basteyen aufgepflanzten Kanonen, mit der Fürstlichen Leiche aufbrachen l).

Den

l) Müller. S. 399. „Nachdem Hertzog Wilhelm „undt Hertzog Ernst sich resolvirt, Dero in Jahr „1639 verstorbenen Bruders, weiland Hertzog Bernhards, des Grossen, Fürstlichen Leichnam von Briesach abholen, und solchem in dem Fürstlichen Erb-„Begräbnis zu Weimar beysetzen zu lassen, und zu „solchem Ende vor weniger Zeit nachbenandte, als; „Hanß Augusten von Leutsch, Hofmarschalln, Ober-„Amtmann und Obrist-Lieutnant, Heinrichen von „Schwechhausen, Rath und Kammer-Junker, Sta-„lanus Friedrichen von Scharffenstein, Landes-Haupt-„mann, und Heinrichen von Miltitz, Amtmann zu „Saltzungen und Krainberg, mit benöthigtem Ge-„folg, und insonderheit, zu Bewahrung des Fürstlichen Cörpers, acht von der reitenden Leib-Guarde, „dern ieder das Fürstliche Sächsische in Gold gestick-„te Wappen uff seinem Rocke hatte, nach besagten „Breisach abgefertigt, diese auch den 11 hujus daselbst „angelangt, und alle Praeparatoria zu Abführung „der Fürstlichen Leiche gemachet, als seynd sel-„bige heute den 15 dieses, nebst dem Fürstlichen Cör-„per, wie auch zwey gantzen Carthaunen, dern eine

„von

Den 26sten Sept. oder 6ten Octob. traf solche zu Eisenach ein, wurde auf die Wartburg gestellt, und den 6den oder 16ten Dec. nach gehaltner Trauerpredigt unter Läutung aller Glocken und Abfeurung des Geschützes, nach Gotha gebracht, wo sie unter ebenmäßigen militärischen Ceremonien vor dem Brüler Thore, von den Fürstlichen Personen und der ganzen Dienerschaft eingeholt, und in die Schloßkirche zum Friedenstein beigestellt, von da aber, nach vorhero bey Hof gehaltener Leichenpredigt, den 7ten oder 17den Decemb. in einer feierlichen Procession nach der Stadtkirche, wo man ein prächtiges Castrum Doloris errichtet hatte, gebracht wurde.

Selbst der älteste Prinz des Herzogs Ernst, Johann Ernst, ein Herr von funfzehn Jahren, gab einen öffentlichen Beweis von der Verehrung, welche er noch der Asche seines im Leben

„von 98 und die andere von 96 Centnern, worauff „die Abbildung der Briesachischen Belagerung, und „einem kleinen Stücklein, zu besagten Briesach, unter „Begleitung des Königlichen Französischen Gouverneurs, und verschiedener hoher Officirer, wie auch „Loßbrennung vieler uff die Basteyen zu dem Ende „geführter Stücke, und Auffwartung der Königlichen „Besatzung, von dar wiederum ab- und zurücke „reiset.“

Leben so allgemein geliebten und tapfern Onkels zollte. Dieser zu Ehren hielt der junge Fürst in Beiseyn des ganzen Hofs, mehrerer Fürstlichen Räthe, und hoher Officiere, in dem Herzoglichen Tafelzimmer nach geendigter Trauermusik, eine vortreffliche Rede in lateinischer Sprache (den 8ten oder 18ten Dec.) m).

Den folgenden Tag wurde der entseelte Körper unter Glockengeläute und Donner der Kanonen, begleitet von zwölf von Adel, welche neben dem Trauerwagen ritten, und zwölf Trabanten, so beiher gingen, weiter, und zwar bis Gemstedt, wo er unter einem Zelt die Nacht durch bewacht wurde, gebracht.

Den 10den oder 20sten Dec. traf man zu Erfurt ein, das Geschütz von der Cyriaksburg wurde zu mehrernmalen abgebrannt, — alle Glocken geläutet, — der Rath erschien in Trauer, — die Bürger paradirten in den Straßen, — und bey der Durch- und Abfahrt wurden abermals vierzig große Kanonen von den Wällen gelöset n).

Noch

m) Müller S. 400. Lünig p. 563. Sächs. Merkwürdigkeiten p. 581.

n) Müller a. angef. O.

Noch denselben Tag, Nachmittags vier Uhr, langte die Fürstliche Leiche zu Weimar an.

Schon vor der Stadt empfing man sie mit allen Solennitäten. Die Herzogliche Familie, verschiedene Prinzen von Gotha, ein militärischer Aufzug, und Kirch- und Schulbedienten, welche letztere mit Vortragung des Kreuzes Begräbnißlieder sangen, begleiteten sie bis zur Schloßkirche, und zwey Tage darauf wurde sie auf eine prachtvolle Art in der Pfarrkirche beigesetzt (den 12 oder 22 Dec.)

Nach dreimaligem Läuten aller Glocken und Ertönung mehrerer blasender Instrumente, nahm um zwölf Uhr Mittags der feierliche Aufzug seinen Anfang. Das Militaire stand von der Brücke an, bis zur Stadtkirche auf beiden Seiten in Gewehr, und zwey hohe Officiere zu Pferde, welchen drey Rotten von Infanterie mit Officiern und gedämpfter Musik folgten, eröfneten den Zug, hierauf kam die Schule und Geistlichkeit aus der Stadt, — das Kreuz wurde von einem Bürgermeister, neben welchem zwey Rathspersonen, und drey andere als Kreuzmarschälle gingen, getragen. —

Die beiden Weimar- und Gothaischen Hoffouriere, hatten mehrere Trupps Infanterie und Kavallerie in der Mitte. In vier Gliedern ritten zwölf Archibousirer nebst Officiern, welche insgesamt das Fürstlich Sächsische Wappen auf dem Ermel führten; diesen folgten acht Trompeter und ein Paucker, mit einer schwarzen Fahne, in welcher des verblichenen Herzogs Nahme stand; diesen nach ritten drey hohe Officiere, dann kam die Blutfahne, welche von Günther von Bünau zu Tannenroda, welcher ganz in Rittertracht gekleidet, und dessen Pferd überall mit Carmoisin rothen Federbüschen und Bändern ausgeschmückt war, gehalten wurde. Dieser folgten die andern Fahnen von Sachsen, Jülich, Cleve, Bergen, der Landgrafschaft Thüringen, der Markgrafschaft Meißen, und der gefürsteten Grafschaft Henneberg. Hierauf kamen abermals verschiedne Rotten Soldaten, drey Marschälle, und vier und zwanzig Weimar- Gotha- und Eisenachische Landadeliche, ferner die Trauerfahne, welche der Major von Stein zu Fuß trug, und das mit schwarzem Sammet ganz bedeckte, und von Hanß Georg, und Georg Ernst von Wangenheim geführte Trauerpferd samt der Hauptfahne.

Diesem

Diesem nach erschien ein Marschall, welchen vier und zwanzig Personen von Adel in Mänteln begleiteten, und dann sechs Trompeter mit schwatzen Fahnen, in welchen das ganze Sächsische Wapen befindlich war.

Vor dem Trauerwagen her ritt Christoph von Raschau, ganz mit einem vergoldeten Harnisch angethan, ihm nach kam das Küraßpferd. Verschiedne Cavalliere trugen die Fürstlichen Insignien, als die goldnen Sporn, das vergoldete Casquet, den bloßen Degen, und den Commandostab. Hierauf folgte die Fürstliche Leiche selbst. Sie stand auf einem Trauerwagen unter einem mit Sammet überzogenen, vergoldeten und mit Flor umhängten Himmel, — der Wagen selbst wurde von acht ganz schwarz bedeckten Pferden gezogen, und diese durch achte von Adel geführt; zur rechten Seite desselben gingen acht Oberste, und eben so viel Rittmeister mit Pistolen, und zur linken acht Oberstlieutenante. Diesen folgten vier Marschälle, dann sämtliche Fürstliche Mannspersonen, welche von Trabanten mit umgekehrten Partisanen umgeben waren, unmittelbar nach diesen kamen die Fürstlichen Räthe, die Deputirten der Universität Jena, und des Raths von Erfurt, ingleichen die

Kammer- und Hofiunker. Abermals folgten verschiedene Compagnien Infanterie, und vier und zwanzig Edelleute samt drey Marschällen gingen vor denen Fürstlichen Damens, welche ebenfalls mit Trabanten umgeben waren, her, und die adelichen Frauenzimmer, die Collegia, Beamten, und die Weiber der Geistlichen und Räthe, wie auch drey Troupps Infanterie und eben so viel Cavallerie machten den Beschluß.

In der Kirche wurde der Sarg niedergesetzt, von hohen Officiern umgeben, eine Trauermusik aufgeführt, und von des verstorbenen Herzogs ehemaligem Hofprediger Daniel Rücker, welcher damals Pfarrer zu Rothenburg an der Tauber war, über die zweite Epistel des Timoth. 2, V. 7 und 8. „ich habe einen guten Kampf gekämpft,“ eine vortreffliche Leichenpredigt gehalten, und der Lebenslauf verlesen.

Nach Endigung dieses ertönten alle Glocken, samt zwey Chören Trompeten, und die Fürstliche Leiche wurde unter Voraustragung acht brennender Fackeln, und der Insignien, zu dem, gleich bey dem Altar befindlichen Erbbegräbniß gebracht o), in welches sie während der

o) Müller S. 407. Wette in historischen Nachrichten von der berühmten Residenzstadt Weimar, S. 303.

der fortdauernden Trauermusik und Abfeuerung der Kanonen, eingesenkt würde.

Im Herzoglichen Schloß hielt sodann noch Abends sieben Uhr der Geheimerath und Kanzler, wie auch Consistorialpräsident, Doktor Samuel von Goechhaußen, die Abdankungsrede, worauf alle bey dieser Feyerlichkeit gewesene Personen, sowohl diesen Abend als des folgenden Tags, theils bey Hofe, theils in der Stadt tractiret wurden p).

Das Bernhard errichtete Grabmahl, dessen Anschaun iedem Patrioten ehrwürdig seyn muß, bildet eine Erhöhung, auf ihr liegt ein Stein, in dessen Mitte eine metallene Tafel mit folgender Aufschrift befindlich ist:

„Des Durchl. Fürsten und Herrn, Herrn
„Bernhard des ältern, Herzog zu Sachsen,
„Herrn Johannsen, Herzogen zu Sachsen,
„und Frau Dorothea Maria, geb. Fürstin
„zu Anhalt XI. Sohns. Er wurde gebohren
„zu Weimar den 5 Aug. 1604 früh bald

 „nach

p) Von dieser feierlichen Beisetzung handelt Müller S. 400 bis 407. Lunig Theatr. ceremonial. Hist. politic. T. II. Cap. XVIII. p. 562. sqq.

„nach 8 Uhren, befunde sich nach abgeleg-„ten unterschiedlichen Kriegs-Bedienungen, „und gethanen Reisen als das höchste Haupt „der Armee in Französischen Kriegsdiensten, „darinne er für die Religion und die Frey-„heit mehr Siege und Eroberungen, durch „Gottes Hülfe erhalten, als in dieser kur-„zen Schrift zu fassen ist, bis endlich mit „Ueberwindung des unüberwindlichen Bri-„sachs, er seine lezte That gecrönet, und „kurz darauf sein Leben allzufrühe in bester „Blüthe des Glücks zu Neuburg am Rhein „den 8 Julii 1639 geendet, seines Alters „34 Jahr 11 Monathe. Der Cörper wurde „sobald zu Brisach beigesetzet, nachgehends „aber erst im Jahr 1655 den 12 Dec. in „das Fürstl. Weimarische Erb-Begräbniß „begraben. Gott verleihe diesem Helden „eine sanfte Ruhe, und am Jüngsten Tage „mit allen standhaften Streitern Christi eine „fröliche Aufferstehung. Mehreres von die-„sem tapfern Herrn ist in dem überstehen-„den Epitaphio *) zu finden.“

Ueber

*) Dieses Epitaphinm fehlt. Gottfr. Albin de Wette kurzgefaßte Lebensgeschichte der Herzoge zu Sachsen S. 209. u. folg.

Ueber diesem Monument sind noch Sporn, Degen, Schild und Fahnen aufgehängt.

Ein sehr schönes Epitaphium ließ ihm auch einige Zeit nachher sein Herr Bruder Herzog Ernst zu Gotha 1660. in der Marktkirche daselbst, nebst seinem Bildniß aufrichten q).

Der Thaler, der zum Andenken der Beerdigung des heldenmüthigen Bernhards geschlagen worden ist, hat auf der einen Seite des Herzogs Brustbild mit der Umschrift: D. G. BERNHARDVS DVX SAXONIAE JVLIAE CLIVIAE ET MONT. auf der andern die Worte: BERNHARD. DVX. SAX. NAT. VINAR. MDCIV. VI. AVG. DECess. NEOBVRG. AD RHEN. VIII. JVL. MDCXXXIX. TVMVL. VINAR. XII. XBRIS. AN. MDCLV. SECVLARI POST PACEM GERM. RELIGIOS. r).

q) Cypriani adversaria historica quibus Bernhardi Magni, Duc. Vin., vita et Germ. Suecor. belli funestissima periodus illustrantur p. 31.

r) Mehrere auf seinen Tod geprägte Münzen sind beym Tentzel in Ernest. Med.-Cabinet S. 510 u. folg. beschrieben.

Auch zu Paris hielt man dem Herzog prächtige Exequien. — s).

So geschwind, so unerwartet, endigte Bernhard seine kurze aber ehrenvolle Laufbahn. In ihm verlohren die Protestanten ihren eifrigsten Beschützer, die Alliirten den größten Feldherrn, Frankreich einen furchtbaren Nebenbuhler um das Elsaß, und der Kaiser seinen gefährlichsten Feind.— Gegen diesen letztern focht er seine ganze Lebenszeit hindurch, und mußte dahero auch erfahren, daß ihm Ferdinand der dritte, unter allen seinen Brüdern die Belehnung seiner Erblande versagte (den 24 Jul. 1638.) t).

Mit der Tapferkeit des Soldaten verband er ächte Empfindung für Menschenliebe, Tugend und Religion, diese äußerte sich beinahe in jeder seiner Handlungen, welche einzig und allein auf selbige gegründet waren. — Seine meisten Feldschlachten und Züge zweckten darauf ab, der wahren evangelischen Religion aufzuhelfen, und solcher gegen die ihr angethanen Bedrückungen beizustehn. Es bleibt dieses wahr, wenn auch gleich die Mittel zu

dieser

s) Theatr. Europ. Tom. IV.

t) Müller S. 355.

dieser Absicht, nicht die abgemessensten scheinen mögten, und er auf den ersten Augenblick nicht vermuthen konnte, daß seine erzkatholischen Hülfsvölker für die evangelische Lehre fechten, und solche ausbreiten würden. Der Herzog überlebte seine Absichten nicht, und also läßt sich auch nicht sagen, wie er sie ausgeführt haben würde. —

Ungemein groß war die Hochachtung, welche jedermann für Bernhard hatte, allgemein die Liebe, welche seine Soldaten für ihn hegten; aber auch er liebte sie als seine Kinder, theilte iede Beschwerde, iede Gefahr des Kriegs mit ihnen, war in jedem Treffen, in ieder Action an ihrer Spitze, und so geschah es, daß er durch sie und vermöge seiner eignen Entschlossenheit, Herzhaftigkeit und Gegenwart des Geistes, Wunder der Tapferkeit verrichten konnte.

Aus vier und dreißig Schlachten ging er als Sieger, und nur in einer einzigen, in der bey Nördlingen, unterlag er, aber auch hier sah man ihn sich kraftvoll und schnell wieder erheben.

Aus den Thaten eines Gustav Adolfs und mehrerer der berühmtesten und tapfersten Männer, hatte sich seine Seele ein Ideal von Guten,

ten, Edlen, und Großen, das der Grund seiner Urtheile und Handlungen wurde, und seinen ganzen Charakter bestimmte, gebildet. Kein Hinderniß stand seiner Kühnheit im Wege, nichts konnte seinen Muth besiegen. —

Bernhards Gesichtsbildung war einladend, offen und groß, sein Anstand schön, sein Körper robust und voll Stärke.

Er haßte den Hofzwang, die Pracht, das Ceremoniell, und allen Ueberfluß. Früh der Waffen gewohnt, stark und unermüdlich durch die Erziehung — und seine Jugend gemacht, suchte er nichts als sich Ruhm zu erwerben, und Gutes zu stiften.

Er hat sich nicht vermählt, und obgleich Richelieu ihm seine Niece, die Herzogin Cambalette von Eguillon, antrug, so schlug er solche doch aus, hätte hingegen aber lieber die Wittwe des Herzogs von Rohan geheirathet: dies wollte aber der König von Frankreich nicht zugeben, weil er besorgte die Hugonotten mögten Schutz finden. Einige meinen auch, daß er auf Landgraf Wilhelms zu Hessen Wittwe ein Absehen gehabt habe. —

Das beste Stück aus der Verlassenschaft des Herzogs Bernhard, war sein zahlreiches Kriegsheer, die sogenannten Weimarischen

Trup-

Truppen. Es war demienigen seiner Brüder vermacht, welcher solches annehmen würde. Keiner derselben wollte sich aber vom neuen mit dem Kaiser in Krieg verwickeln, und gaben sie sich dahero auch wenig Mühe solches zu erhalten, obschon die Eroberungen sie gern gehabt hätten, deren Behauptung aber ohne den Besitz einer Armee unmöglich war.

Angelegener als das Hauß Weimar ließ sich den Besitz der Bernhardischen Armee Schweden und Frankreich seyn. Schweden, weil solche in seinem Namen geworben, und Frankreich, weil sie von seinem Gelde erhalten worden wäre.

Auch der Churpfälzische Prinz, Karl Ludwig, trachtete nach derselben. Auf die Nachricht von Bernhards Tode begab er sich aus Holland, wo er sich bisher aufgehalten nach England, und wollte über Frankreich nach Breysach gehen, wurde aber, da er den unglücklichen Einfall hatte, seinen Namen zu verschweigen, zu Moulin angehalten, und nach Vincennes gebracht, wo er unter dem Vorwande, daß eine Person von seinem Stande ohne des Königs Vorwissen nicht durchs Land reisen dürfte, bis in den März 1643 gefangen sitzen mußte u). Binnen

u) Epit. rer. germ. p. 191. sq. Pufendorf. L. XI. §. 59. p. 379. sq. Brachel. L. VI. p. 375. Memoires

Binnen dieser Zeit aber hatte der französische Hof, durch den mittelst einiger Millionen Geld nach Elsaß abgeschickten Herzog von Longueville, den General von Erlach, und die übrigen Oberhäupter der Weimarischen Truppen erkauft v), und sich den Besitz der sämtlichen Bernhardischen Eroberungen in Elsaß, Brisgau u. Burgund, zu verschaffen gewußt x).

Hätte die Vorsehung den Herzog Bernhard nicht zu früh von seiner heldenmüthigen Laufbahn abgefordert, — wären seine Tage bis zum Schlusse des Westphälischen Friedens verlängert worden, — so würde man neben seinen großen so außerordentlichen Thaten gewiß noch in der Geschichte lesen: daß er sich durch seine Tapferkeit einen eignen souverainen Staat erworben habe.

Memoires historiques concern. le General d'Erlach, T. I. p. 61.

v) Pufendorf. L. XI. §. 49. pag. 376. „Humanitati verborum maximum pondus a tribus „millionibus, ad eum exercitum missis, accedebat." §. 54. p. 377. „Enimvero Galli fortioribus rationibus pugnabant, per stipendia militi „promissa, et corruptis singulis ductoribus."

x) Pufendorf. L. XI. §. 53. sq. p. 377. Du Mont. T. VI. P. I. p. 185. sq. Lünigs R. A. P. sp. Cont. II. Abth. 4. Abs. 2. S. 435.

Urkunden

Urkunden

zur

Geschichte Bernhards des Großen.

No. I.

Heiraths-Vertrag zwischen Herzog Johann Friedrichen zu Sachsen, und Fräulein Sibylla, gebohrne von Gülich, Cleff und Berg ꝛc. de dato Mayntz den 8 Aug. Anno 1526.

Im Namen der Heiligen unzertheilten Dreyfaltigkeit, bekennen und thun kund von Gottes Gnaden Wir Johannes, Herzog zu Sachsen, des heil. Römischen Reichs Ertz-Marschalch und Churfürst, Landgraffe in Thüringen und Marckgrafe zu Meißen ꝛc. Und von deßelben Gnaden Wir Johannes Herzog zu Cleve, Gülich und Berge, Grafe zu der Marck und Ravensberg; Auch Wir Maria, gebohrne von Gülich, Herzogin zu Cleve ꝛc. Nachdem uns, als durch die Wohlgebohrnen, Wilhelmen, Grafen zu Nassau ꝛc. Philipsen, Grafen zu Solms, Wilhelm, Grafen zu Neumar, unsere besondere günstige Lieben und Getreuen, aus sonderer Wohlmeinung einer Ehestiftung zwischen dem Hochgebornen Fürsten, Herrn Johann Friedrichen Herzogen zu Sachsen, unsers, Herzogs

zogs Johannsen, Churfürsten, Sohn, an einen, und der Hochgebornen Fürstin Fräulein Sibyllen, unser, Johanns, Herzogen, und Maria Herzogin zu Cleve ꝛc. ältester Tochter, am andern, in Handlung gebracht möcht werden, sich emsig und fleißig bemühet, auf welches mit unser beyderseits Bewilligung, die Sache dahin gediegen, daß unser Sohn und Tochter mit uns, Maria Herzogin zu Cleve ꝛc. zu Cölln am Rhein, die Wochen nach Quasimodogeniti, ietziger Jahrzahl, zu Besichtigung und freundlicher Unterrede einkommen, und außerdem Ihre Liebden gefallen zu eingetragen, auf etzliche Articul, doch auf unser Gefallen und Bewilligung, nemlich daß wir zu Franckfurth unsere Räthe mit genugsamer Vollmacht auf den ersten Tag des Monats Augusti einschicken sollten, und über solches sich zugetragen, daß aus bewegenden Ursachen mit unser beiderseits Bewilligung, solche Wahlstadt auf bestimmten Tag gegen Maynz einzukommen verendert, doch wie zu Franckfurth hätte geschehen sollen, Handlung für zu wenden.

Demnach Wir die Wohlgebohrnen und Edlen, Ehrwürdigen, Gestrengen und Hochgelahrten, unsere Räthe, Neven und Lieben Getreuen; nemlich von unser, des Churfür-

sten,

sten, wegen, Albrechten, Grafen und Herrn zu Mansfeld, Anargen, Herrn zu Wildenfels, Haußen von Minckwitz, Ritter, und von unser, Herzogen und Herzogin von Cleve, wegen Wilhelm, Herrn zu Renneburgk, und Schnyhen, unsern Hofmeister und Droßen zu Borne, Winrichen von Duhne Grafen zu Limburgk und Falckenstein, Herrn zum Oberstein, Herrn Siebert von Rißwich Probst zu Altensehe und Chur, unsern Canzler, Johann von Polent, unsern Landdroßen, unsers Landes zu Gülich und Ambtmann zu Wilhelmstein, Werner von Polent, unsern Ambtmann zu Weßenberg, Elbricht von Polent, unsern Erb-Marschalch unsers Landes zu Cleve, und Droßden, unsers Landes Dienstlecken, Wilhelm von Nesselreyde, unsern Hofmarschalch und Ambtmann zu Windecken Caspar von Elverfelde, unsern Ambtmann zu Wetter und Huerd, und Meister Peter von Clepis Doctor, in den Sachen endlich zu schliesen, mit genugsamer Vollmacht abgefertiget; Auf welches denn unsere gevollmächtigte Räthe ihre Vollmacht gegen einander übergeben, und folgend Artical einträgtiglich entschloßen, und sich der endlich vertragen haben, nemlich und also:

Daß

Daß unser, des Churfürsten, Sohn, Herzog Johanns Friedrich, dergleichen unser, Herzog Johannsen und Marien, Herzogin zu Cleve und Gülich, älteste Tochter, Fräulein Sybilla, zum Sacrament der heil. Ehe haben sollen, derselben unser Tochter wollen Wir, Herzog und Herzogin zu Cleve und Gülich, Fünf und zwanzig tausend Gülden in guten gangen und wichtigen Rheinischen Goldgülden, Churfürstlichen Schlages, und ob die Bezahlung solcher Mitgift nicht mit Rheinischen Gülden gänzlich bezahlt könnte werden, soll unter solcher Bezahlung der halbe Theil mit Duppel-Ducaten, Nobeln, Engellotten, Chronen, Lawen, nach Wierderung, wie die zu Franckfurth gelten genommen werden, auf den Tag und Zeit, wenn das eheliche Beylager gehalten, zu Heyraths Geldte entrichten, und bemeltem unserm lieben Oheimen und Schwäher, dem Churfürsten zu Sachsen, und unsern zukünftigen Eydam, dadurch Ihre L. billich und wohl genüget, zu handen stellen, und dencklich ohne allen Verzug bezahlen.

Wir wollen auch dieselbe unsre liebe Tochter, Fräulein Sybillen, mit stattlichem und ehrlichem Geschmuck und anderm, auch mit einem

einem Silbergeschirr, wie einer Fürstin eignet und gebührt, versehen und abfertigen. Dargegen wollen wir, der Churfürst von Sachsen rc. dieselbe unsers Sohns zukünftige Gemahl, jährlich mit fünf tausend und sechshundert Gulden beleibzüchtigen lassen, und in solche Summa des jährlichen Einkommens der Leibzucht, sollen keine Rente oder Nuzung, so sich in Leibzucht nicht anzuschlagen gebüren, gezogen oder angegeben werden. Und wiewohl wir in unserm Chur= und andern Fürstenthumen drey Oerter, nemlich Eisenach, Colditz und Leißnick vor den andern, Schweinitz und Saidaw vor den dritten, auf welchen die Leibzucht vermacht solt werden, haben vorschlagen lassen, also und mit der Maß, daß unsers Oheimen und Schwähers, des Herzogen und unser Muhmen und Schwägerin, der Herzogin von Cleve, Räthe, unter solchen Aemtern die Wahl der Leibzucht haben sollten, und welcher Ort Ihnen gefällig, daß auf denselbigen die Leibzucht aufgericht würden, mit Anbietung, ob solch Ambt die Summe Fünftausend und sechs hundert Gülden jährlicher Rent nicht ertragen würde, daß von andern unsern Churfürstlichen oder Fürstlichen Einkommen daßelbige solte ergänzet und zu Genüge erfüllet werden.

Wiederum, ob die Ambt, so zu Leibgeding angenommen, höher und mehr, denn die benennte Summe ertragen würde, solte die Uibermaas am füglichsten davon abgezogen, doch dermaßen und also, daß in alle Wege die jährlichen Renthe, sich auf fünftausend und sechshundert Gülden erstrecken solten; Aber aus dem, daß die Clevischen Räthe um die Erbauung der Behausung, auch Gelegenheit derselben, nicht gewust, ist endlich abgeredt und bewilliget, daß es mit der Vollziehung des Leibguts, bis daß gemeldter unser Sohn dieselbe seine zukünftige Gemahl heimbringen würdet, bestehen soll; alsdenn sollen Ihre Liebden vor sich selbst, oder durch die Ihren, besehen lassen, an welchem unter den angezeigten Enden Ihr Lieb wollen die Leibzucht haben, und wo alsdenn Ihrer Lieb solches am gefälligsten, wollen wir oder unsere Erben zum förderlichsten, und ohne Wegerung solche Leibzucht, mit genugsamer Verschreibung aufrichten und vollnziehen, Ihrer Liebe auch denselbigen angenehmen Ort mit aller Gerechtigkeit und Herrlichkeit verpflichten, ausgeschlossen die Jagd, dazu soll Ihre Liebe der Fischereyen, auch unser Wälde zu Brenn- und Bauholz, zu Nothdurft der Gebäuden des Witwensitzes zu gebrauchen haben, auch kein Wild,

als

als Haasen und Federthier, sollen Ihrer Lieb sahen zu lassen vorbehalten seyn.

Wir wollen Ihrer Lieb auch zu Unterhaltung Ihrer Leibfürstlichen Küche jährlich alsdenn zwanzig Stück Hirsch und Wildpret, zwanzig guter Schwein, dreyßig Rehe, ein jegliches wann es zu seiner Zeit am besten ist, überantworten und zuzustellen verordnen.

Wenn es dann der Allmächtige nach seinen göttlichen Willen also schicken würde, daß unser, des Churfürsten Sohn, eher, dann dieselbige Sr. Liebe zukünftige Gemahl mit Tode abgehen würde, alsdann und nicht eher soll Ihrer Liebe solch Vermächtniß, daßelbige ihr Lebenlang zu gebrauchen, zuständig seyn und bleiben, und daßelbige, wie Leibszucht, Gewohnheit ist, zu geniesen haben.

Ob auch der Allmächtige bemelden unsern Sohn und Tochter keine Erben verleihen, unangesehen, welches der Allmächtige am längsten fristen würde, ist abgeredt, daß kein Widerfall am Heyraths Guth wieder hinter sich fallen, sondern bey dem Hause zu Sachsen ohne alle Forderung und Ansprache bleiben soll. Wir obgedachter Churfürst, oder unsere

Erben, wollen und sollen auch Ihrer Liebe ein Silbergeschirr, wie sich denn einer Fürstin gebühret, und bey dem Hauß zu Sachsen gebräuchlich herkommen ist; dergleichen Bettgewand, dadurch sie sich ihren Stand nach zu erhalten hat, sammt dem Getraidicht und allen Vorrath, so auf den Häusern Ihrer Liebe zur Leibzucht vermacht, auch desgleichen Ihrer Liebe Kleinoder und Silbergeschirr, so Ihr Lieb mit sich bringen würdet, darzu die, so Ihrer Lieb geschencket, oder von unserm Sohn, Herzog Hanns Friedrichen gegeben werden, oder Ihre Liebe selbst machen liesen, folgen laßen.

So denn durch Schickung des Allmächtigen Ihrer Liebe unsern Sohn überleben würden, soll Ihrer Liebe das Leibgeding nach Ausgang vier Wochen, sammt allem dem, so auf solchen Schloßen, wann der Fall geschieht, seyn würde, eingeräumet werden, das denn die Zeit ihres Lebens Ihre Liebe sollen zu gebrauchen haben. Würde sich aber begeben, daß Ihre Liebe nach solchem tödtlichen Abgang ihres Herrn und Gemahls sich wiederum verehelichen würde, alsdenn soll in unser, des Churfürsten zu Sachsen, und unser Erben und Nachkommen Willen und Gefallen stehen, ob

wir

wir Ihre Liebe auf dem Leibgute ihr Lebelang wollen lassen, oder sie darob lösen; und diesfalls, wann wir oder unsre Erben oder Nachkommen, Ihr Liebe zu lösen Willens, soll Ihre Liebe mit funfzig tausend Gülden, an guten unverschlagenen wichtigem Golde, von berührtem Leibgut gelöst werden.

Wenn wir auch die Ablösung zu thun geneigt, sollen wir, oder unsere Erben solches Ihrer Lieb ein halb Jahr zuvor verkünden, und so die Aufkündigung geschicht, alsdann sollen wir, unsere Erben und Nachkommen, die Lösung zu thun verpflichtet seyn. So denn die Lösung geschicht, soll Ihre Lieb auf die bestimmte Zeit, gegen Uiberantwortung fünf und zwanzig tausend Gülden, das Leibgut abtreten, und Ihrer Liebe Vermächtniß-Briefe überantworten. Dagegen ihre Liebe wiederum, und zu Erfüllung der funfzig tausend Gülden, soll ein ander Vorschreibung übergeben werden, auf fünf und zwanzig tausend Gülden, lautenden in zweyen Jahren, und jedes Jahres dreyzehendhalb tausend Gülden, zu Leipzig oder Erfurth zu entrichten, und soll in Ihrer Lieb Gefallen stehen, der benannten beyden Oertern einen, da Ihre Lieb der Bezalung erwarten wollen, anzuzeigen, doch daß solche Anzeige allwegen ein halb Jahr zuvorn von Jhrer Lieb beschehe. Es sollen auch dieselbigen fünf und zwanzig tausend Gülden, dieweil die unbezahlt, iedes Jahr nach Landes Gewohnheit, fünf Gülden auf hundert zu rechnen, verzinnßet werden.

Ob dann durch die Lösung, und nicht Todes-Fall das Leibgut zu dem Hauß zu Sachsen wieder kommen würde, alsdenn soll Jhre Lieb uns oder unseren Erben daßelbige mit Vorrath und Bauung, in aller maasen, wie Jhrer Lieb solches eingeantwortet, wiederum verlassen; doch Jhrer Liebe ihre Kleider, Kleinod, Silbergeschirr und fahrende Güter, über das, so Jhre Lieb in der Behausung befunden, vorbehalten seyn.

Wo auch Jhre Lieb mit unserm Sohn Kinder erzeuget hätte, und wir die Ablösung, wie obberührt, thun würden, soll das Geldt der Ablösung, nach Jhrer Liebe tödlichem Falle, die Hälfte wiederum zurück, auf unsers Sohns Kinder, und so Sie Sich, wie gedacht, verändert, und mit Jhrer Liebe anderm Gemahl auch Kinder erzeuget, die andere Hälfte auf derselben andern Kindern kommen und gefallen. Würde aber Jhre Lieb, wie berührt, mit

unserm

unserm Sohn Kinder erzeugt haben, und mit ihrer Lieb andern Gemahl keine, soll dennoch die Hälfte unsers Sohns Kindern heimfallen, und Ihre Lieb die andere Hälfte ihres Gefallens zu wenden haben. Der Morgengabe halben ist es dermaßen abgeredet, daß wir, Herzog Johanns Churfürst, durch unsern Sohn dieselbige Sr. L. Gemahl, wie das Herkommen des Hauses zu Sachsen ist, bemorgengaben und versorgen wollen laßen.

Fürder ist abgered't, bewilliget und beschlossen, ob wir Herzog Johanns und Maria, Herzogin zu Cleve und Gülich keine männliche Erben hinter uns verlassen würden, die fürder keine Erben verliesen, alsdann sollen unsere Fürstenthumen Cleve, Gülich, Berge, die Grafschaften von der Marckt und Ravensberg, sammt allen Gütern Ein- und Zugehörungen, An- und Zufällen, Gerechtigkeiten, und was wir oder unsre männliche Erben, hinter uns verlassen würden, nichts ausgeschlossen, mit Landen und Leuten, wie wir oder unsere männliche Erben das gebraucht, oder hätten gebrauchen mögen, an gedachte unsere älteste Tochter Fräulein Sibylla, Herzog Johann Friedrichen Ihrer Lieb Gemal, und Ihrer beyder Liebden Erben, ob sie die mit einander zeugen würden, kommen und geerbet seyn, der sich denn die Landschaft halten sollten.

Wir wollen auch heisen und befehlen, daß unsere Landschaften, sobald das eheliche Beylager bemeldter Fürste mit benenndter unsrer Tochter gehalten, gnugsame Versicherung durch Beybriefe geben, ob Sach, daß wir ohn männliche Erben verstürben, daß sich all unsere Fürstenthum, Grafschaften, Herrschaften, Land und Leute, die wir ietzo haben, oder künftiglich gewinnen, und uns zufallen möchten, an bemeldte unsere Tochter, Ihre Liebe Gemahl und Ihrer beyder Leibes Erben, als Ihre rechte Landes Fürsten und Herrschaften halten sollen. Und wenn wir nach dem Willen des Allmächtigen, keine männliche Leibes-Erben hinter uns verlassen würden, und also die Fürstenthum und Lande unserer ältesten Tochter, und Ihrer L. Gemal Herzog Hannß Friederichen, heimgefallen sind; ist fürder abgeredt, daß zu dem Heyrath Guth der andern zweyen Töchtern, alsdann binnen vier Jahren vor alle Gerechtigkeit, so sie an allen verlaßenen Landen und Gütern, Kleinodern, Baarschaften, Silbergeschirr, fahrenden Haabe und andern nichts ausgeschloßen, gehaben möchten,

möchten, hundert tausend und sechzig tausend Gülden sollen gegeben, bezahlt, und auf folgende Tagezeiten entrichtet werden. Nemlich vierzig tausend Gülden, wann das Jahr nach dem Anfall verschienen, und dann allewegen auf solche Zeit die nächsten drey Jahr folgend, so der erste Termin und Tagezeit bezahlet, vierzig tausend Gülden entrichten, dermaßen und dergestallt, daß die hundert tausend und sechzig tausend Gülden, in Ausgang der vier Jahre, ob Gott solchen Fall schicket, daß keiner aus uns männliches Geschlechts geboren, und am Leben seyn würde, durch unser, Herzog Johanns, Churfürsten, oder unsere Erben, vergnüget und entrichtet werden. So auch der Allmächtige uns mehr Töchter verleihen würde, sollte doch derhalben die Summe, im Fall, ob wir keine männliche Erben verließen, dadurch nicht gemehret werden, sondern sollen alle an den hundert tausend und sechzig tausend Gülden gesättiget, und damit aller ihrer Gerechtigkeit entsetzet, und aller Ansprachen zufrieden gestellt seyn; Dieselbigen Töchter, so uns Gott mehr verleihen würde, sollen sowohl, als die wir iezt haben, an denselbigen hundert tausend, und sechzig tausend Gülden, so ihnen vor ihre Gerechtigkeit gereicht, berechtiget, auch keines Anfalls an den

Landen, und anderm, wie vor gemeldet, weiter gewärtig seyn. Würde aber eine unserer Töchter ohne Leibes Erben abgehen, alsdann solte solche Summe der hundert tausend und sechzig tausend Gülden, so wir zur Ausstattung ihrer Gerechtigkeit gemacht hätten, auf die andere unserer Töchter, und ihre Erben, keine ausgeschlossen, so viel der seyn würden, gefallen seyn; solcher Fall soll auch, so oft eine verheyrathet würde, versorgt werden, und wenn wir eine verheyrathen wollen, soll solches mit Rath unsrer Herrn und Freunde geschehen; auch zu iederzeit, so die Eheberedung gemacht, demjenigen, der das Fräulein haben soll, angezeigt werden, wie er des Falls halben, so sich der zutragen würde, abgeredt und beschlossen. Darauff denn auch genugsame Verzicht, Verschreibung, und was noth ist, von denselbigen Bräutigam und unser Tochter, so verheyrathet wurde, solle genommen werden.

Würde aber eine oder mehr unserer Töchter, ohne Rath und Willen Unser und unser Herren und Freunde sich verheyrathen, soll dieselbige an der vorgemeldten Summa der hundert tausend und sechzig tausend Gülden keine Gerechtigkeit haben, sondern ihr gebührlicher Theil soll den andern unsern Töchtern

und

und ihren Erben zugleich heimgefallen seyn und zu gut kommen. Und so es dann durch Schickung Gottes dahin gereicht, daß wir keinen männlichen Erben verliesen, und also die Fürstenthum und Grafschaften, Herrschaften, Lande und anders, auf unsere elteste Tochter geerbet hätten; Alsdenn soll Ihre Lieb drey Schloß, und darzu fünf tausend Gülden, jährlicher Rent an gewißen Einkommen, nemlich im Fürstenthum Cleve, Bunderich, mit zwey tausend Gülden, in dem Fürstenthum Gülich, Coster, auch mit zwey tausend Gülden, und im Fürstenthum Berge, Benräda, mit tausend Gülden, zu dem Vermächtnis, wie hiebevor vermeldet, wenn sie den Tod ihres Gemals, Herzog Hanns Friederichen erleben würde, ohne Weigerung zu ihren Leben zu gebrauchen, vermacht werden, doch mit dem Vorbehalte, so wie Maria Herzogin obgenannt, im Leben wären, Uns unsern Wiedum's, so wir an berührten Schloßen haben, nicht benommen, denn dießfalls soll unsere Tochter Fräulein Sibylla an andern Orten auf die vorgeschriebene Summa und Behausung verwiesen und versichert werden, als lang, bis wir auch tödlich abgegangen seyn. So sichs denn also zutrüge, daß gedachte unsere Tochter und Eydam Herzog

Hanns

Hannß Friederich durch unsern und unsers männlichen Leibes Lehns Erben tödlichen Abfall, wie berührt, zu unsern Landen kommen würden, soll unser des Churfürsten Sohn obgemelt, ehe denn sein Liebe die Huldigung und Pflicht von den Landschaften einnimmt, den andern unsern Töchtern gnugsame Versicherung machen, um die hundert tausend und sechzig tausend Gülden, damit Ihre Liebden wissen haben mögen, wo Ihre Liebden solches Geldes habhaftig werden und gewärtig seyn sollen.

Wir Johanns Herzog zu Sachsen Churfürst ꝛc. und Wir Johanns Herzog und Maria Herzogin zu Cleve ꝛc. sollen und wollen sämmtlich mit allem Fleiß bey Röm. Kaiserl. Majest. unserm allergnädigsten Herrn, suchen, dadurch Ihre Maj. auf den Fall, ob wir benannte Hertzog und Hertzogin zu Cleve und Gülich ꝛc. ohne männliche Erben abgehen würden, daß alsdenn Ihre Maj. Verwilligung darzu geben wolten, damit die Lande bey der gedachten Fürstin Fräulein Sibyllen unser Tochter und den Erben so Ihr Lieb mit unsers des Churfürsten zu Sachsen Sohn mit göttlicher Hülf zeugen würden, bleiben, und daß Kayserl. Begnadigung und Bestettung darüber erlangt werde.

Die

Die Fürderung, so wir Herzog Johanns Churfürst, anmassen, und wir Herzog Johanns und Maria Herzogin zu Cleve und Gülich nicht geständig, dieselbige soll hiemit jedem Theil, unvorgreiflich seyn und bleiben. Der Hochzeit und Heimfahrt halben, dieweil die Räthe sich des nicht endlich verglei
cht haben, wollen wir der Churfürst zum fürderlichsten zu unsern Oheimen und Muhmen, Schwäher und Schwächerin, dem Herzogen und Herzogin zu Cleve rc. schicken und uns deßelbigen mit ihren Liebden endlich und förderlich zu geschehen, vergleichen.

Nachdem dann berührte unsere geschickte Räthe und Verwandten, so allenthalben auf unsere von uns beyderseits gegebene Vollmacht abgefertigt sind worden, Befehl und Gewalt haben, zwischen unserm Sohn, Herzog Hannß Friederich und Tochter Fräulein Sibyllen Versprechung des ehelichen Standes zu thun, und also einer von dem andern zu nehmen, wie sie dann insonderheit, im Falle so den Dingen allenthalben, wie dann beschehen, Maas gefunden, und dieselbigen unser beyderseits Räthe, mit unsrer Bewilligung von unserm Sohn und Tochter, die Versprechung der Ehe, mit den Worten

de

de praesenti zu thun, gevollmächtiget seyn.

Demnach und also in voller Macht unsers Sohns und Tochter die Ehe versprochen, und mit Überantwortung der Vollmacht gesagt haben, zu welchem bewilligten angenommenen Ehestande, der Allmächtige denselbigen unsern Sohn und Tochter, Gnad und Wohlfahrt gnädiglichen verleihen wolle, welches wir Ihren Liebden hiemit von Gott dem Allmächtigen wollen gewünscht haben.

Nachdem denn solche Verhandlung, auch Vollstreckung der ehelichen Gelübdnis die benannte unsere Räthe, als unsere darzu Gevollmächtigte beredt, beschlossen, und von wegen unsers Sohns und Tochter, Herzog Hannß Friedrichen und Fräulein Sibyllen, auf ihre Vollmacht vollstreckt und gelobet haben; Als bewilligen, gereden und geloben wir, daß alle Articul in diesem Vortrage, und aufgerichter vollnzogener Ehegelöbnis begriffen, bey unsern Fürstl. Würden, stet, feste solle gehalten werden.

Des zu Urkund haben wir diesen Vertrag und bewilligte Eheberedung gantz zwiefacht mit unserm

unserm anhangenden Insiegel bekräftiget, der eine Wir der Churfürst, und die ander Wir Hannß Herzog, und Maria Herzogin zu Cleve und Gülich ꝛc. anstatt unsers Sohns und Tochter genommen haben. Geschehen zu Mainz am Mittwoch des achten Tags des Monats Augusti, nach Christi unsers lieben Herrn Geburt Tausend, fünfhundert, und im sechs und zwanzigsten Jahre.

No. 2.

No. 2.

Der Landschaft Gülich, Berge und Ravensberg Revers, gegeben Sonntag Reminiscere Anno 1527.

Wir Räthe, Ritterschaften, Bürgermeister, Schöppen und Räth der sämmtlichen Städten der Fürstenthumben und Landen, Gülich, Berge und Ravensberg, thun sammen kundt allermänniglich, daß jetzund, also kurz hiebevorn derrernitz, die Durchlauchtige Hochgebohrnen Fürsten, unsern gnädigsten lieben Herrn, Herrn Johannsen Herzogen zu Cleve, Gülich, Berge, Graf zu der Marckte und zu Ravensberg ꝛc. ein sonderliche Freundschaft und daneben zwischen beyden Ihren Churfürstl. und Fürstl. Gnaden Kinder, als nemlich Herzog Johanns von Sachsen Churfürsten, eltester Sohn, Herzog Hannß Friedrichen, und Herzog Johanns von Cleve elteste Tochter, Fräulein Sibylla ein wißlich, hylig, vereiniget, gethedingt und geschloßen, und darauf das eheliche Beyliegen durch Schickung des allmächtigen Gottes nun geschiehet, wie denn die Hylichs Vorschreibung darüber verfast und ver-

versiegelt, darauf wieder bebrengt, und sodenn in denselben Heyraths Vorschreibung unter andern bethedinget worden ist, ein Articul folgende von Worten zu Worten, hernach meldende also:

Förder ist abgeredt, bewilliget und beschlossen, ob wir Hertzog Johann und Maria Hertzogin zu Cleve, Gülich rc. keine männliche Erben hinter uns verlassen würden die förder keine Erben verliessen; Alsdann sollen unsere Fürstenthumben und Landen, Cleve, Gülich, Berge, die Grafschaften von der Marck und Ravensberg, sammt allen Gütern, Inn- und Zugehörunge, An- und Zufällen, Gerechtigkeiten, und was wir oder unsere männliche Erben hinter uns verlassen würden, nicht ausgeschlossen, mit Landen und Leuten, wie wir oder unsere männliche Erben das gebraucht oder hätten gebrauchen mögen, an gedachte unsere älteste Tochter Fräulein Sibylla, Herzog Hannß Friederichen, Ihrer Liebden Erben, ob sie der mit einander zeugen würden, kommen und geerbet seyn, der sich denn die Landschaften halten sollen.

Wir wollen auch heisen und befehlen, daß unsere Landschaften, so balde als das eheliche

Beylager bemeldter Fürsten mit genannter unser Tochter gehalten, genugsam Versicherung durch Beybriefe geben, ob Sach, daß wir ohne männliche Erben verstürben, daß sich alle unsere Fürstenthumen, Grafschaften, Herrschaften, Landen und Leute, die wir iezt haben, oder künftig gewinnen, und uns zufallen möchten, an bemelte unsere Tochter, Ihre Liebden Gemahl, und Ihre beyder Leibes Erben, als Ihre rechten Landesfürsten und Herrschaften halten sollen. Dem alles noch, und so die vielgemelte, unser gnädiger lieber Herr, und auch die Durchlauchtige, Hochgeborne Fürstin, unsere gnädige liebe Frau, Herzog und Herzogin zu Cleve, Gülich, Berge ꝛc. uns sementlichen, nu nach dem ehelichen Beyliegen, wie obgemeldt geheissen und befohlen han, solchen obgemelten Articul, soviel uns allen, da als Ihrer Fürstl. Gnaden gemeinen und sämtlichen Unterthanen angehen, und berüren mag, mit diesem unserm Beybriefe zu bewilligen und bestettigen willen.

Bekennen wir allesämmtlich, und ein jeder von uns, vor sich, unsre Erben und Nachkommlichen, in Kraft dieses Briefes, in dem daß der Fall, den Gott allmächtig, doch mit göttlicher Gnaden in dem besten vorseye, und

verhüten

verhüten wolle, also erscheine und queme, daß wir uns alsdann nach Inhalt desselben Articuls halten, und leben sollen, doch by also, daß unser gnädiger Herr von Sachsen solches an Röm. Kayserl. Maj. unserm allergnädigsten Herrn uff seiner Fürstl. Gnaden Costen buyßen gehvende Geld der Lande vorwarnen soll, und auch den zwo jungen Töchtern, ihren zugetheilten Penninck, so der Fall also käme, als nemlich hundert tausend, und sechzig tausend Goldgülden, gnugsam zu versorgen, buyßen zu den der Landen; und auch, daß Ihro F. G. Erben und Nachkömmlingen, uns allesämmtlichen, und einen jeden besondern, alsdenn sollen halten, bey allen Privilegien, Gewenden und Rechten, und by gebürlichen Briven und Siegeln, und darzu jedes Land zu regieren, mit den Untersaßen dazu gehörende und dainne geerbt, und gegut, und uns des ersten, und vorhin ehe von uns einige Huldigunge geschehen soll, gnugsam Scheinbriefe und Siegel zu geben, als durch unsere gnädige Herrschaft von Sachsen uns sich des alreide mit einem versiegelten Abschied zu Benßborg gegeben, wie wir das warlich bericht werden, vorpflicht vorbunden hat.

Und wir Räthe, Ritterschafte, Bürgermeister, Schöppe und Räthe der Städte der Fürstenthumben und Landen, Uns geloben, alle sämentlich in Trauen, Ehren und Glauben unsern gnädigen lieben Herren und Frauen von Sachsen, und Ihre beeder F. G. Leibes-Erben, also uprecht, fremblichen und festiglichen zu halten, sondern nadt dargegen zu thun, oder fürzunehmen, in einigerley Maniren, auch han wir uns, insonderheit bey Ihnen vorbehalten, ob der Fall by uns also queme und unsern gnädigen Herrn von Sachsen, alsdann nicht gelegen seyn wolte, stets in diesen Landen zu verbleiben, die zu regieren, daß alsdenn S. F. G. Stadthaltere und Räthe darzu bequeme von Untersaßen der Landen, darinne geerbt und gegudt seyn, soll verordnen, mit vollkommener Macht und Gewalt, in allen Sachen in diesen Landen treffende zu handeln, zu thun und zu lassen, gleich ob S. F. G. in eigner Person gegenwärtig wäre, sonder alle Betrug und Arglist; und das zu wahrem Urkunde haben wir Räthe, Ritterschaften, Bürgermeister, Schöppen und Räthe der Städte wegen, als nemlich wir Gülcher, gebeten die Ehrenvesten und Frommen Johann von Polent, Herr zu Wildenburg und Berge Landroß, Ditterich von Burgscheid,

scheid, Herr zu Clermont, Erbhofmeister, Herr Wilhelm von den Bengert, Ritter, Erb Cämmerer, Cannen von Kletten, Erbschenck des Landes von Gülich, Rebbeth von Plettenberg, Ambtmann zu Berchheim, Wilhelm von Gertzen, Herr zu Sintzich, Werner von Palant, Amtmann zu Weßenbergk, Wernern von Schenräde, Herr zu Heiden, Gordern von Hanxßler, Ambtmann zu Millen, Wilhelm von Neßelnrode, zu Holnterp und Ditterich von Bereide, vort Bürgermeister, Schöppen und Räthe der Städte Gülich, Duyren, Münster, Eyffel und Enßkirchen, und wir Bergschen Herren gebeten den Wohlgebohrnen, Edlen, und die Ehrenvesten und Frommen, Junckern, Wynrich von Duhne, Grafe zu Lymbergk und Felckenstein, Herr zum Oberstein und Breich, Herr Gordert Ketteler, Ritter Ambtmann zu Elverfelde, Wilhelm von Neßelroda, Marschalch, Ambtmann zu Windegk, Wolf Quaden, Ambtmann zu Altona und Menheim, Wilhelm von Bernsave Cammeister und Ambtmann zu Pertze und Steinbech, Rebeth von Plettenbergk, Herr zu Tontz, Crein und Drinborn, Bertram von Neßelroda, Herr zu Steine, Erb Cämmerer Wilhelm Quaiden, Erbschencke des Landes von dem Berge, Hermann von Minckelhaußen, und Wilhelm Stahl zu Sultzen vortt, Burgermeister, Schöppen und Räthe der Städte, Deyßeln-Dorp, Retingen, Lenepe und Wipperfürde, daß sie ihre Sigille, vor sich und uns alle semmtlich an diesen Brief wollen hängen, daß wir Johann von Palent, Dittrich von Bundschen, Wilhelm von der Langert, Ritter, Leon von Bletten, Rebeth von Plettenbergh, Wilhelm von Gertzen, Werner von Schenckrede, Gedert von Hanxßler, Wilhelm von Neßelroda und Ditterich von Bereide vortt, wir Bürgermeister, Schöppen und Räthe der Städte Gülich, Duyren, Münster, Eyffel und Enßkirchen, und wir Wynrich von Duhno, Graf zu Limbergk und Falckenstein, Gordert Ketteler, Ritter, Wilhelm von der Neßelriede Tilff Quade, Wilhelm von Bernseve, Rebbeth von Plettenbergk, Bertrem von Neßelriede, Wilhelm Quade, Hermann von Minckelhausen, Wilhelm Steil, vortt, Bürgermeister, Schöppen und Räthe der Städte, Duysseldorp, Retingen, Lenepe und Wipperfürde, bekennen Perne Gerdan,

dan, vur vß selffts und mit vur den ander Räthe, Ritterschafften und Städte der vorgenannten Fürstenthumen mit ihren zubehörigen Landen, unser Siegel hieran gehangen haben.

Gegeben in den Jahren unsers Herrn, Tausend, fünfhundert und sieben und zwanzig, uff Sonntag Reminiscere in der Fasten.

No. 3.

Der Landschaft Cleve und Mark Revers, datirt Gandistag nach Jubilate Anno 1527.

Wir Räthe, Ritterschaft, Bürgermeister, Schöppen und Räth der semmtlichen Städte der Fürstenthomben ind Land Cleve ind Mark, thon tesamen kand, ieder menniglich, dot und alser kurz hieberoen auerentz den Durchlauchtigen hochgebohrnen Fürsten unsern gnädigsten ind gnädigen lieven Herrn, Herrn Johanns Herzogen zu Sachsen, Churfürst, Landgrafen in Düringen ind Marckgrafen zu Meißen, ind Herrn Johann Herzogen zu Cleve, Gülich, Berge, Grafen totter Market ind tot Ravenberg ayne sonderliche Freundschaft ind den beneuen twißen beyden ören Churfürstlichen und Fürstlichen Gnaden Kindern, als nemlich Herzog Johanns von Sachsen Churfürstens ältesten Sohn Hertzog Hannß Friederich ind Herzog Johanns von Cleve ältesten Tochter Fräulein Sibyllen ein wittentlich hylich voreinet, gededigt und zugeschlagen, und darup dot Eliche Beyliegen durch Schickung des allmächtigen Gottes, nun geschiet, wie denn die Hylichs Verschreibungen darouer vorfast ind vorsegelt der weder beybringt, ind

so

so dann in derselber Hylichs Verschreibungen unter andern bededingt worden ist, ein Articul folgende von Worten zu Worten hieran und ludende, als es forther ist abgered, bewilliget und beschloßen; Ob wir Hertzog Johann in de Maria Hertzogin keine männliche Erben hinter uns verlaten würden, die forther keine männliche Erben verließen, alsdenn sollen unsere Fürstenthumben und Landen Cleve, Gülich, Berge Grafschaften und ander Mark und Ravensbergk, sammt allen Gütern An- und Zufällen, Gerechtigkeiten, und was wir oder unsere männliche Erben hinter sich verlaßen würden, nichts ausgeschloßen, mit Landen und Leuten, wie wir, oder unsere männliche Erben das gebraucht, oder hätten gebrauchen mügen, an gedachte unsere elteste Tochter, Fräulein Sibyllen Herzogin Hanns Friederichen S. L. Gemahl und beyder L. Erben (ob sie die mit einander zeugen würden) kommen und geerbt seyn, der sich dann die Landschaften halten sollen.

Wir wollen auch, heischen und befehlen, daß unsere Landschaften, so bald als das eheliche Beylager bemeltes Fürsten mit genannter unser Tochter gehalten, genugsame Versicherungen, durch Bybriven geben, ob Sachen, daß wir ohn männlichen Erben verstürben, daß sich alle unsere Fürstenthumben, Grafschaften, Land und Leut, die wir jetzo haben oder künftig gewinnen und uns zufallen möchten, an bemelte unsere Tochter, Ihrer Liebden Gemal und Ihrer beider Leibes Erben, als ihre rechte Landes-Fürsten und Herrschaften halten sollen.

Dem alles nar ind so viel gemelte unsere liebe Herr, und auch die Durchlauchtige Hochgeborne Fürstinne, unsere gnädige liebe Frau, Herzog und Herzogin tot Cleve, Gülich ꝛc. das semmtlichen uns na dem Ehlichen Beyliegen, wie obgemeld, geheisen und befohlen haben, solchen obgemelten Articul so vil uns allen, die als oerre F. Gnaden gemeinen und sämmtlichen Unterthanen angehn, und bereichern mag, mit diesem unserem Bybreve to bewilligen ind to bestetigen willen.

Bekennen wy olle semptlichen ind ein jeder von uns, vor sich, unsere Erben und Nachkömlingk in Kraft dieses Briefs, In deme dat de Wahl (den Gott allmechtig doch mit göttlicher Gnade in Besten vorsim ind verhüthen wil) also erschene und queme, dat wy des alsdann nar Inhalt deßelben Artickels halten

und

und leuen sollen, doch by alsoe, dat unsere gnädige Herr, von Sachsen, solches an Römischer Kayserl. Majestet: unserm allergnädigsten Herrn vp sine F. G. Kosten, buyten geuende Geldt der Landen verweuen soll, vd Innd ouck den tween jongesten Töchtern oeran togedeylden Pennig sae der Fall also queme, als nemlich Hundert tausend und Sechzigtausend Goldgülden gnugsam to versorgen, buyten Tothoen der Landen, Jnd ouck das oere F. Gnaden, oere F. Gnaden Erben und Nachkömmlichen uns alle semtliche und einen jeden besonder, alsdann sollen halten, by alten Privilegien, Wohnheiten und Rechten und by gebürlichen Breven und Segeln.

Jnd dortho jeder Land to regieren mit Untersachen dorthoe gehörende und inne geerst und gegudt, und uns das erst und vorhinne, eher von uns einige Huldynge geschehen, sol gnugsame Schienbreve ind Sigele to geuen, als doch unsere gnädige Herr von Sachsen von sich dat alreyde mit einem versegelten Abscheid tot Bensberg gegeuen (wie wir das warlichen berichtet worden) verpflichtet und verbunden hefft.

Ind wy Räthe, Ritterschaft, Bürgermeister, Schöppen und Räthe der Städten, der Fürstenthomben und Land uns gelaven alle semtlichen in trawen Ehren, ind gelouene unsern gnedigen lieven Herrn und Frowen von Sachsen, und oerer beyder Fürstl. G. L. Erben also vprecht frommelichen und vestiglichen zu halten, sondern yett dar kegen to don, oder vo ir to nomen, eynglev Manyren, dah wy von uns nyet wieder vorbonden, nochgehalten, to synn, den Luyth unser Landschap. Dick hebben wy uns insonderheit hierinne vorbehalten, öff die Vall wir uns alse queme und unsern gnädihen Herrn von Sachsen, alsdenn nit gelegen seyn wollte, stets in diesen Landen to vorbleiben, die zu regieren dat alsdenn S. F. G. Stadthalter ind Räthe dairto quemen von Untersathen der Lande, dair inne geerft ind gegudt wesende soll verordnen, mit vollkommener Macht und Gewalt; in allen Saacken, in diesen Landen treffende, to handeln, to dain und latengelyk off soine Fürstliche Gnaden in eigener Person kegenwertig were, sondern alle Bedroch und Arglist. Und des zu wahren Urkund hebben wy Elbert von Valant Erfmarschalch, Schlanz von Cleve ind Drost, Schlanz von Dynnßlock Johann von Wylick, Ritter Hofmeister

ind

ind Ambtmann zu Hetter, Derik von Wikkede, Thyeß von Loe, Herr Totwißen, Tottholt Weßel von Loe in Egemersch, Johann von Altenbaich in tot Sonbitsch, Ambt-Lunde, Derich von Eynckel, Herrmann von Ossenbauch und Johann von der Cappellen vortt Bürgermeister, Schöppen und Räthe der Städte Cleve, Weßel, Emerick, Colcker, Saunten ind Reeß, von wegen des Fürstenthums Cleve; und wir Caspar von Elverfelde tot Wetter Derich von Rocke tot Unnaw, Johann von Loe tot Boichun, Evert von Margke tot Sereirten, Henrick Kuppinck tot Homine, Gehrt von Bolßwyegen tot Lunnon, Ambtlunde, Wennemer von der Recke, Melchior von Olwuch, Georghart Torgk, ind Thyeß von Altenbochun, vortt, Bürgermeister und Räthe der Städte, sonst Lippe, Hamme, Unnaw, Camen, Jeseren, Loen, Schweyerte und Layen, von wegen des Landes von der Marcke, durch Geheysch und Befolch unserer gnedigen lieber Herrn und Frawen vor sich, und oick durch beeden Begehr, der ander Räthen, Ritterschapen und Stedefreunden, der Fürstenthumben, und Land obgemeldt unsere Siegeln an diesen Brief gehangen. Gegeven in den Jahren unsers Herrn duysent fünf Hundert und seven in Cuyuntisch ꝛc. Gandesdach na dem Sonntag Jubilate.

(L. S.)	(L. S.)	(L. S.)
Erffmarschalch	Hoffmeister	Wickede.
(L. S.)	(L. S.)	(L. S.)
Thyes von Loe.	Weßel von Loe.	Johann von Aldenboicheim
(L. S.)	(L. S.)	(L. S.)
Ott von Wylich	Peter von Altenboichelm	Dörick von Einckel.
(L. S.)	(L. S.)	(L. S.)
Herrmann von Offenbach	Johann Cappeln	Clever.

(L. S.)	(L. S.)	(L. S.)	(L. S.)
Weßel.	Emerich.	Calckres.	Santhen.

(L. S.)	(L. S.)	(L. S.)
Reeß.	Jaspar von Elverfeldt.	Doricke von Röcke.

(L. S.)

(L. S.)	(L. S.)	(L. S.)
Johann von Loe.	Evert von Marcke.	Heinrich Kup-pinck.
(L. S.)	(L. S.)	(L. S.)
Gotthard von Poelswingen	Wennemer von de Recke	Melchior von Solwich.
(L. S.)	(L. S.)	(L. S.)
Gotthardt Torck	Thyes von Al-denboichin.	Soest.

(L. S.)	(L. S.)	(L. S.)	(L. S.)
Lippe.	Hamme.	Vnnaw.	Camen

(L. S.)	(L. S.)	(L. S.)
Iserenloen.	Swirten.	Luyen.

No. 4

No. 4.

Kayser Caroli des Fünften, Confirmation, über den Heyraths Vertrag das Datum stehet Speyer den 13den May Anno 1544.

Wir Carol der Fünfte von Gottes Gnaden, Römischer Kayser, zu allen Zeiten Mehrer des Reichs, König in Germanien, zu Castilien, Arachgon, Legan, beyder Sycilien, Jerusalem, Hungarn, Dalmatien, Croatien, Navaretta, Granaten, Tholeten, Vallatz, Gallicien, Majorica, Hispalis, Sardinien, Cordubeck, Corsica, Murcien, Ginnis, Algarbien, Algertzieren, Gibraltar, der Canarischen und Indianischen Insulen und der Terrefirme des oceanischen Meeres ꝛc. Erz-Herzog zu Oesterreich, Herzog zu Burgund, zu Lottring, zu Braband, zu Steyer, zu Körnten, zu Crein, zu Limburg, zu Lützenburg, zu Geldern, zu Calsbrien, zu Athen, zu Neopetrien und Wirtenbergk ꝛc. Graf zu Haabspurg, zu Flandern, zu Tyrol, zu Görz, zu Bercinan, zu Artoys, zu Burgundi ꝛc. Pfallenzgrafe zu Hennigaw, zu Holland, zu Seeland, zu Pfirdt, zu Kieburgk, zu Nahmur, zu Rașilien zu Coreti-

nia

nia und zu Zutphen, Landgraf in Elsaß, Marckgraf zu Burgau, zu Oristani, und des heil. Römischen Reichs Fürst zu Schwaben, CatheLonien, Asturia, Herr in Frießland, auf der Windischen Marckt zu Bartenau, zu Bischcorn, zu Melin, zu Halins, zu Tripoli und Mecheln ꝛc. Bekennen für uns und unsere Nachkommen am Reiche, öffentlich und mit diesem Briefe, und thun kund allermänniglich, wiewohl wir von Röm. Kayserl. Höhe und Würdigkeit, darein uns der allmächtige Gott durch seine göttliche Gütigkeit gesetzt hat, allezeit geneigt seyn, allen unsern des Reichs Unterthanen unsere Gnade und Forderung zu beweisen; So sind wir doch insonders mehr begierlich, denen unser kaiserliche Gunst gnädiglich mitzutheilen, die unser und des Reichs förderste Glieder seyn, und uns die Bürde des heiligen Reichs zu verwesen und tragen helfen, und sich darinn getreulich und festiglich beweisen und unverdroßen finden laßen.

Wenn nun vor uns kommen ist der Hochgeborne Johanns Friederich, Herzog zu Sachsen, Landgrafe in Düringen und Marckgrafe zu Meißen, des heil. Römischen Reichs Erz Marschalch, unser lieber Oheim und Churfürst, und gab uns zu erkennen, wie daß verschiener Zeit zwischen S. L. an einem, und der Hochgebornen Sibillen gebornen zu Gülich, Herzogin zu Sachßen, unser lieben Muhmen und Fürstin, anders Theils, mit Bewilligung weyl. der Hochgebornen Johansen, Herzogen zu Sachsen, Churfürsten, seiner gedachts unsers Oheims und Churfürsten, Herzog Johann Friederichen Vaters seel. Johannsen Herzogen zu Cleve, Gülich und Berge, und Marien, gebornen zu Gülich, Herzogin zu Cleve, seiner Gemal, als obgedachter unserer lieben Muhmen und Fürstin, Frauen Sibyllen, Vater und Mutter eine Ehestiftung aufgericht, und mit ihrer allerseits anhängenden Insiegeln besiegelt worden sey, darin unter andern abgeredet, bewilliget und beschlossen, daß die obgedachten weiland Herzog Johanns von Gülich, und die vorgenannte, weiland Maria, Herzogin von Cleve und Gülich, sein Gemal, kein männlich Erben hinter ihnen verlaßen würden, die fördersst kein Erben verliesen, daß sodann die Fürstenthumb Cleve, Gülich, Berge, die Grafschaften von der Marck und Ravensberg, sammt allen Gütern, Ein- und Zugehörungen, An- und Zufällen, Gerechtigkeiten, und wie sie oder ihre männliche Erben hinter ihnen verlaßen würden, nichts ausgeschloßen, mit Lan-

den

den und Leuten, wie sie oder ihre männliche Erben das gebraucht, oder hätten gebrauchen mögen, an gedachte Sibyllen und Ihnen, Herzog Johanns Friederichen, und ihrer beeder Erben, ob sie die mit einander zeugen würden, kommen und geerbet seyn, dero sich dann die Landschaft halten, auch von uns dem heil. Reiche, auf obberührten Fall, Bewilligung, Begnadigung und Bestetigung erlanget werden solte, alles nach ferners Innhalts eines sondern Articuls, in derselben Ehestiftung begriffen, welche Ehestiftung uns der vorgemeldte Johanns Friederich Churfürst in original am dato lautend, geschehen zu Maintz am Mitwoch des achten Tages des Monats Aug. nach Christi unsers lieben Herrn Geburt Tausend, fünfhundert und im sechs und zwanzigsten Jahren, fürbracht, und uns darauf für sich selbst und anstatt gedachter Frawen Sibillen seiner Gemal, fleißig und demüthig gebethen hat, daß Wir als Römischer Kayser, in solchen Articul der berührten Ehestiftung, unsern Consens und Bewilligung zu geben, denselben zu confirmiren, zu besteten und zu bekräftigen, gnediglich geruhen; deshalben Wir angesehen solch sein fleißig Bitte, auch stete Liebe und Neigung, die er zu Uns und dem heil. Reich trägt, dazu die mercklich getreuen Dienste und Ehr, die sein Verfördern, unsern Vorfahren am Reiche und uns bishero gethan und erzeiget haben, und er uns und dem heil. Reiche hinfuro an in künftig Zeit wol thun mag und soll, und darum mit wohl bedachtem Muthe, gutem Rath und rechtem Wissen, den obbestimmpten Artikul solcher Ehestiftung, als Römischer Kayser gnädiglich bewilliget, denselben in allen seinen Worten, Clausuln, Inhaltungen, Meinungen und Begreiffungen confirmiret, bestettet und bekreftet. Bewilligen, confirmiren, bestettigen und bekrestigen denn also hiermit, von Römischer Kayserl. Macht, Vollkommenheit, witzentlich in Kraft diß Briefes, meynen, setzen und wollen, daß derselbe Articul obberührter Ehestiftung in allen seinen Worten, Puncten, Clausulen, Inhaltungen, Meinungen und Begreiffungen, kräftig und mechtig seyn, stet und fest gehalten und vollnzogen, und die gemelten Fürstenthumb und Grafschaften, sammt allen Gütern, Ein- und Zugehörungen, An- und Zufällen, Gerechtigkeiten, Landen und Leuten, auf des vorgenannten Herzog Johanns Friedrichen Gemahl, Frauen Sibillen, und Ihme Hertzog Johann Friederichen im Fall, wie obstehet, und denn förderst auf ihre männliche

Lehens-

Lehens-Erben, von beyden Ihren Liebden Leib geboren, nach Vermöge und laut eines sondern Vertrags zwischen uns und dem Durchlauchtigsten Großmächtigsten Fürsten, Herrn Ferdinanden Römischen zu Hungarn und Böheim, König ꝛc. unserm freundlichen lieben Bruder an einem, und dem gemeldtem Churfürsten zu Sachsen ꝛc. anders Theils, ietzo allhier aufgericht, kommen und fallen, und Ihre Liebden, und derselben Männlich Lehens-Erben, die zu jederzeit, so oft das zu Falle kommt, von uns, unsern Nachkommen, und den heil. Reiche zu rechten Fürstl. Reichs-Lehen empfahen, innhaben, nutzen und nießen sollen und mögen, von allermänniglichen unvorhindert, doch uns und dem heil. Reich, an unser Obrigkeit und Gerechtigkeit unvergriffen und unschädlich, auch also, daß die Art der obberührten Lehen durch solche Anwartung und Anfall nicht verändert, sondern in ihren Wesen bleiben, und, nach Abgang der gedachten Sibillen, auf ihre und des vorbenannten Herzog Johanns Friederichen männliche Lehens Erben, als obstehet, fallen und kommen sollen.

Und gebieten darauf allen und jeden Churfürsten, Fürsten, Geistlichen und weltlichen Prälaten, Grafen, Freyen, Herren, Rittern,

Knechten, Hauptleuten, Land Voigten, Vitzthumben, Voigten, Pflegern, Verwesern, Amtleuten, Schulteßen, Bürgermeistern, Richtern, Räthen, Bürgern, Gemeinden und sonst allen und andern unsern und des Reichs Unterthanen und Getreuen, in was Würden, Standes und Wesens sie seyn, von Römisch Kayserl. Macht, ernstiglich und festiglich, mit diesem Briefe, und wollen, daß sie die vorgenanndten Johann Friederichen, Churfürsten und Sibillen, sein Gemahl, Hertzogin zu Sachsen, und ihre Männliche Lehens-Erben, an dieser unser Kaiserl. Bewilligung, Consens, Confirmation, Bestetigung und Bekräftigung nicht hindern noch irren, sondern sie dabey gänzlich und ohne Irrung bleiben laßen, hierwider nicht thun, noch jemand andern zu thun gestatten, in keine Weise als lieb einem jeden sey Unser und des Reichs schwere Ungnade und Strafe, und darzu eine Poen, nemlich Tausend Marck, löthiges Goldes zu vermeyden, die ein jeder, so oft er freventlich hierwider thäte, Uns halb in Unser und des Reichs Cammer, und den andern halben Theil dem obgemeldten unserm lieben Oheim, Muhmen, Churfürsten und Fürstin, Herzog Johann Friederichen zu Sachsen rc. und Frauen Sibillen seiner Gemal, und ihren Erben

Erben und Nachkommen, als obstehet, unnachleßlich zu bezalen, verfallen seyn, ohn Geverde. Mit Urkund ditz Briefes besiegelt, mit unserm Kayserl. anhangenden Insiegel. Geben in unser und des Reichs Stadt Speyer, am dreyzehenden Tag Monats May, nach Christi unsers Herrn Geburt, Funfzehen hundert und im vier und viertzigsten, unser Kayserthums im vier und zwanzigsten, und unserer Reiche im neun und zwanzigsten Jahren.

Carol.

Ad. Mandatum Caesareae
et Catholicae Mtis
proprium.

J. Oberburger mp.

No. 5.

Ratification

Kayserl. Maj. auf die Speyersche Vertrags Handlung, datirt Speyer den 3. Juny 1544.

Wir Carl von Gottes Gnaden Röm. Keyser, zu allen Zeiten Mehrer des Reichs ꝛc. bekennen öffentlichen mit diesem Brief, und thun kund aller menniglich, als zwischen dem Durchlauchtigsten Großmächtigen Fürsten und Herrn, Herrn Ferdinanden, Röm. zu Hungarn u. Böhmen ꝛc. König, Infanten in Hispanien, Ertz Hertzogen zu Oesterreich, Herzogen zu Burgundi, Steyer, Kärnten, Crain und Würtenberg, Grafen zu Tyrol, unserm freundlichen lieben Brudern, an einem, und dem Hochgebornen Johanns Friedrichen, Herzogen zu Sachsen, Landgrafen in Düringen und Marckgrafen zu Meißen, des heil. Röm. Reichs Ertz Marschalchen, unsern lieben Oheim und Churfürsten, anders Theils, von wegen des Irrthumbs, Spruch und Anforderung, so sich zwischen Ih. L. zugetragen, durch Unser, auch Ihrer beyder L. insonderheit darzu verordneten geheimen und vertrauten Räthen,

then, benenndtlich die Wohlgebornen, Edlen, Ehrsamen, Gelehrten, unsere und des Reichs liebe getreue, Niclassen Peronot, H. zu Granuella, Hannßen Hofmann, Freyherrn zu Grunenschul und Sterchow, Gregorius Brucken, der Rechten D. und Francisceen Burgharten, eine endliche und ewige Vergleichung gemacht, auch ferner zwischen bemeltes unsers lieben Bruders Tochter Königin Eleonora und des Churfürsten Eltesten Sohne, und im Fall seines tödlichen Abgangs dem andern seinem Sohne, auf dem die Chur zu Sachsen fället, ein eheliche Heyrath abgeredt und beschloßen worden, und in derselben Vergleichung und Abrede, unter andern ein Artickel begriffen, wie und mit was Condition, wir und unsere Nachkommen, am Reiche, auf unser Confirmation des Gülchischen Heyraths-Vertrags gedachten Churfürsten von Sachsen, oder wo er Todes abgangen, seinen männlichen Leibes-Erben die Fürstenthume Gülich, Cleve und Berge, zu rechten Manns-Lehen vorliehen, immaßen dann solches alles obgedachter verordneten Räthe und Unterhändler Vergleichung und Abred, mit ihren eigenen Händen unterschrieben, und ihren Insiegeln gefertiget worden, dero dato stehet Speyer am letzten Tag des Monats

 May,

May, dis gegenwärtigen 44 Jahrs nach langs vermag und ausweißt.

Daß Wir demnach für uns und unsere Nachkommen, am Reiche in solcher Vergleichung und Vereinigung, soviel dieselbe uns und unsere Nachkommen am Reiche, von wegen der Belehnung obbestimpten Fürstenthumb, Gülich, Cleve und Berge, und sonst in allen andern berührt, gnädiglich bewilliget, dieselbe ratificiret und bekräftiget haben.

Bewilligen, ratificiren und bekräftigen auch hiermit wißentlichen, und in Kraft ditz Briefs, und meinen, setzen und wollen, daß demselben von uns und unsern Nachkommen am Reiche, mit der Maß und Bescheidenheit, wie solches berührte Vergleichung und Abred ausweiset, und mit sich bringet, Genüg und Vollziehung geschehen, und darwider nicht gehandelt werden solle, in keine Weise ohngefehrde. Mit Urkund ditz Briefes besiegelt, mit unserm Kaiserl. anhangenden Insiegel, der geben ist in unser und des Reichs Stadt Speyer den 3 Junii nach Christi Geburt 1544. unsers Kayserthumbs 24 und unsers Reichs 29 Jahre.

No. I.

No. I.

Fürst Brüderlicher Vertragk am dato Weimar den 13 Februarii Anno 1622.

Zu wissen, das die durchlauchtigen Hochgebohrnen Fürsten und Herrn, Herr Johann Ernst der Jünger, und Herr Wilhelmb vor Sich, und in Vollmacht der auch durchlauchtigen hochgeb. Fürsten und Herrn, Herrn Friederichens des eltern, Herr Albrechts, Herr Johann Friederich, Herr Ernst und Herr Bernhardt, Gebrüdern Herzogen zu Sachßen, Jülich, Cleve und Berg rc. Sich bey ietziger Zusammenkunft über etzlichen Puncten, mit einander berathschlaget, und unter andern dahin freundtbruederlichen verglichen, daß es bey vorigen Ao. 1618. den 2 Decembr. allhier zu Weymar und Ao. 1621. den 24 February zu Aschersleben aufgerichteten Bruederlichen Verträgen, und Abredungen, so viel allhier nicht geendert, nachmalß verbleiben soll.

Und weil von einem und dem andern, über das geordente jhärliche deputat ein mehreres

reres aufgeschoben, Auch etwas aus gemeinen Zeugkhauße genommen, Ist eine ab undt Zue Rechnung verferttigt, und was ein jeder bekommen, von Ihme recognoscirt, und mit eignen handen unterschrieben worden. Und soll ein jeder darauf bedacht sein, daß die übermaß, undt empfangk in gemeiner Reuth Cammer, so baldt möglich und ufs lengste, innerhalb vier Iharen, wieder erstattet, und waß in Ihares frist nicht abgelegt, sodann mit 5 fl. pro Cent. verzinßet, und die Zinß einen ieden an seinen künftigen deputat compensiret, und abgezogen werde.

Undt obwohl hierüber sinder den brüderlichen vertrage, mit speiß, tranck und fütterung bey zu und abziehen der Kriegsofficirer und Soldaten, Sowohl mit der diener costgeldt, undt in deme ein Bruder mehr alß der ander, Sich alhier und in den Aemtern, mit seinem Comitat befunden und ufgehalten, eine ungleichheitt für, und ein ziemliche ufgangen, Haben doch Ihre Fürstl. Gnaden, in erwegung der leufte und umbstende auß brüderlicher affection, vor dißmahl solchen ufgangk insgemein, gleich ob es eine außrichtung, frembder Herrschaft gewesen, passieren, und caßieren lassen, und sich vereinigt, daß hinfürder

von

von nechstkünftigen Martij ahn zu rechnen, dergleichen nachbleiben, und diese und vorige bruederliche Receß, in gute observantz und acht genommen werden sollen.

Nachdem auch über der Einnahme, und Außgabe, ein überschlagk gemacht, und sich eine ziemliche Schuldenlast, und nöthige Bawcost befunden, hingegen etzliche Müntzen ahngerichtet, und vielleicht noch weiter ahnzurichten, und davon eine ebenmesige nutzung, neben noch dreyjhäriger Bawsteuer zugewarten, Ist vor gut ahngesehen der Kirchen undt schloßbaw fortgesetzt, darzu jährlich 30,000 fl. ahngewendet, die Schulden nach müglichkeit abgetragen, und dem ahnwesenden Herrn Bruder, so das Regiment und die Hofstadt führet, Sechß und dreißig taußendt den andern Herrn Brüdern aber jedem vier und zwantzig taußendt gülden zu jhärlichen deputat, uf 4 quarthal eingetheilet gereichet und gegeben.

Die Außlösung aber fremder Gäste, Fürstl. und Gräfl. Personen, insgemein getragen, und vorrechnet, jedoch der zu und durchzugk, so viel immer müglich verhütet und abgewendet werden soll. Da auch ein oder der ander, under

under den Herren Gebrüedern, in die Hoffstadt anhero kommen würde, magk derselbe, sambt einen oder zweyen von Adell uf etzliche tage, sich ohne entgeldt, bey des ahnwesenden Herrn Bruders, so die Regierung führet, tisch, und tafell befinden, aber seine andern Diener und Gesinde in der stadt, uf seine costen, speisen und versorgen lassen. Sonderlich ist bewilliget, das Hertzog Johann Ernsts Fürstl. 15,000 Rthlr. in specie, umb 5 oder 6 pro cento ufnehmen, und vier Jhar lang zu ihrem besten nutzen gebrauchen, Sodann die wiederbezahlung leisten, und darzwischen sich deshalber reversiren sollen und mögen. Waß nuhn die zinß jhärlich außtregt, das Soll an dem jhärlichen deputat abgehen, denjhenigen, so die geldern fürgeliehen, Jhärlich, auß gemeiner Renth Cammer entrichtet, und der Rest des deputats an gang und geber Müntz, auß gemeinen einkunften nachgeschossen, und erfüllet werden.

Hierüber haben Ihre F. Gn. einhelligk beschlossen, das S. Herzog Johann Ernsts F. G. sich umb Eine starke Summa Reichsthaler, 20, 30, 40, oder 50,000 bemühen, dieselbe zu wege bringen, und in diese Lande, zu den Münzen, und ablegung der schulden verschaffen, sen, und dargegen die gesambte Lande und Leuthe zu verpfenden, und zu verschreiben macht haben soll, zu welchem ende gnugsame vollmacht und Commißion verfertiget, und S. F. G. eingehendigt werden soll, das also die Müntzen desto baß und stärker getrieben, die schulden meistentheilß abgelegt, und die versezten Aembtern und guether, wiederumb eingelöset werden mögen. Und damit wegen der Renthrechnung guette Richtigkeit gehalten, und alsobaldt nachricht erlangt werden könne, So soll der Renthmeister, und Cammerschreiber, nicht allein die bahrschafft so itzo vorhanden, Sondern auch was täglich von geldt einkommbt, uf der Renthereÿ in einen Casten verwahren, und dazu den Schlüssel den anwesenden Residirenden Herrn zu handen stellen, Auch aus solchen Casten, so oft nothettwas an geldte zu vorfallenden Ausgaben erheben, in Rechnung führen, und dargegen eine qvittung in casten legen.

Alß auch bißher zu unterschiedenen mahlen in diesen Landen Kriegsvolk geworben worden einqvartiert, und dadurch den unterthanen groser Schaden zugefügt, und andere ungelegenheitt veruhrsacht worden, darüber nicht allein die beleidigten unterthanen, und

der

der Landschafft Ausschuß, Sondern auch die benachbarte herrschaften sich beschwehret: So haben Sich Jhro Fürstl. Gnaden sambt und sonders erclehret, und vergliechen, das hinführo alle einqvartierung dergleichen Kriegsvolcks, gentzlich eingestellet, oder je vorher, gesambter Bruederlicher Rath und Einwilligung eingeholet, und anjetzo das vorhandene Kriegsvolck, je eher je besser, in der stille, und ohne der unterthanen Bedrengniß, und schaden abgeführet werde, und waß noch hinterstelligk und im ahnzuge ist, ehigst folgen und über einen tagk nicht stille liegen soll.

Darneben werden auch ihre Fürstl. Gnaden den durchlauchtigen hochgebohrnen Fürsten und Herrn, Herrn Georg Friedrichen, Marggrafen zu Baden und Hochbergk, Landtgrafen zu Sußenbergk ꝛc. freundlich ersuchen, das S. Fürstl. Gnaden den Unterthanen für schaden, und zehrung des Kriegsvolcks, so vor Sie geworben und unterhalten worden, eine billige ergezlichkeit und erstattung wiederfahren lassen.

Wiewohl auch Herzog Johann Friedrich und Herzog Bernhardt F. F. G. G. Sich in Kriegsbestallung für hochgedachtes

dachtes Marggrafen zur Baden F. Gn. einge-lassen, Seindt doch allerhandt umbstende flei-ßig betrachtet, und Ihre F. F. G. G. bewo-gen worden, das Sie in eigner Per-sohn, noch eine Zeitlang biß das geworbene Volk zu des Marggra-fen Fürstl. Gn. Landen gebrachtt, und worzu es zu gebrauchen, ver-nommen wirdt, zurücke bleiben, und besorgliche gefahr, und of-fens vermeiden sollen und wollen.

Dieweil auch auß hohen Spielen aller-ley ungelegenheitten zu entstehen, und fürzu-gehen pflegen, So haben Ihre F. F. G. G. allerseits sich freundtbrüederlichen vereinigt, und einander versprochen und zugesagt, das Sie hohes Spielen gentzlich einstellen, und vermeiden sollen und wollen.

Und weil die officirer und Diener, So-wohl die Professores uf der Universitet Ihena, bey diesen schwehren teuren zeiten, da alles, was man zu des leibesnahrung und nothdurft braucht über die maße hochgestiegen, umb eine zulage verbesserung ihrer Besoldung, oder beysteuer, unterthenigk angehaltten, Seindt Ihre F. G. allerseits darzu geneigtt, Und haben nicht allein zu milden Sachen, vor kirchen und schuldiener, stipendiaten und arme Dürftige Leuthe, von den Münzstedten eine ahnsehnliche Summa und Almosen bestimmt, und deswegen durch bevehliche gewiße ordinantz gestiftet, Sondern auch weitere abrede gehaltten und verordnung gethan, das den Achtzehen Professoren zusammen 1800 Fl. und alßo jeden 100 Fl., ein und vor allemahl gereichet, Ingleichen etzlichen besoldeten, und Provisionirten andern Dienern, eine zulage, wie die darob vorferttigte specification außweiset, gegeben werden soll.

So sich auch noch mehr Personen finden, alß in der specification bemerckt, Soll der Residirende Herr, nach seiner discretion und ermessung, mit Zuziehung, der ahnwesenden herren gebrüdere, und verordneten Räthe, denselben gleichfalß eine Zulage zu verordnen, befugt sein, Doch alles biß uf wiederruffen, und so lange die Münzen können getrieben und genossen, oder sich durch Gottesgnade, die teuren Zeiten endern und lindern werden.

Uhrkundlich haben Ihre F. G. sambt und sonders Sich mit eignen handten unterschrieben,

ben, und deroselben secret vordrücken laßen. Geschehen und geben Weymar den 13. Februarij Ao. 1622.

(L. S.)	(L. S.)	(L. S.)	(L. S.)
Joh. Ernst	Wilhelm	Albrecht	Joh. Friedrich
H. z. S.	H. z. S.	H. z. S.	H. z. S.
mppr.	mppr.		

(L. S.)	(L. S.)
Ernst H. z. S.	Bernhard H. z. S.
mppria	mppria

No. II.

Fürst Brüderlicher Vertragk. vom dato Weymar den 6. December 1624.

Zu wißen, Als die Durchlaugtigen hochgebohrnen Fürsten und Herrn, Herr Johann Ernst der Jünger, Herr Wilhelmb, Herr Albrecht, Herr Johann Friedrich, Herr Ernst undt Herr Bernhardt gebrüdere Herzogen zu Sachsen (tot. tit.) hiebevorn ingesambt, zugleich, undt theils in aller nahmen Anno 1621 den 24 Februarij zu Aschersleben, den 13 Februarij Ao. 1622 auch alhier zu Weymar, und Anno 1623 den 22 Martij zu Grüningen: unterschiedener Verträge, wie es mit der Fürstl. Hoffstadt, Landes Regierung, und eines jeden Fürstl. deputat, unterhalt, undt andern einverleibten Puncten zu halten, freundtbrüderlich abgeredet, und auffgerichtett, So seindt Ihre Fürstl. Gnaden allerseits (auser Hertzogk Wilhelmbs F. Gn.) Persöhnlich im nahmen Gottes wiederumb zusammen kommen, undt haben vorige verträge, Renthrechnungen, Einkünfften des Landes, an ordinar undt extraordinar gefällen, undt deren Calculation undt über-

überschlagk, vleißig revidirt, erwogen, undt für guth gehalten, das es bey denselben freundbrüderlichen verträgen, so weit hiernach folgendt nichts geendert, billig nachmals bewende, Undt dieselben, Craft dieses allenthalben, undt in allen Puncten undt Clausulen ratificirt, undt angenehme, fest, undt unverrückt bleiben.

Undt nachdeme Ihre Fürstl. Gn. befunden, das die Zeiten sich bißhero ziemblich verwandelt, und eines ieden deputats halben, wenn es nicht oblanget werden können, etwas ungelegenheit fürgefallen, derhalben, undt damit sich jede Fürstl. Persohn, darnach zu richten, undt gutte vertrauliche Brüderliche einigkeit fortgepflanzett undt hinkegen mißverstandt undt schwürigkeit durch Gottes Gnade mit beheglichen mitteln vermieden werden möge, haben Ihre Fürstl. Gn. für guth undt rathsamb ermessen, das

Vors Erste Einem jeden unter den herrn Brüdern sein gewiß deputat, nehmlich den Regierenden herrn, oder welchen die Regierung auffgetragen Zwölff Tausend gülden, denn andern allen gleich durch jedweden Sechs Tausent gülden, zum jhärlichen deputat verordtnet, undt auß gewissen Aemb-tern, dieses Ihres Fürstenthumbs uf drey Ihar langk, von Jüngst verschienen tage Michaelis an, inclusive, assignirt undt angewiesen, die Justitz aber, und deren administration in seinem vorigem Stande verbleiben, durch Schößer, Ambtleuthe, undt Diener geführet, undt was durch sie nicht geschieht, durch die gesambte Regierung verrichtet undt geschlichtet, daran auch kein eingriff, noch hinderung gethan, undt die Unterthanen, undt menniglich bey Ihren herkommen, Rechten undt Gerechtigkeitten geschüzt, undt über gewöhnliche DienstFrohnen, undt dergleichen onera nicht beschwerth werden sollen. Denn vors andere haben J. F. Gh. Extracte aller Intraden undt gefelle, der Landte undt Aembter, wie sichs nach lauff dreyer Ihare nehmlich de Annis 1616. 1617 undt 1618. (außerhalb der Berckische) nacheinander ertragen, undt dißfalls die Anschläge gewöhnlich pflegen gemacht zu werden, verfertigen, mit denen jezigen undt lezten Rechnungen conferiren, undt in denen die einkünffte und gefelle seithero gestiegen, zu denen Einnahmen bringen, wo sie aber gefallen, subtrahiren, und also nach jetziger Zeitt und gelegenheitt rectificiren, undt richten lassen, sich wohl

dar-

darinnen ersehen, den Calculum gezogen, undt ziehen lassen, und mit einrathung undt Zuziehung, untenbenannter Räthe, und etzlicher von der Landtschaft Ausschuß folgende Sechßtheil (deren eins von den regierenden herrn, oder welchen die Administration der Lande ufgetragen, 13000 fl., die andern fünff aber, jeder 7000 fl. ertragen) zur assignaten obgemeltes deputats gemacht undt angestellet. Und weil der Regierende, oder derjenige herr, welchem die Administration der Lande ufgetragen, seine einkünfften billich in der nähe erlangt, undt des Amts Weymar nicht entrathen kann, So ist daßelbe, als der Erste theill, nebenst obgemelter Verwaltung, Hertzog Albrechten, uff brüderliche Vergleichung, assignirt, sich seines deputats der Dreyzehen Taußent gülden, darauß folgendergestalldt, undt vermöge der Beylage litt. A. (die aber hier weggelaßen wird) vehig zu machen, Alß:

3514 fl. 18 gr. 7 pf. an gewissen gefällen in berürtem Ambte

4122 fl. 8 gr. 6 pf. aus dem grosen undt kleinen Vorwerge, desgleichen den Forwergern Bachstedt, Diffurth undt Lützendorff, alles besage der justificirten, und zu ende angehefften Extracten (die aber gleichfalls nicht mit abgedruckt werden.)

746 fl. 14 gr. — vom Kornboden, oder auß dem Casten Ambte allhier ahn 40 Weymarischen Maltern Gemang Kornn, jeden schffl, deme — — Anschlagk nach, zu 23 gr. 8 pf. Item,

868 fl. 12 gr. — an 60 Malter Gersten, den scheffel zu 25 gr. 4 pf. Item,

594 fl. 6 gl. von 60 Malter Habern, iedem zu 17 gl. 4 pf. Und dann

3153 fl. 18. 11 pf. auß gemeiner Renth-Cammer oder Steuer-Einnahme, an bahren Geldte, hierüber seindt zu diesem theill, umb beqvehmerer hoffhaltung willen geschlagen und deputirt Jherlichen

180 Clafftern halb hartt, halb Floßholtz.

52 Thier, sambt

10 Tonnen eingesalzen Wiltpret, oder in den Monat undt Zeiten, da das Wiltpret nicht zu pür-

pürschen, noch vor die hoff-haltung dienlich, vor iedes Thier, wöchentlich, undt wenn manns bedarff, drey Rehe ohne entgeldt, gegen entrichtung des Jägerrechts, fuhr undt tragelohns (wie herkommen) Item das Niederweidwergk, wo sonst der Windthetzer pflegt zu jagen an Hasen, Zinß-Aenten, undt andern federwildpret, oder was sonsten darein gehörig, doch den herrn Brüdern, in ihren assignirten portionen nach Ihrer Beliebung, ein solches zu treiben unbenommen. Funffzigk Malter Iherlichen Huffen Hafer, vom Kornboden alhier dem gewöhnlichen tax nach zu bezahlen.

Den Schloßgraben, undt Küchenteich, sambt den Behältern in alten Baumgartten, auch die zur Fürstl. residentz, gehörige Lust, und andere Gärtten, gegen Abtrag der Uncosten.

Der andere theill Hertzogk Johann Ernsten dem Jüngern ꝛc.

7000 fl. inhalts der Beylage lit. B. Alß:

3381 fl. 19 gl. $1\frac{1}{2}$ pf. Außen Ambt Reinhardtsbrun.

2750 — — Außen Ambt Ringkleben, inclusive die Strasen, so uff 50 fl. angeschlagen, undt

868 fl. 1 gl. 11 pf. $1\frac{1}{2}$ hl. ahn bahrem gelde, von dem Holzgeldern im Ambt Reinhardtsbrunn, hierüber

21 Malter Hufhafer dem gewöhnlichen Tax nach zu bezahlen, vom Kornboden allhier.

Der dritte theill Herzogk Wilhelmen.

7000 fl. vermöge der Beylage lit. C. Alß:

fl. gl. pf. auß dem Ambt Ober-Weymar

— — — aus der Vogtey Magdala.

— — — auß dem Forwergk Cöttendorf

hierüber 21 Malter Huffhafer dem gewöhnlichen Tax nach zu bezahlen, von Kornboden.

Der

Der Vierdte theill Hertzogk Johann Friederichen .

7393 fl. 4 gl. 7½ pf. Aus denn Embtern Wachsenburgk, undt Ichtershausen, davon werden, neben deme was sonsten in diesen beiden Aemtern, vermöge der Beylage lit. D. außgezogen, undt gesambter Renth-Cammer fürbehalten, 393 fl. 4 gl. 7½ pf. zurück in berürte Renth-Cammer gegeben, hierüber

21 Malter Hufhaber dem gewöhnlichen Tax nach zu bezahlen, auß gemeltem Ambte.

Der Fünffte theill Herzogk Ernsten.

7000 fl. vermöge der Beylage lit. E. Alß,

4554 fl.	10 gl.	8 pf.	Auß dem Ambt Capelndorff
2196 -	18 -	2 -	auß dem Ambt Berckau
248 -	13 -	2 -	aus gesambter Renth-Cammer

hierüber 21 Malter Hafer dem Tax nach vom Kornboden allhier.

Der

Der Sechstetheill Hertzogk Bernhardten.

7000 fl. vermöge der Beylage lit. F. alß:
5390 fl. 8 gr. 3 pf. Außen Ambt Jhena
1107 — 16 — 2 — 1 hl. auß gesambter Renth Cammer,
Beneben
21 Maltern Hussenhafer, uff obgedachte maß zu bezahlen.

Und seindt jedwedern teil die benannten Forwerge, undt güther, mit dem Vollkommenen heurigem Jharwuchs, beschwehrten, gerechtigkeiten, (außer was davon außgezogen) dergestalt zugeeignet, undt eingeräumet, das ein ieder das seinige, ufs beste, ohne Rechnung, nutzen, geniesen, undt gebrauchen möge, Undt wenn etwas nothwendig undt nützlich zu bauen, oder an Teichen, Mühlen, Schäfereyen, undt dergleichen von neuen einzurichren, Solches mit rath, vorbewust undt einwilligung fürzunehmen, die uncosten außzulegen, undt dargegen Zeit der dreyen Jhare über, die Nutzung darvon für sich einzuheben, undt zu behalten, undt endlich beym abtritt undt ende der dreyen Jhare, die Baucosten, wie dieselbe durch einen gegenschreiber verzeichnet undt ufgangen, auß gemeiner Renth Cammer, ohne

Zinß

Zinß wieder zu fordern, wol befugt sein solle, hinwiederumb, was an Zinsen durch Ambts-geschirr abzuholen herbracht, und allbereit beim Anschlage erwogen, auch in die beschwerden, also das es keines herrn deputat hindert noch mindert, gerechnet ist, diß undt alle andere onera, wie sie in specie bey iedweder portion extracten in Außgabe zu befinden, tregt und behelt jeder Innhaber uff sich, Undt soll eine jegliche portion mit Ihrer Zugehör, gebeuden, Viehe, Haußgeräthe undt allem andern Vorrathe, fleißig beschrieben, die gebeude in baulichwesen gebracht, undt wo sich mangell in einem oder andern befindet, derselbe ersetzet, Was deshalben uffgewendet werden muß, auß der gesambten Renth-Cammer, ehister müglichkeit mit bahrem gelde bezahlt, undt darauff ein richtig Inventarium dreyfach gefertiget, ein exemplar dem Inhaber, das andere den extracten beygefüget, undt das dritte, dem Beammten jedes orths zugestellet, undt dermahleins nach ordnung obgemelter dreyer Jhar, wiederumb also gelassen, die Gebeudte in baulichen wesen, nach arth der refection, erhalten, nichts verwahrloset, verpsendet, veräußert, noch verwüstet, undt alles pfleglich genüzt, undt gebrauchet werden. Was aber in dieser assignation, verzeichniß Extracten

undt

undt Inventario außtrücklich nicht begrieffen, noch specificiret, Alß die Gehöltze, Weinwachß, Floß- undt Fleischnutzung, benantlich der Große undt kleine Schwaan-Brembacher undt hohefelder, Sehe, undt Siedeborn, mit ihren zugehörigen, Leich, undt Steckteichen, Berg und Saltzwercken, Steur, hohe Jagten, die Herrschafft Hennebergk, das Gemeine Geleit, das Ammt Georgenthal, Königsbergk, Oldißleben, Mülbergk, Tondorff, Forwergk Holzhausen, undt Tambachshoff, bleibet zur ablegung der Schulden, Zinßen, undt andern gemeinen Ausgaben der Renth-Cammer außgesetzt.

Ob dann wohl vors dritte, die Extracte calculation, undt überschläge ausweisen, das diese assignirten Aembter, Güter, Zugehör, undt was mit dartzu geschlagen, etwas mehreres (undt nemblich der erste theill in 13000 fl. undt noch drüber, die andern fünff aber jedes in 7000 fl.) durch Gottes segen, nach abgezogenen beschwerten ertragen können, Wann zuförderst gute Haußhaltung an Ueberflüssige zehrung undt ufwendung eingestellet, undt die frucht zu rechter Zeit gelöset wirdt, derwegen aber sonst jedes deputat umb 1000 fl. geringer, So ist es doch, umb bedencklicher

ur-

ursachen, undt der retardaten, undt anderer umbstende willen, bey solchem anschlage, wohlbedechtig gelassen worden, damitt durch Gottes güte desto baß außzukommen, undt zuzureichen, undt die onera leichter zu ertragen.

Würde sich vors Vierte begeben, (welches Gott gnedig verhüte) das ohne Verwahrlosung durch feuersbrunst, ungewitter, Mißwachs, Heerzugk undt dergleichen ungewöhnliche Fälle, übriger Schade geschehe, Soll solches uff freundtbrüderlicher vergleichung, undt verstendiger Leuthe recht und billich meßige, vermittelung, ex aequo et bono gestellet sein, undt nach befindung, erträglicher nachschuß erfolgen.

Es soll auch vors Fünffte, Hertzogk Johonn Ernsten freystehn, und fürbehalten sein, nach ablauf eines, oder mehr Ihare, die Landesadministration undt Regierung, uff obgesetztermaß, wie sie ietzo Hertzogk Albrecht angetretten undt führet, entweder selbsten ahn sich zu nehmen, oder uff künftigk begehren, geschehener vertröstung nach, Hertzogk Wilhelmen, mit gewissen accord zu übergeben, undt einzuräumen, Inwendig Iharesfrist, aber soll Hertzogk Albrecht darbey ruhig verbleiben,

ben, damit S. F. G. nicht in uncost undt schaden gerathen.

Und wenn sich vors Sechste ezliche Herren Brüdere beym Regierenden Herrn all-hier befindten, undt usshalten würden, Soll dargegen denselben, von dem deputat billich meßiger abtragk und recompens widerfahren, undt von jeglicher Fürstlichen undt Adelichen Persohn, Sechs gulden, von den Dienern aber 3 fl. Costgeldt wöchentlich bezahlet, undt gegeben, Sowohl für Holz undt Liecht nach befindung gleichmesiger abtragk gethan werden.

Wie denn auch vors Siebende, Fürstliche, Gräfliche, Fürnehmer Gesandten undt dergleichen ußrichtungen, sie tragen sich zu, an welchem orth sie wollen, gleicher-weise, wie bißanhero der gemeinen Renth Cammer zugeschrieben, und darin getragen, undt bezahlt werden sollen.

Und da man vors Achte, nicht allein zu angedeuteten Außrichtungen, sondern auch einer, oder ander der herren gebrüdere, zur nothdurfft, Hoffstadt und Haußhaltung, et-was an Victualien nothwendig bedürffte, und solches in seinem assignirten theill nicht

er-

erlangen könndte, . So ist verglichen, das jeder dem andern, gerne hiermit freundtbrüderlichen außhelfen wolle, Immaßen auch die Beammten in den Außgezogenen Aemtern, undt Ordten dahin beschlicht, jedoch das alle solche Victualien, nichts außgenommen, umb billigen werth, wie sie bey andern zu gelösen mit bahrem Geldte alßbaldt bezahlt werden sollen.

Dieweill dann vors Neuntte, auß den überschlack und extracten vermerckt, das nach Gottes gnediger mildt undt benediction, über diese deputat undt gemeiner Kasten, eine stattliche ansehnliche übermaß bleibet, undt billich dahin zu sehen, das Gottes reicher seegen nicht verschertzt, sondern durch Sparsamkeit undt eingezogene Haußhaltung vermehrt, undt erhalten werde, Alß ist von Ihren Fürstl. Gnaden sambt undt sonders beliebet, daß der Ueberschuß zu forttsetzung guten fürstlichen credits, Bezahlung der Diener und Gläubiger, Hauptsummen, undt Zinsen, auch nag nottdurfft eine ziembliche Summa jhärl. zu erbauung des verbronnenen Schloßes, Kirchen undt andern gebeuden wohl angelegt werden soll.

Es soll auch vors Zehende eines jedwedern Schößer, Verwalter, oder Diener, insgemein verpflichtet sein, mit Fleiß dahin zu trachten undt sich zu bemühen, das die Steuren, undt außgesetzte nuzungen zu rechter Zeitt einbracht, undt in gemeine Renth-Cammer geliefert, undt durchauß unter was schein, es sey, nirgends anders wohin gewendet, und eingehendiget werden.

Vors Eilfte ist vor nötig undt guth angesehen, daß zu besserer außkommung undt fortsetzung eines jeden intent undt wohlfarth, eine Summa geldes zu wege gebracht, und jedem unter den Herrn Brüdern ufs förderlichste sein verordentes deputat, alß Herzogk Albrechten 12000 fl. undt den andern herren einem 6000 fl. an bahrer Müntz gefolget, undt nach endigung der dreyen Jhar, was dessentwegen zu thun oder zu lassen, fernerer freundt brüderlicher accord gemacht werden möge, Jedoch soll Hertzogk Albrechts F. G. schuldig seyn, uffn fall die Regierung hertzogk Johann Ernst selbst wieder antretten, oder dieselbe hertzogk Wilhelmen, übergeben würde, deren einem oder dem andern 6000 fl. wiederumb zu erstatten.

Und weill man vors Zwölffte, wegen des bißherigen Uffgangs zu Hoffe, in Küch, Keller, und futterboden, sowohl in den Aemb-

tern

tern bis uf heut dato dieses vertrags, durch den Bogen gefahren, auch vorige in hoc passu uffgerichtete vergleichung, wie auch eines undt des andern Herrn Bruders, mit der Renth Cammer, vom ersten Vertrage an, biß uff dato gehaltene Abrechnungen, darinnen von Ao. 1621 an biß uffn 24 Augusti 1622 inclusive alles vor leichte müntz angesetzt, nochmals wohlbedechtig beliebet, undt bestetigt, auch darunter allenthalben gnugsame erinnerung undt zu gemüthführung geschehen, Alß: daß hinführo keiner unter Ihnen sich einiger verletzung, oder Irthumbs in Rechnung, weder in schwehrer noch leichter müntz beschweren kann, soll undt will; So lassen es Ihre F. G. allerseits darbey beruhen, jedoch weil sinder dem am dato 22. Martij Ao. 1623. auffgerichteten lezten Brüderlichen Vertrage, Hertzogk Johann Ernsts, F. G. fast gar nicht zu lande gewesen, undt uff Herzogk Bernhardts F. Gn. auch nicht soviel, alß der andern Herrn Brüdern einen, an Futter und Mahlgangen, sonsten aber ein jeder sein deputat vollständig bekommen, undt Herzogk Albrechts F. G. deputat gleich noch so hoch, als der andern einß, Alß ist es dahin vermittelt undt verglichen, das von Hertzogk Albrechts F. G. deputat Hertzogk Johann Ernsts F. G. 4000 fl. — und Hertzogk Bernhardts F. G. 1000 fl. gereichet werden sollen.

Damit nun dieses alles wie obstehet, steiff, fest und unverbrüchlich gehalten werden möge, So haben J. F. G. allen exceptionibus sowohl in specie alß in genere Crefftiglich renunciret, diesen Contract mit eignen Handen unterschrieben, undt mit Ihren Fürstl. Secreten becrefftiget, So geschehen zu Weymar, in beysein der Vesten undt hochgelehrten, Friedrichs von Kospodts uff Seubtendorff, Caspars von Miltitz, auff Gutmannshaußen, Hanß Melchiors von Wittern zu Wundersleben, Herrn Samuel Göchhaußens zur Buttelstedt, herrn Laurentii Brauns, beyde der Rechte Doctorn, herrn Friedrich Hortleders, Cammer und Hoffräthe, Rudolphs von Bünau zu Obringen, Obersteuereinnehmers, Hannß Bertholts von Tachwitz zu Steten, und Johann Evanders Renthmeisters. Den Sechsten December, nach Christi unsers Erlösers geburt, Ein Tausent Sechßhundert und Vier und Zwanzigk.

No. III.

No. III.

Brüderlicher Vertrag derer Hertzoge Wilhelms, Albrechts, Ernsts und Bernhards zu Sachsen-Weimar, die Landes-Gemeinschafft, Regierung, Hoffhaltung, Berechnung und Theilung derer Landes-Einkünffte, betreffend, de Anno 1629.

Von Gottes Gnaden Wir Wilhelm, Albrecht, Ernst und Bernhard, Gebrüdere, Hertzogen zu Sachsen, Jülich, Cleve und Berg, Landgrafen in Thüringen, Marggrafen zu Meissen, Grafen zu der Marck und Ravensberg, Herren zu Ravenstein, ꝛc. Thun kund und bekennen hiemit vor Uns, Unsere Erben und Nachkommen: Dieweil unser auff uns geerbtes Fürstenthum und Land noch ungetheilt bleiben, und in solcher brüderlicher Gemeinschafft von dem Hochgebohrnen Fürsten, Herrn Johann Ernsten dem Jüngern, auch Hertzogen zu Sachsen, Jülich, Cleve und Berg, ꝛc. Unserm nunmehro in die himmlische Freude auffgenommenen ältesten vielgeliebten Herrn Brudern und Gevattern, theils von Ihro Lbd. selbst und in getragener unserer Vormundschafft, theils auch hernach,

 Krafft

Krafft aufgerichteter unterschiedlicher Brüderlicher Verträge, von der Zeit an, da Ihro Lbd. den 3ten Octobr. An. 1615. in die Regierung getreten, biß auff Deroselben seliges Ende, den 4 Decembr. An. 1626. also regieret, daß Ihro seel. Lbd. bey Uns, unsern Land-Ständen und Unterthanen ein ewiges unsterbliches Erb- und Gedächtniß ihrer sonderbaren brüderlichen Liebe, Treu und Landesväterlicher Güte hinterlassen, nunmehro Ihr seel. Lbd. Regierung, des frühzeitigen Abgangs halben, ein Ende genommen, und darumb von nöthen seyn wollen, daß Wir, als Ihro Lbd. leibliche Brüdere, nechste Lehen- und Erb-Folgere, Uns 1) der Lands-Gemeinschafft 2) Regierung 3) Hoffhaltung, 4) Berechnung, 5) Theilung und Anweisung der jährlichen Landes-Einkünffte wegen, mit einander weiter eines Gewissen brüderlich und freundlich vergleichen möchten, damit so viel desto mehr brüderliche Liebe, Einigkeit und Zutrauen unter uns fortgepflanzet, schädliche Unordnung verhütet, unsere und unsers Fürstenthums allgemeine Wohlfahrt gesuchet, Gottes Ehre befördert, die treue Beylage reiner Evangelischen Religion wohl bewahret, Recht und Gerechtigkeit ertheilet, männiglich bey dem Seinen

nen geschützet, und also allenthalben im Lande und bey Hofe wohl haußgehalten werden möge.

Daß Wir demnach zu solchem Ende im Nahmen des Allmächtigen mehr denn einst persönlich zusammen kommen, freund-brüderliche Unterrede, sowohl unter Uns selbst, als auch mit unsern gesambten und sonderlichen Cammer- und Hoff-Räthen gepflogen, und nach gnungsamen Vorbedacht und Erwegung aller Umstände und Gelegenheiten, Uns endlich also, wie hernach unterschiedlich capituliret, einhellig verglichen haben:

Nemlich und vors Erste, daß wie bißhero, also auch nachmahls und fort an, biß man zu einer erblichen und Fürstlichen Landes-Theilung, oder doch zu einer ansehnlichen Landes-Oerterung, füglich kommen kann, zum wenigsten aber biß uff Michaelis, wenn man wills Gott 1633 schreibet, unser Fürstenthum mit allem und jeglichen ihme angehörigen und einverleibten Hoheiten, Herrligkeiten, an Land und Leuten, Prälaturen, Graff- und Herrschafften, Ritterschafften, Aembtern und Städten, nichts ausgeschlossen, gemein und erblich und getheilet seyn und bleiben, auch ohne unser aller und jeder guten Vorwissen, Willen und Bewilligung, von keinem unter uns mit fernern Schulden beschwert, vielweniger jemandes verschrieben, verpfändet, versetzet, wiederkaufflich verkauffet, oder in andere Wege und Weiß belästiget, geschwächt oder geringert werden solle, Sondern Wir alle ingesambt, und unser jeglicher besonders, wollen vielmehr dahin sehen und trachten, daß wir mit unseres Fürstenthums eigenen jährlichen Intraden wohl reichen und auskommen, frembder Geld Auffnahm entrathen, Schulden wie auch Bürgschafft meiden, und itzige Cammer- und Land-Schulden, vermittelst unserer getreuen Landschafft erschwinglichen Hülffe, in keinen andern Nutz wenden, Brieff, Siegel, und versetzte oder wiederkaufflich verkauffte Herrschafften, Aembter und Güther wieder einlösen, jährlich ein Vorrath erhegen, also Fürstliche Reputation, und auf dem Nothfall Credit erhalten, und unser Fürstenthumb, Cammer, Land und Leuthe, so fern als durch Gottes Gnade möglich, wieder in den Stand und in das Vermögen setzen mögen, wie von unsern Hochseeligen Eltern, Herrn Vaters und Frau Mutter Gnaden, es auff uns geerbet und gebracht worden.

2) Damit

2) Damit aber bey solcher unzertheilten Landes-Gemeinschafft unserm allgemeinen Nutz, Fürstenthum, Hoff-Wesen, Landen und Leuthen desto besser vorgestanden werden möge, haben wir uns ferner dahin brüderlich verglichen, daß obwohl wir Hertzog Albrecht, Hertzog Ernst und Hertzog Bernhard uns der Landes-Administration und Regierung, neben sambten, und zugleich mit des Hochgebohrnen Fürsten, Herrn Wilhelms, Hertzogen zu Sachsen, Jülich, Cleve und Berg, rc. Unsers freundlich vielgeliebten Bruders Lbd. befugt erachten, und an den meisten Fällen, die sich mit solchen brüderlichen Landes-Gemeinschafften in unserer hochgeehrten Vorfahren Chur- und Fürstl. Hause zugetragen, Exempel haben, daß die jüngern Brüdere solchen Landes principatum, imperium, potestat, Herrschafft, Macht und Gewalt, und alles, was in brüderlichen oder andern verordneten gemeinen Rath durch den mehrern Theil der Stimmen vor gut angesehen und beschlossen worden, neben dem Eltisten ausdrücklich, unter und in ihrer aller und jeglicher Nahmen, auszuschreiben, zu gebiethen, zu verordnen, zu verbiethen, und zu exequiren, bißweilen in die 20. 30. und mehr Jahre mit dem Eltisten zugleich besessen, geübt,

gebraucht, und zu gebührlichen Vorzug und Vortheil Alters halber berührtem Eltisten nicht mehr denn das Directorium oder Praesidenten-Ambt, mit seinen Rechten und Gerechtigkeiten, als die Ehre der Ober-Stelle in allen Zusammenkünften, Rathschlägen, Händeln und Sachen zu haben und zu halten, die gröste Auffsicht, Sorge und Mühe vor allen andern Gebrüdern zu tragen, was Rath oder Nutz zu erinnern, anzufahen, fortzutreiben, Rathschläge fürzunehmen, darinnen zu praesidiren und zu proponiren, uffs erste zu votiren und umbzufragen, und wenn gleich votiret, den Ausschlag zu geben, zu beschliessen, und andere dergleichen Praeminenzien mehr, gelassen haben. Demnach aber und dieweil wir bey uns erwogen, wie aus solcher gleichmäßigen Regierung, Macht und Gewalt vieler Personen zugleich, zu Zeiten mehr Unordnungen und Schadens, als Wohlstands und Frommens zu entstehen pfleget; Insonderheit aber, wie in vorigen Jahren, und zumahl den brüderlichen Verträgen, die Anno 1618. 1622 1623. auffgerichtet, die Landes Regierung, Botmäßigkeit und gewalt, was fürnehmlichen in wichtigen Sachen mit vorher gehaltenen gesambten brüderlichen und gesambter Räthe Rath und Gutachten, Beliebung und Einwil-

ligung,

ligung, wie auch uff gehaltene Rathschlagung mit der Landschafft in Land-Sachen beschlossen verordnet, gethan und gelassen werden möchte, allein im Nahmen des ältisten Bruders in der Oberschrifft, Unterschrifft und Fürstlichen Insiegel zu publiciren, zu befehlen und zu handhaben, anfänglich unsers Herrn Bruders, Hertzog Johann Ernsts, des Jüngern Lbd. von uns aufgetragen und anvertrauet worden; So wollen itzo gedachtens unsers Herrn Bruders Wilhelms Lbd. alleine wir, die jüngere Brüdere, besagte Macht der Landes-Fürstlichen Regierung über Dero, als dem Eltisten gebührendes Directorium, so lange als unsere Brüderliche-Landes-Gemeinschafft währet, auch freund-brüderlichen abgetreten, anvertrauet, gegeben und überlassen haben, mit Bitte, daß Ihro Lbd. solche um unser aller und der Lande Bestes willen uff sich nehmen wolten. Ob nun wohl wir Hertzog Wilhelm, in Ansehung, was uns berührtes Directorii wegen schon vor unumgängliche Sorge und Mühewaltung oblieget, uns mit dieser Last lieber verschonet sehen, und unserer brüderlichen Lbd. ihren Antheil davon freund-brüderlich gerne gönnen und lassen möchten: so nehmen wir doch derenthalben, daß Ihr Lbd. allerseits uns insgesambt

sambt und unsern allgemeinen Fürstenthumb solches vor nutz und gut erkennen, und uns mit unsern Voto, Wunsch und Willen gleichsam überstimmen, wie auch auff bemeldte Ihro Lbd. freund-brüderliche Bitte, mehr berührte Landes-Fürstliche Regierung in gedachten Stücken auff und über uns. Behalten aber uns hierbey ausdrücklich vor, daß wenn uns künfftig etwan andere gute Bequemligkeit vorkäme, und unsere Gelegenheit nicht seyn würde, der Landes-Regierung und Hoff-Stadt persönlich beyzuwohnen, daß uns jederzeit frey und bevorstehen soll, dieselbe unserer Brüdere Lbd. einem immittelst an unser Statt zu übergeben.

3.) Und dieweil Uns unverborgen, daß solch hohes Ambt viel zu mühesam, zu weitläufftig und zu schwer, alß daß es von uns allein ohne tapffern getreuen Rath, Hülffe und Beystand mit Fürstlichen Lob und gemeinen Land und Unterthanen Wohlstand, Nutz und Besten getragen und verwaltet werden könne; Alß sind wir so viel desto mehr willig und erböthig, wie es denn auch für sich selbst recht und billig, in unserm Chur und Fürstlichen Hause auch bey unsers seel. Bruders Liebden Regier-Zeiten also hergebracht, und

von

von uns selbsten in brüderlichen Vertrage Anno 1626 freywillig versprochen ist, Ihre allerseits Liebden, als die gleich uns selbsten, ohne allen Nutz und Schaden mit vertheilet, und die allernechste wohlkundige und erfahrne Mitglieder unsers Fürstlichen Standes und gesambten Landes seind, wann, und so offt es die Nothdurfft erfordern, oder sonsten Ihrer Liebden Gelegenheit, Will und Wohlgefallen seyn wird, das Consistorium, Rath- und Cammer-Stuben zu besuchen, und uns in unsers Landes Fürstlichen Consultationen mit Ihren freund-brüderlichen Gutachten beyzuspringen, oder aber in Ihrer Liebden Abwesen und an Dero statt unsere und Ihrer Liebden zu solchem Ende mit Fürstlichen Kosten bestellete und verordnete Cammer-Cantzler und Hoff-Rähte, in unsere Fürstlichen oder andern ordentlichen Raht, zu getreuer Beystände Mitgehülffen unserer Landes-Fürstlichen Vorsorge, Kümmernüs, Mühe und Arbeit, freund-brüderlich und gnädig zu erfordern, zu beschreiben, oder sonsten Ihr. Liebden und Ihnen freyen Zutritt zu statten, thun solches auch und verwilligen uns nochmahls gutwillig hiemit, daß wir in wichtigen Sachen und vor allen Dingen in denen, so des gantzen Landes Friede, Ruhe, Wohlfahrt, Gedeyen,

en, Schaden oder Verderben in Fried und Kriegs-Zeiten nach sich ziehen, und zuförderst unsere Seeligmachende Religion und unveränderte Augspurgische Confession Anno 1530. auch darzu gehörigen Formulam Concordiae, Kirchen; hohe und niedrige Schulen, Reichs und Kriegs-Händel, auch unsere und Ihre Lbden Reichs und andere unsere Fürstliche Lehen gesambte Hand und Mit-Belehenschafft, Anwartung, künfftige Erbfälle, Erb-Verbrüderung, Erb-Einigung mit andern als den Erbvereinigten Chur- und Fürsten Brandenburg und Hessen, die Jülichische, Hennebergische, Sachsen Altenburgische, zu Recht anhängige oder noch nicht anhängige Differentien, und vorab diejenige, so von unser allerseits in Gott ruhenden Frauen Mutter Gnaden uns teuer anbefohlen und eingebunden, als die Praesidenz und Primogenitur, item Erb-Huldigung unseres gemeinen Fürstenthumbs, Erhaltung und Ordnung des gesambten geistlichen Consistorii, Regierung, Renth-Cammer, Hoffgerichts und Academien, unserer und Ihrer Liebden Regalien, verledigte Gräff- und Herrschafften und Ritter-Lehnen, gewönliche und ungewönliche Steuer und Auflagen, item unser und Ihrer Liebden Land-Stände und Unterterthanen Freyheiten, Recht und Gerechtigkeiten belangen und antreffen, anders nicht als mit Ihrer Liebden und in dero Abwesen mit unser und Ihrer Liebden verordneten Kirchen-Cammer-und Hoff-Räthen, in Land-Sachen aber mit der getreuen Landschafft-Raht, nach den Majoribus und mehrern Theil der Stimmen, wie vor Alters herkommen, verfahren wollen, auch zu Ihr. Lbd. mehrer Versicherung, den Cantzley-stylum in berührten wichtigen Sachen also führen, wie bey Hertzog Johann Friedrich des Mittlern Regierungs-Zeit, in der achtjährigen brüderlichen Landes-Gemeinschafft, von 1557. biß 1566. geschehen, und in Reichs-Abschieden zum Theil bräuchlichen:

Von Gottes Gnaden Wir Wilhelm rc. entbiethen allen und jeden unsern und der Hochgebohrnen Fürsten unserer freundlichen lieben Brüdere, Herrn Albrechts, Herrn Ernsts und Herrn Bernhards, rc. Prälaten, Grafen und Herren. Item: So haben wir mit Wissen, Rath und Willen unserer freundlichen lieben Brüdern und Ihre Lbd. sich hinwieder mit uns dahin vereiniget und verglichen, rc. Befehlen und begehren derohalben vor Uns und ob Hochgedachte Unsere freundliche liebe Brüdere hiermit rc. An

dem

dem geschiehet Unsere, und Unserer freundlichen lieben Brüdern Will und Meynung.

Was aber andere tägliche Regierungs- und Privat-Sachen seynd, darinne soll es bey bißhero gebrauchten Cancelley-stylo bleiben, und uns darinn nach Importantz der Sachen, auch wohl ohne sonderbare Bemühung unserer Brüdere Lbd. was recht und billig, zu verordnen anvertrauet und heimgegeben seyn.

4) Und damit, was itzo abermahl der Regierung, gemeiner Lande und Leuthe halben, zwischen Uns Hertzog Wilhelm, Hertzog Albrechts, Hertzog Ernsts, und Hertzog Bernhards Lbd. verglichen, nicht uns Hertzog Wilhelm alleine, sondern auch Ihro Lbd. sambt und sonders in brüderlichen succession Fällen kräfftiglich binden, auch nicht auff unsere Hertzog Wilhelms Erben alleine, sondern ebenermassen auf Ihrer Lbd. künfftige Erben erstrecket, und eine gleiche durchgehende ewige Norm und Form gesetzet werden möge, wie es in allen und jeden künfftigen successions- Fällen mit dem Principat oder Landes-Fürstlichen Regierung also zu halten, daß hero von unsern mehr Verständigern und geehrten

ehrten Vorfahren auff uns wohl hergebrachten Obſervanz gemäß, auch ihnen zu ſchuldigen Ehren jederzeit dem ältiſten Bruder oder Vetter, ohne einigen Unterſchied der Linien; ſolcher principat auffgetragen und vertrauet, hierauff von demſelben Eltiſten mit gebührlichen Rath, wie gemeldet, gehandelt, und aller Einführung eines Frembden, dem Fürſten-Stand und Einigkeit ebenbürtiger Gebrüder oder Vettern hochſchädlichen, ungleichen und unbilligen dominats und primogenitur Weſens fürgebauet werden möge: So vereinigen, verſchreiben und verobligiren wir Hertzog Wilhelm, Hertzog Albrecht, Hertzog Ernſt, Hertzog Bernhardt vor uns und unſere Erben gegenwärtige und zukünfftige auf genugſamen Rath und Vorbedacht uns wiſſentlich dahin, daß nach uns Hertzog Wilhelm abermahls unſer Eltiſter Bruder Hertzog Albrecht und nach ſolchen Eltiſten Bruder Hertzog Ernſt und nach unſers Bruder Hertzog Ernſts, als des Eltiſten Toden ferner unſers Bruders Hertzog Bernhardt als des Eltiſten Toden, und alſo zu ewigen Zeiten, wann in einer eintzigen Fürſtlichen Linie Gebrüdere in unſer allerſeits Hauſe zu Sachſen Weymar verhanden, allewege der Eltiſte, wann aber aus uns vieren oder andern nur eintzigen Linien Gebrüdere — Kinder sonder zwey, drey oder mehrerley Erben von uns, und also Vettern Hertzoge zu Sachsen vorhanden, alsdann derjenige, welcher nicht per repraesentationem noch per juris dictionem, sondern in der That und Wahrheit von Natur und an Jahren, Monathen und Tagen der Eltiste zu derselben Zeit und Stunde seyn wird, wann nach Gottes Willen der Todtes Fall am letzten unter uns Gebrüdern oder Eltisten regierenden Fürsten aus unsern Erben geschieht, und also fortan allewege der Eltiste an Jahren und unter allen zu einer solchen Zeit noch lebenden Vettern unsers Hauses Sachsen Weymar ohne einig Ansehen, ob Er von einem Eltern und unter Landes-Fürstl. Principat gesessenen Herren Vetter herkomme oder nicht, das Landes-Fürstl. Regiment vor allen andern haben und solches mit Rath der Jüngern, wie obgedacht, regieren soll. Jedoch daß er ehe nicht zum selbigen noch zu Empfahung gemeiner Landes-Huldigung in aller Nahmen soll admittiret werden, er habe sich dann zuvorn gegen die Jüngern dieser unserer ewigen General-Satzung, und Vergleichung gemäß reversiret und verschrieben, immassen dann wir Hertzog Wilhelm, soviel itzo uns als regierenden Fürsten belanget, hiermit gegen

unsere

unsere Brüder Hertzog Albrechtens, Hertzog Ernstens, und Hertzog Bernhardts Lden. und wir Hertzog Albrecht, Hertzog Ernst und Hertzog Bernhard uns künfftiger Fälle halben gegen uns unter ander und unsers Herrn Bruders Hertzog Wilhelms Leibs-Erben, gegenwärtige und künfftige solches krafft dieses Vertrages der Posterität zum Fürbild gethan und hiemit den Punct des Principats oder die Regierung unser noch nicht erblich getheilten Fürstenthumbs belangende beschlossen haben wollen.

5) Ferner aber so wollen und sollen auch vermöge unserer Brüderlichen Vergleichung wir Hertzog Wilhelm die gemeine Brüderliche Hof-Haltung auf uns nehmen mit unser Brüder Lbd. Wissen, Rath und Willen das Consistorium, die Rath-Stube, die Cammer-Stube, Cantzeley, Rentherey und gantzes Hof-Wesens mit tüchtigen und Ihr. Lbd. angenehmen Praesidenten, Assessoren, Cantzlar, Cammer- und Hof-Räthen, Hof-Officiern, Rent-Meistern, Secretarien, und andern gesambten Dienern bestellen, sie gebührlich besolden lassen, und ohne Ihr. Lden. Vorwissen und Willigen niemahls dieselben urläuben, überhaupt aber nichts unnöthig, noch unnütz-

lich aufwenden, allenthalben, und zumahl in Kirchen, Keller, und Silber-Cammer, rathsame gute Ordnung machen, über die zur Hof-Haltung, Ausrichtungen und Unterhalt gemeiner Diener, hinwieder nahmhafft gemachte Gelder, ohne was zu unser und Ihr. Lbd. Reputation nöthig, nichts überflüßiges spendiren mit einen gedöppelten Inventario über Silberwerck zum Weiß-Geräth, und was der Hofstadt zum gemein Mobilien sonsten mehr zu folgen pfleget eines vor uns und eines vor gesambte Cammer die Hofstadt antretten und denen Personen, so die Stücke solches Inventarii unter Händen haben mit Ernst einbinden, ihme also vor uns zu seyn, daß sie uns und unser Bruder Lbd. davon gnugsame Rechenschafft geben. Unsere freundliche lieben Brudere, so lang Ihr. Lbd. solches gefällig, an unserer eigenen Taffel und Ihr Lbden Adliche und andere Diener (doch daß sie sich der Hoforderung gemäß erweisen) mit Fürstl. und nothwendigen Unterhalt nach Hofhaltungs Gebrauch versehen, sowohl auch alle Fürstl. und alle andere extraordinar Ausrichtung, so nicht in Aemtern, sondern in gesambter Hofstadt, die werde gleich gehalten, an welchen Ende sie wolle, fürfallen und ohne unsere und Ihr Lbden absonderliche Beliebung und Ein-

Einladung frembden Gefreunden, Gesandten oder ander Gäste in unserm und Ihrer Lbden gesambten Nahmen geschehen muste, bis auf die Auslösung in der Stadt an Lager und Rauchfutter auf uns nehmen nachfolgende zwölff gemeine Diener über Hof, als Nicolaus Kobern und seinen Jungen, Capitain Hanß Ernst Jageman und sein Jungen, Claudi Petit, den Bereiter, Fourier und seinen Diener, zwo Keller Personen, den Hoff-Schieffer und Hof-Fischer. Und sonst keinen gemeinen Diener mehr, (es werde dann deßhalben mit uns sonderbahre Freund-Brüderliche Vergleichung getroffen) mit Unterhalt dem Speiß und Tranck versehen, ihnen auch allen andern Dienern, wie gebräuchlich, auch eines jeden Bestallung gemäß leichte folgen lassen, uñ zehen gemeine Pferde, als einen Zug von sechs Pferden und ein Geschirr von vier Pferden unter unsers Stallmeisters und Vorwercks Verwalters Uffsicht halten, auch zu allen Feuern in Hauptschloß, biß auf die Cantzeley, Ambstuben und denen Gefangen Losementer, Holtz und andere Nothdurfft schaffen, welches alle Wir Hertzog Albrecht, Hertzog Ernst, Hertzog Bernhard mit Freundbrüderlichen Danck annehmen und wollen nicht alleine vor unser Personen zu nachtheiliglichen Verordnung und unnöthigen Ueberfluß keine Ursach noch Anlaß geben, sondern auch unsers Bruders Hertzog Wilhelms Lbden solcher onerum halber mit hiernach benannten jährlichen Geldern aus gemeiner Cammer und andern Vortheilung vor uns in Brüderlicher Theilung der jährlichen Landes Einkünfften Schad loß halten. Und weiln Ihr. Lbden über eine bißhero geführten Hofstadt geklaget, auch wir Hertzog Albrecht krafft Brüderlichen Vertrags Anno 1626. von dergleichen Einbuß noch ein Brüderlichen Recompens zu fordern gehabt, so wollen wir die andere Gebrüdere hiermit unsers Bruders Hertzog Wilhelms Lbden mit III. tausend Gülden und unsers Bruders Hertzog Albrechts Lbden auch mit II tausend Gülden solches ihres Schadens entnommen haben.

6) Sonsten aber und dieweil vor verrichteter Brüderlicher Theilung nichts will sowohl vonnöthen seyn, als daß die alten Cammer-Rechnungen vollends justificiret, abgehöret und biß auf Michaelis nechst verschienen, geschlossen, die neuen aber von derselben Zeit an, uff einen unzweiffelhafften Grund jährlicher gewisser Einnahmen und Ausgaben gesetzet werden möchten, so wäre zwar darzu nicht

nicht undienlich auch allen unsern vorigen und sonderlich den Brüderlichen Verträgen Anno 1626. gemäß gewesen, daß wir uns sambt und sonders über diejenigen, was ein jeglicher über sein gebührendes Antheil von Anno 1618. hero zu viel und zu wenig aus gemeiner Cammer aufgenommen und bekommen, und also entweder gemeine Cammer bey uns oder wir bey gemeiner Cammer noch zu fordern, berechnen, und der oder diejenigen, bey welchen sich ein Rest oder Capital und Zinsen zugleich, oder an einem allein finden, solche abgestattet oder andere Richtigkeit mit nöthiger verschreibung und verzinsung biß zu endlichen Abtrag gemacht hätten, Wie dann zu solcher Rechnung allbereit gewisse Commissarien niedergesetzet und vor denselben vor uns Hertzog Albrechten, Hertzog Ernsten und Hertzog Bernharden ein ziemlicher guter Anfang gemachet worden. Weil aber wir Hertzog Wilhelm in Betrachtung in was vor grossen Schaden und Kosten wir durch unsern Unfall in Krieges = Wesen gerathen und wie wir dannenhero so wohl der getragenen Regiments-Bürden halber den unsern dermassen, wie sichs wohl gebühret hätte, nicht fürstehen, allenthalben Rath schaffen können, eine Bogenfarth vorgeschlagen, und Freund = Brüderlich gebechen, daß wir beydes mit einander und gemeiner Cammer zugleich aufheben und jeder Theil der andern aller Ansprüche und Forderungen, so fürnehmlich aus Brüderlicher Ungleichheit und andern Ursachen herrühren, erlassen und allein den Sechs vorigen Brüderlichen Verträgen von 1618 biß auf 1626. inclusive vorhandene Verschreibungen, Verpflichtungen, Zusagen, reservationes, und Vorbehalt, Erneuerung und fernere Bestätigung durch die Banck hinweg gantz und gar cassiren und aufheben möchten mit Freund Brüderlichen Erbiethen, daß wir gemeiner Cammer mit keinen neuen Schulden mehr beschweren wolten. So haben wir Hertzog Albrecht, Hertzog Ernst, und Hertzog Bernhard solchen Ihr Lbden. Fürschlag und Freundbrüderlichen Suchen ferner und mit fleiß nachgedacht und ob uns wohl zu schwer fürkommen wollen, unsere Forderung bey gesambter Cammer gäntzlich sincken und fallen zu lassen, dieweil wir einstheils auf unsern Brüderlichen Antheil fast wenig aus der Cammer empfangen und dahero mit ziemlichen Schulden noch verhafft, Andern Theils aber von solchem unsern Cammer-Rest und Hinterstand was anschnliches zu Gottes Ehren und gemeiner Unterthanen Besten verordnet, Und 3ten Theils sowohl in Cammer-

als

als auch andern auswärtigen Schulden stecken, darzu auch und zum vierdten Theil zu einer wichtigen Spesa das unsere bedürfen möchten; So haben wir uns doch mit unsers Bruders Hertzog Wilhelms Lden von ersten Brüderlichen Vertrage Anno 1618 an biß den Martium dieses 1628 Jahres und nicht weiter vor Ihr. Lbden in der Cammer ausgezahlet, Ihr aus dem gemeinen Zeughauß abgefolget, aus den Aembtern zugerechnet, in Küchen und Keller zugeschrieben, an den Cammer-Resten in Ambt Ober-Weymar bis uf Michaelis 1627 empfangen. Nechsten Sommers in der Herrschafft Henneberg verzehret, bey Werner Cammerschmieden an IItausend Gulden aufgenommen und gemeinen Unterthanen zu gut und Brüderlichen Vertrag Anno 1623 ausgedinget Ihr Lden. aus Freund Brüderlicher guter Affection und um dero von Ihr angezogenen Ursachen Willen erlassen, und krafft dieses alle in vorigen Brüderlichen Verträgen Anno 1618. 21. 22. 23. 24. und 26 dißfalls vorhandene vielfältige Obligationes, Verschreibung und deren Wiederholung, Erinnerung und Bestätigung, sambt der Cammer-Rechnung cassiret, getödtet, vernichtet und abgethan, Ihr Lden aber solcher Schulden gäntzlich quittiret und befreyet seyen sollen;

len; doch daß sie dasjenige was etwan ihres noch hinterstehenden Deputat-Geldes halben oder bißhero geführter Hofhaltung wegen biß auf Walpurgis 1628 bey der Cammer zu fordern, auch fallen möchten und ihr Erbiethen nach das Land und gemeine Cammer hinfort mit Schulden nicht beschweren, was aber uns Hertzog Albrechten, Hertzog Bernharden, anlanget, hat ihm unser jeder wegen seiner Forderung bey gemeiner Cammer 3 tausend ausgedinget und vorbehalten, daß wir Hertzog Albrecht und Herzog Ernst von Anfange unser Brüderlichen Verträge her mit der Cammer obberührter massen fallens uns berechnen wollen und was sich alsdann nach gezogenen Calculo finden wird, daß wir an unsern brüderlichen Jahr-Geldern zu wenig empfahen oder sonsten der Cammer vorgeschossen, dasselbe soll uns nach der Cammer Müglichkeit wo nicht uf einmahl doch nach einander abgetragen und unterdeß sambt den 3 tausend Gülden oder was nach geschehener Rechnung darvon übrig von unsers Bruders Herzog Wilhelms als des regierenden Herrn Lbden. wegen gemeiner Verschreibung und die 3 tausend biß uff endlichen Abtrag das hundert mit fünffen, was wir aber darüber vor-

ge-

geschossen, das hundert mit sechsen fl. jährlich verzinset werden.

Weiln wir aber Hertzog Bernhards geschehener Abwesenheit halber unsers gemeinen brüderlichen Hoffs bißhero an wenigsten genossen in der Frembde mehr aufwenden und alles in hohen Preiß bezahlen müssen, auch noch ferner ausserhalb Unsers Hoffes Fürstl. Nahmen Ehr und Ruhm nachzustreben entschlossen und so wohl zu gemeiner Cammer, als gemeine Cammer zu Uns, Forderunge und Zusprüche haben, Uns aber doch von denselben abzustehen erbothen und darbey die empfangene Berechnung mit der Cammer Uns zu entheben gebethen. Als haben wir Hertzog Wilhelm mit guten Wissen und Einwilligung Unserer beyden Brüdern Lden solcher Ihr Lden nicht unerheblichen Bitt, statt und Raum gegeben, und Uns erbothen alles was etwan Ihr. Lden gemeldete Cammer, oder bemeldte Cammer Ihr. Lden. von Anfangs Unserer Brüderlichen Verträge her biß auf Michaelis nechst verwichenes 1628. Jahres schuldig worden oder vor einander ausgeleget gleich aufzuheben und Ihre Lden oder diejenigen welchen Ihr. Lden an Ihr. statt an solche Gelder weißen wird, Ihre vorbehaltene 3 tausend

send fl. ohne weitere Berechnung und allen Abgang vor voll zu verschreiben und nach Erschwingcklichkeit der Cammer gleich wie Unsere Brüder Hertzog Albrechts und Hertzog Ernsts Lbden abzulegen, oder immittelst das hundert mit fünffen zu verzinßen, welches dann wir Hertzog Bernhard mit Freund-Brüderlichen Danck erkennen und angenommen. So wollen auch wir Hertzog Wilhelm unsere Brüdere Lden ingesambt oder wenn aus Ihr. Lden solches eigentlich von nöthen, vor Uns und neben Unserer andern Bruder Lbden dasjenige was sie oder Ihr einer oder ander bißhero an Mobilien aus der Zeug- und Hauß-Cammer oder an den Cammer-Resten im Ambt Reichhards Brun und Jena Anno 1624 biß dato eingehoben, erlassen haben und behalten Uns sambt Ihnen allerseits Lden nur die Berechnung mit Ihr Lden wegen rückständiges Kostgeldes, und was sonsten mehr wir an Ihr Lden sambt oder sonders an Uns und vor unsere Personen zusprechen haben bevor, wollen auch nunmehr die Verfügung thun, daß die vorigen oder alten Cammer-Rechnungen nechst vergangenen Monaths Anno 1628 beschlossen, die künfftigen und neuen aber auf die Brüderliche transaction, als einen gewissen Grund künfftiger unzweiflicher Einnahm

und

und Ausgab gesetzet und forthin jährlichen eine gewisse richtige Cammer-Rechnung übergeben werde, darbey dann Unser Bruder Lden allezeit freystehen soll, der Renterey und anderer Beambten und Diener Rechnung Ihrem Belieben nach durchzusehen, zu examiniren und wo Ihre Lbden Mangel befinden, Freund-Brüderliche Erinnerung zu thun und die Renthery-Personen oder Beampten und Diener zur Iustification anhalten zu lassen, inmassen wir auch selbsten auf Begehren in einen und dem andern, voraus aber was durch Gottes Seegen jährlich erspahret und erübert worden, extracta fertigen Ihr Lden geben und darvon Bericht thun, gleichwohl aber sonst zu keiner ordentlichen und gewöhnlichen Rechnung verbunden seyn sollen noch wollen.

7) Auf dieses der Cammer Einnahme und unserer oder gemelter Cammer Schulden und Forderung, und justification die Brüderliche Gleichtheilung, der gemeinen Landes-Einkünfften unter Uns unser freundlichen lieben Brüder und unser allerseits gemeine Cammer einzusetzen, so bleibt es anfänglich unverändert bey vorigen Brüderlichen Verträgen und nachfolgenden Puncten. Als erstlichen daß um

Er-

Erhaltung, Unsers jedes angebohrnen und uhralten Fürsten-Standes solche Theilung, der jährlichen Landes-Einkünfften biß auf den Vorthel, darvor wir Hertzog Wilhelm unser allgemein Brüderliche Hofhaltung Fürstl. führen müssen, billig gleich geschicht; Allermassen dann die Brüderliche Gleichheit von unsern Vor-Eltern hergebracht, in ihren Testamenten den Nachkommen theuer eingebunden und recommendiret, und alle die so den testamentarischen Verordnungen nachgelebet, sich dabey wohl befunden haben; Zum andern daß jeglicher unter Uns seinen eignen und gewissen jährlichen Antheil an den gemeinen Landes-Einkünsten haben soll, damit er nach dessen Gelegenheit seinen Fürstl. Unterhalt, Ausgabe, Kosten und Zehrung außer und inner Landes bey gemeiner Hofstadt und in Aemtern wann er durch dieselben in eigenen Sachen reiset, fürsichtig, ordentlich und räthlich anstellen und damit wohlzureichen möge. Wie wir dann hierbey einander sonderlich angelobet und versprochen, daß keiner unter Uns es sey wer es wolle in die gemeine Cammer-Gefälle oder andere Einkommen, so der Cammer und jeglichen unter Uns in Aembtern oder anderer Orten assigniret und angewiesen einigen Eingriff thun soll, es geschehe gleich unter was

Prae-

Praetext, Schein und Bedarf es wolle, denn da ja die Noth ein oder das anderemahl eine Hülfe erfordern sollte, wollen wir die andere Gebrüders nach geschehener demonstration, uns gebührlich zu bezeigen wissen. Zum dritten, daß auch jeder solches seines eigenen Antheils oder Gelds halben nicht an die gemeine Cammer, sondern gleich wie dieselbe an gewisse und hernach benante Aembter, Forwerge oder Güther und andere liegende Gründe Unsers gemeinen Fürstenthumbs: Wo aber die nicht für sich zureichen, alsdann erst an baaren Gelden, Getreidig und andere Nutzung oder Gefälle durch sonderbahre Befehl an die Beambten und diener (welche auch wir Hertzog Wilhelm keinesweges wieder aufheben sollen noch wollen) angewiesen werden soll; Und solche Aembter, Vorwerge, Güther, Gründe, und andere Gefälle dergestalt innen haben, daß er vor allen andern Gebrüdern und gemeiner Cammer (wofern dieselbe gleichfalls darauf zu fordern) seinen Brüderlichen Antheil oder Jahrsgeld, Getraydig und anders von Beampten und Dienern, den die Einnahme befohlen, empfangen; Sonsten aber sie mit allen Gerichten und Gerechtigkeit, Nutzungen, Gesuchten und Ungesuchten (es wäre dann hierin etwas ausgezogen) deßgleichen auch mit allen Bürden und Beschwerden aufs beste und ohne Rechnung, vermöge der hernach befindlichen extracten so Anno 1624 verfertiget *), geniesen und gebrauchen soll mit diesen fernerern Bescheidenheit, nehmlich: da vor denen Güthern so ein jeder itzo bekommt, was eingienge, oder vom Wetter, Wasser und andern dergleichen Schäden verderbet würde, und von neuen wieder aufgebauet werden müste, so soll es von gemeiner Cammer auf ihren Verlag und Kosten zu Werck gestellet werden, da aber sonsten Unser einer mit neuen Teichen, Mühlen, Schiffereyen und dergleichen ein Ambt verbessern wolte, so soll er solches mit Raht Vorbewust und Einwilligung thun, die Kosten auslegen, dargegen Zeit dieses unsers Vertrags die Nutzung vor sich einheben und behalten, nach Ausgangs aber desselben und beym Eintritt solche Baukosten (wie dieselbe durch einen Gegenschreiber verzeichnet werden können und aufgangen) aus gemeiner Renth-Cammer oder Zinsen wieder zu fordern, und vor empfangener würcklichen Bezahlung darvon nicht abzutreten befugt seyn, hingegen aber und was die onera anbelanget, dieweil dieselbe allbereit vor dem Brü-

*) Man sehe deshalb die Urkunde sub No. II.

dem Brüderlichen Vertrag 1624. in Anschlag erwogen, und also gesetzet worden, daß sie des Brüderlichen Jahr-Geldes-Summa und Einkunfften gar nichts mindern noch hindern, so soll auch ein jeder da etwas an Zinsen in seinen Aembtern und Orthen, zu hohlen, hergebracht und alle onera wie die mit Nahmen bey jedweder portion extracten Anno 1624 in Ausgab zu befinden und zum Theil noch besser ergäntzet werden sollen, tragen und sich behalten dergleichen vor das Inventarium, welches bey seinen dermaligen Antritt schon dreyfach verfertiget werden soll, stehen und dahin sehen, daß iegliches Ambtes Vorwerck und was ihme mehr eingethan, angebunden, und aller Zugehörungen, Rechten und Gerechtigkeiten in seinen Wesen erhalten nichts verwüstet noch verwahrloset, auch alles pfleglich genutzet und gebrauchet und insonderheit die Unterthanen bey ihrem Herkommen gelässen, und über gewöhnliche Dienste, Fron- und Zinß und andere dergleichen onera nicht beschweret werden mögen. Trüge sichs aber zu (welches doch der Allmächtige gnädiglich abwende) daß ohne Verwahrlosung durch Feuersbrunst, Ungewitter, Mißwachs, Heer-Zugs, Plünderung und dergleichen Fälle, so durch Menschliche Vorsicht und Macht der Inhaber nicht verhütet noch abgewendet werden können, ein solcher unerträglicher Schade geschehe, daß einer unter Uns seines Brüderlichen angewiesenen Antheils ein oder mehr Jahr entweder nicht, oder auch nicht völlig fähig werden könnte, so soll solches Schadens und Abgangs Würterung und Erkentniß auf verständiger Leuthe Besichtigung und Achtung gestellet, und nach Erfindung von andern Orthen billige Erstattung verordnet werden, Sonsten aber sollen die Beamten und Diener in unser aller Pflichten bleiben, und ohne unser Hertzog Wilhelms Vorbewust nicht angenommen noch abgesetzet, auch die Justiz und derer Administration jedes Ambts oder Orths durch seine und andere dahin verordnete Haupt- und Ambt-Männer, oder was durch sie nicht geschehen kan, durch unsere gesambte Regierung verrichtet, geschlichtet und Hertzog Wilhelm kein Eingriff noch Hinderung darinnen gethan werden.

8) Hernach aber ist von etzlichen aus Uns Gebrüdern zu erwegen gebethen worden, ob nicht Unser iegliches Brüderlicher Antheil an den jährlichen Landes-Einkünfften mit noch einer austräglichen jährlichen Zulage verbessert werden könne. Ob wir nun wohl einander

solche

solche Zulage und Verbesserung Brüderlich und gerne hätten gönnen mögen, derentwegen auch die Cammer-Rechnungen und Einkünfften mit Fleiß durchsehen, calculiren und Einnahme gegen Ausgabe halten lassen, jedoch weiln sie befunden, daß eher dann durch Aenderung itziger Beschwerden und daher rührenden Ausgab, das Restat wieder erhöhet und gemehret wird, es mit Verbesserung eines jeden Brüderlichen Antheils höher nicht zu bringen, als daß ein jeder mit Uns über seine itzige 3 tausend Gülden und was er etwan bey guten Jahren und räthlicher Nutzung des seinigen, nach Erinnerung des Brüderlichen Vertrags Anno 1624 mehr erübrigen kann noch ein tausend Gülden jährlich und also jedes Jahr zusammen 4 tausend fl. gewisses Einkommens haben könnte. So haben wir ingesambt und besonders einander versprochen, biß Uns der Allmächtige ferner an Einnahme oder Uebermaß segnet, daran eine Gnüge zu haben, außer daß wir Hertzog Wilhelm, Hertzog Albrecht und Hertzog Ernst in Ansehung das Unsers Bruders Hertzog Bernhards Lbden noch weiter ausserhalb gemeines Hoffes (wie obgedacht) sich enthalten wird, Ihr Lden Freund-Brüderlich zugesaget, deroselbe auf fünfftehalb Jahr lang nehmlich von Walpurgis dieses 1629. Jahres Ausrechnung biß auf Michaelis des (geliebts Gott) 1633 Jahres jedes Jahr noch mit tausend fl. halb Michaelis, halb Walpurgis ohne alle Wiederbezahlung zu willfahren und auszuhelffen, welches wir dann Hertzog Bernhard von unserer Bruder Lden zu danck angenommen und nechst Jhr. Lbden allerseits die spezial Eintheilung und Anweisung der jährlichen Landes-Einkünfften und gemeiner Cammer hierauf gemachet und unter einander abgeredet, daß die Besitzung völliger Nutzung, und Einnahme iederer Portion sich von Michaelis des 1627 Jahrs anfahen, und da mittelst etwas von unsern Brüderlichen Antheilen an gemeiner Cammer und jemands anders unter uns geliefert, dasselbe alsobalden wieder erstattet oder gut gemachet werden soll.

9.) Dieses alles und iedes nun so obstehet und Uns Gebrüdere allesambt oder Unser jeglichen besonders berühret, gereden und versprechen wir vor Uns unsere Erben und Nachkommen Gegenwärtige und Zukünfftige bey unsern Fürstlichen Ehren, Würden und Worten in rechten wahren treuen Fürstl., stet, fest aufrichtig, und unverbrüchlich zu halten, zu vollziehen, darwieder heimlich oder öffentlich nichts

nichts zu thun noch zu gestatten von unsertwegen gethan zu werden. Sagen auch zu diesem Ende allen und jeden rechtlichen und andern behelffen ein und ausreden, so wieder diesen unsern Vertrag durch menschliche Liste und Spitzfindigkeit erdacht und auf die Bahn gebracht werden möchten sambt und sonderlich ab. Insonderheit aber und damit unsere hiebevor von Anno 1618 aufgerichteten mancherley Brüderliche Verträge halben keine Hinternüß an Observirung dieses Vertrags verursachet, oder zu einigen Zweiffel, scrupel, und Irrsall Anlaß gegeben werden möchte, so haben wir desselben mit Fleiß übersehen und gegen diesen unsern Vortrag halten lassen, und nachdem sichs befunden, daß nur besagte Brüderliche Verträge wie dieselbe an datis Weymar Mittwochs nach Andreä den 2ten Decb. Anno 1618.

Aschersleben den 24ten Februar Anno 1621.

Weymar den 13 Februar. Anno 1622.

Grüningen den 22 Martii Anno 1623 und nochmahls

Weymar den 6ten Decembr. Anno 1624. Wie auch den 20sten Sept. Anno 1626. unterschiedenen Stücken aufgerichtet, darauf beruhen, daß sie eins theils in allen denjenigen, was von unsers in Gott verschiedenen Eltisten Herrn Bruders Hertzog Johann Ernsts Lden Zeit unserer Vormundschafft und hernach bey Ihrer Seeligen Lden persönlicher Landes-Regierung oder in dero Abwesen und Vollmacht von Uns Hertzog Ernsten Hertzog Albrechten und Hertzog Wilhelmen in unterschiedlichen Jahren und Sachen, wie die Nahmen haben mögen vor gut angesehen verwilliget, verschrieben zu milden Sachen angewendet, gethan, verschafft, verordnet, befohlen und schon hiebevorn von uns samt und sonderlich ohne einige Ausnahme und Vorbehalt vor genehm gehalten und gut geheissen worden, nochmrhls und zu endlichen Ueberfluß ratificiret und approbiret, andern Theils in den Stücken darinn sie noch künfftig ihren Nutz, Krafft und Würckung hätten haben sollen, und können anhero in diesen unsern Vertrag übersetzet, und nach Gelegenheit erkläret und dritten Theils da sie mit diesem Vertrage mißhellig oder ihm nur stracks zuwider und nicht allbereit durch die Zeit selbsten oder andere erfolgte Verträge

calcassiret, geendet und aufgehoben seyn noch hiermit und in krafft dieses Vertrages entweder ausdrücklich oder nicht übergeben und stillschweigend getödtet, vermiethet und abgethan werden möchten, Demnach so ratificiren, approbiren, heissen gut und bestättigen ohne einige Ausnahme nochmahls wir Gebrüdere sambt und sonders alle dasjenige hiemit, was zu endiglichen Ueberfluß unserer Ratification und Approbation bedarff, und wie wir das andere, welches noch inskünfftige seinen Nutzen und Würckung hätte haben sollen oder können, albereit in deme was von Anfange dieses Unsers Vertrags biß hierher vermeldet, übersetzen und erläutern lassen; So heben wir auch auf, cassiren, tödten und vernichten alles das, darinn die vorigen Brüderlichen Verträge diesem itzigen zu wieder oder von ihme übergangen seynd.

Ordnen darauf und wollen, daß von nun an dieser einzige und kein ander Vertrag, die ganze und einzige Summa, Inhalt und Richtschnur, aller unser Brüderlichen Vergleichung, der Landes Gemeinschaft Regierung, Hofhaltung, Berechnung und Theilung der Landes-Einkünften haben seyn und bleiben, derselben auch stracks nachgegangen werden solle.

10) Da aber über Hoffnung und Zuversicht einiger Zweiffel, Mißhelligkeit und Irrung, über dem Buchstaben und Verstand derselben einfiele, daran wir Gebrüdere Uns unter einander selbst nicht vergleichen könnten, So wollen wir drey Personen aus unsern Cammer und Hoff-Räthen darunter einer der Arbiter, oder ob man seyn soll, einen Rechts-Gelehrten aus unsern Doctoribus und Professoribus zu Jena, und eine Person aus Unser Ritterschafft darüber erkennen lassen, und was die durch den mehrern Theil der Stimmen darüber aussprechen, darbey soll es unter Uns ohne alle Weigerung bleiben, und Ihr keiner deßhalben vor Uns verdacht werden, treulich und sonder Gefehrde. Zu Uhrkund haben Wir diesen unsern Brüderlichen Vertrag einander mit Hand u. Mund angelobet, fünffach ins reine schreiben lassen, jegliches exemplar mit unsern Fürstl. Hand-Zeichen unterzeichnet, anhängenden Insiegel bekräfftiget und jeglicher unter Uns ein original, das übrige aber Unser gemeiner Renth-Cammer zugestellet, in Beyseyn und Anwesen der Vesten, und Hochgelahrten Unser Cammer-Räthen, Cantzlar, gesambte, und sonderbahre Hoff-Räthe, und lieben getreuen, Friedrichs von Kospot uff Seubtendorff, Caspars von Miltitz zu Gut-

mans-

manshausen, Rudolffs von Dißkau zu Fürstenwald, Herrn Samuel Göghausens Cantzlars, Herrn Laurentz Brauneus beyder Rechten Doctorn, Herrn Friedrichs Hortleders, Herrn Siegmund Heißners von Wandersleben, und Herrn Tobiae Adami.

So geschehen zu Weymar den 19ten Martii nach Christi unsers Herrn Erlösers und Seeligmachers Geburth, im ein tausend sechshundert und neun zwantzigsten Jahre.

Wilhelm Hertzog zu Sachsen ꝛc.
Albrecht Hertzog zu Sachsen ꝛc.
Ernst Hertzog zu Sachsen ꝛc.
Bernhardt Hertzog zu Sachsen ꝛc.
Friedrich von Kospot ꝛc.
Rudolph von Dißkau,
Samuel Göghausen,
Siegesmund Heißner,
Caspar von Miltitz,
Laurentius Braun, D.
Friedrich Hortleder,
Tobias Adami.

No. IV.

Hertzog Bernhards des Großen zu Sachsen-Weimar Handschreiben an den Geheimen Rath Hortleder, von dato Mayntz den 29 August 1635.

Ehrenvester, Hochgelahrter, insonders vielgeliebter Herr Hortleder,

Ich habe einstmals, als ich in Niederlant verreiset, von ihne eine genealogie von dem Sächsischen Stamm, worinne zu entschenden gewesen, wie die itzige linia des itzigen königs von Frankreich und Sachßen auseinander kommen, ingleichen die Hertzoge von Sazhohgen, [gesehen] bitte hiermit mir selbige zu überschicken, wie ingleichen des Hauses Sachßen pretensionen in einen extract aus den getruckten; weiln mir bewust, das damals nur noch ein exemplar alda gewesen; der Herr kann mirs in duplicato übersenden auf Cassel, eins nach dem andern.

Meinen Zustandt den Herrn zu berichten — sage ich Gott für Leubesgesuntheit danck, bin, weis nicht woll, wem zu Dienst, auser Gott und meinem Vatterland.

Man hatt mich auf lezten Wormser Tag ordentlich vor anwesenden Stenden und Gesanuten beruffen und bestellt, ihre Sache mit dem Degen auszuführen, doch mit gutten raht, in wehrenden actum, wie die Waffen endelich sein, haben mich theils aus forcht, theils auß Leichtfertigkeit aus obacht gesezt. Will sind auch opprimirt worden *) Also das ich allein stehe, und halte mich an die mittelen, darin sie mich angewiesen in vergangner ihrer alliansen. Stehe allein, wird mich einer auf den Fuß treten, ders nicht kann, und ich ihn schlagen, wirds weitläuftige Springe geben, in summa, ich gehe meinen pas, das ist was ich in Eyll begreiffen kann, von meinem Zustand dem Herrn nachricht zu geben. Es ist nach mitternacht, als ich dies schreibe, und will eben schlaffen gehen. Ich bitte Gott, Er wolle meiner vielgeliebten Brüder, und meiner Landen, auch armen Unterthanen, auch unsern gantzen

*) Hier spricht der Herzog von der wichtigen Schlacht bey Nördlingen.

gantzen Vaterlands Elendiglichen Zustand gnediglichen ansehen, und empfell euch des gnedigen gottes schutz, und bin allezeitt

des Herrn allzeitt

Mentz den 29 Augustus

treuer Freund Bernhard, H. z. S.

Dem Ehrenvesten und Hochgelahrten, unserm geheimen Rath uud lieben getreuen

Friedrichen Hortledern.

1635.

Weymar.

No. V.

Vertzeichnüs der Aembter, und Stätte, So vor diesen zur Oesterreichischen Regierunge gehöria gewesen, und folgends durch das Schwerth von Ihro Fürstlich Gnaden Hertzogk Bernhardten, erhalten worden.

Herrschafften.

Beforth, Tottenrieth, Tann, Sonnenheimb, ist nur ein Stättlein und ein Dorflein. Isenheimb, Altkirch, Pfürt, Rheinfelden, Hauenstein,

stein, Castell und Schwartzenbergk, Eltzach, Landsee, Kürnbergk Ober-Perkheimb, Statt Vogtey Ensißheimb, Lauffenburgk, Wehr und Bernau.

Stätte.

Freyburgk, Preysach, Neuenburgk, Waltkirch, Kennzingen, Endingen, Rheinfelden, Seckingen, Lauffenburgk, Waltshueth.

Pfandtschaffts Herrschafften.

Pollweyler, Maaß Münster, Pluembergk, Hohenkönigsbergk, Rottenberg, Stauffen, Kirchhoffen, Hochfelden.

Andere Herrschafften.

Heitersheimb.

Andere Herrschafften und Stätte so Oesterreich nicht zuständig gewesen.

Vestung und Herrschafft Hohentwiell, Landtgrafschafft Stielingen, Grafschaft Sulz, Ambt Margeltsheim Tachstein, Schloß Delspeegenthal, Herrschaft St. Amerin.

No. VI.

No. VI.

Testament Hertzog Bernhard des Aeltern zu Sachsen Weimar.

Von Gottes Gnaden Wir Bernhard Hertzog zu Sachßen Jülich Cleve und Bergk, geben hiermit was der allerhöchste uns bisher an Land und andern zeitlichen Güthern gegönnet, unsern lezten willen zu vernehmen; Alß nehmlich, was die eroberten Lande anlanget, weil uns Gott dieselben gönnen wollen, und es hoch considerable Lande und Plätze seyn, So wollen Wir, daß solche bey dem Reiche deutscher Nation erhalten werden;

Und derowegen verschaffen, und vermachen Wier dieselben hiermit einen Unsern freundlichen Lieben Brüdern welcher dieselb anzunehmen begehren wird, und derselbe kann und wolle sich bey Ihr. Maj. und Chron Schweden aufs beste alß immer möglich insinuiren, damit Sr. Lbd. bey gedachten Landen umb so viel mehr manteniert werden mögen.

Sollte aber Unsere Herren Brüder keiner die Lande annehmen wollen, so halten Wir für

für billig daß Ihr Maj. in Frankreich allewege den Vorgang haben, doch dergestalt, daß wenn es zu einem Universal Frieden kommen wird, die Lande dem Reiche restituiret werden solle, Die Armee soll nach Unß commandiren General Major von Erlach, Obrister Ehm, Graf von Naßau, Obrister Rohse, und folgends die andern Obristen.

Der von Rehlingen wird keunen von Unsern geldern und Einkünften allen bericht thun. Von Unsern particulier jeden verschaffen wier hiermit den Obristen Ehem zwanzig tausend thlr., den Obristen Röhsen zwelf tau endt Rthlr., den Graf.n von Nassau zwelf tausendt Rthlr., de.i Rittmeister Starschedel zehen tausendt Rthlr.,

Bernhardt, H. z. S.

andern unsern Hoff Junckern viertausend Rthlr., dem Secretair Jahn drey tausendt Marck.

Neuburg
den 8 July 1639.

Bernhardt, H. z. S.

Nota,

Nota, in diesem Testament war in margine des Blatts von Oben bis in die Mitten überzwerch doch mit schwarzer Dinte gesezt.

Herrn General Major v. Erlach verschaffen wier zwanzig tausendt Rthlr.; deme von Rehelinger zwanzig tausendt thlr.

In der Mitte mit voriger Testaments geschriebener Dinte diese zwene Posten.

Dem Hofmarschall Sechstaußendt Rthl., beyden Medicis, jeden Eintausendt Rthlr.

Und unter diesen zwene Posten wiederum mit schwarzer Diente.

Secretaire Feret, Ein taußendt.

Und dann zu ende, neben und unter der Fürstlichen subscription nachfolgende Legata.

Alle Kleinodien die Wier haben Unsern Herrn Brüdern damit sie beym Hauße bleiben. Unsern Hengst dem Comte de Guebriant. Unsere Pferde unserm Hoffmeister und Pages.

Was

Was von obbefundenen Legaten übrig wird bleiben an $\frac{m}{300}$ Rthlr. soll unter Unsere wohlverdiente Leuthe ausgetheilet werden. Dem Herrn Hofprediger viertaußendt Rthlr.

Daß nun dieses alles in Beyseyn und Verrichtung meiner Georg Wölckers B. R. Doctoren bey der Confoederirten Königl. Churfürstl. und Stände Armée bestellten General Auditor und Ober Schultheis zu Obbenannten Orth Zeit und allen vermeldten Circumstantien also beschehen, die angezogene Schrift dem Testament gleichlautend befunden und beschaffen gewesen, bezeuge ich Amtswegen mit meiner eigen Handt und untergedruckten Petschafft. So geschehen zu Preysach am Tag Ort und Zeit wie ob vermeltet

Locus sigilli Notariat.	Georg Wölcker, D.

No. VII.

Hanns Georg Berthram von Herspach Schreiben, an Herzog Wilhelm zu Sachsen Weimar, das Ableben Herzog Bernhard des Grosen betreffend. d. d. Preysach den 11 (21) Jul. 1639 *.)

Durchlauchtiger Hochgeborner Fürst, Ew. Fürstl. Gnaden sein meine gantz unterthänige gehorsame und geflißene Dienste bestes Vermögens zuvorn.

Gnädiger Fürst und Herr. Das der Allerhöchste nach seinem unerforschlichen Raht, weilandt Euer F. Gn. Herren Brudern, den auch durchlauchtigen hochgebornen Fürsten und Herrn, Herrn Bernharden Herzogen zu Sachßen, Jülich Cleve und Bergk, Meinen

*) Dieses Schreiben ist aus den Hortlederschen Handschriften, und zwar aus einer T. V. p. 368 befindlichen glaubhaften Abschrift, abgedruckt. — Hersbach, wie uns der Inhalt dieses Schreibens lehret, war Rath, Landshauptmann und Obrister des Herzogs Bernhard, in dessen neu eroberten Elsaßischen Staaten. Der Brief ist 3 Tage nach des Herzogs Tode geschrieben.

nen gnedigen Fürsten und Herren, hochseeligen Andenkens, verwichenen Montages den 8 (18) diß ablauffenden Monatts Julij zue Neuburg am Rhein, morgens zwischen 6 und 7 Uhren, alß ebenn Ihre Fl. Gn. aus Burgundt mit der völligen Armee alldortherumben angelanget, nach ausgestandener fünftägiger schnellen hitzigen Kranckheit, auß diesem zergenglichen: ohne Zweifel, in das ewige Leben, doch durch einen stillen sanften Todt, undt, verliehenen verstendigen Christlichen Gedancken, biß an den letzten Seufzer, zue sich abgefordert, deren Fürstl. Leichnamb ahist, und sobaldt mit den Trauer Kleidern wird fertigk sein, hieher geführt, und in die Stiffts-Capelle biß auf Euerer F. G. anderwertigen gnedigen Befelch gestelt werden wirdt; hab E. F. Gn. ich auch vor mein wenig person unterthenig zu berichten meine schuldigkeit sein erachtet. Gleichwie nun dieselbe der Seelen nach in die ewige immerwehrende Freude bereits versetzett, Alß wolln Seine Allmacht den verblichenen Fürstl. Leichnamb dermaleinst an den herrlichen Tag mit der Seelen wiederumb vereinbaren.

Was nicht alleine dem gemeinen nothleidenden Evangelischen Wesen, Sondern auch vielen unzelbaren Personen insonderheit für ungemach, Schaden, Nachtheill, und hertzenleidt, dardurch zugewachßen, davon rede das Werk an sich selbsten, vielmehr, weder zu beschreiben, hertzlich wünschende, auch die Mildtreiche Gütigkeit Gottes bittende, das Sie E. F. Gn. sambt allen ders Uhralten Fürstl. Hauses anverwandten vor dergleichen höchstleidigen bekümmerniß und andern unfallen fürohin väterlich verschonen, auch diesen harten empfindlichen Riß miltiglich zu ersetzen geruhe.

Sonsten meine allhiesige aufgetragene Charge betreffend, haben höchstermelte J. F. Gn. seligsten gedächtnüs, mich über diesen orth und zngehörigen, auch andern mit den Schwerdt eroberten Landen, Elsaß: Sundt: und Preißgauischen Gestadens, zue einem Raht, Landhauptmann, undt Obristen, vermög in Henden habend ausführlich instruction gn. bestellt, welche ansehnliche charge ich vermittels Göttlichen Beistandes mit Bestellunge der Aembter, wie sich selbige in beygefügter verzeichnüs *) befinden, deren zwar meistentheilß also ruinirt, und an untertha-

*) Dieses Verzeichniß von welchen hier gesprochen wird, ist sub No. V. abgedruckt.

thanen entblößet, das noch zur Zeit neben der gelt Contribution und früchten, so auf die, in den Vestungen Stätten, undt Schlössern liegenden garnisonen gehen, die Beambte undt Dienere ohne anderweiten Beyschuß dabey notturftigk sustentirt werden könnten, verhoffende also versehen, was nach gestalten Sachen zue thun möglich gewesen, undt noch führohin zue conservirung undt wiederaufbringungn dieser Landen zue thuen nicht unterlaßen will.

Belangende die Renth-Cammer Expedition, daran noch zue Zeit fürnehmblich gelegen, So ist förderist Johann Conrad Zangemeister, der zuvor bey Fürstl. Marggräfl. Baden Durlachischen. Canzeleyn dergleichen bedienet, und mit seinen gnedigen Fürsten und Herren bißhero Kriegs-Unruhe halben außer Landes sich aufgehalten, zu einem Renth-Cammer Raht, welcher die sembtliche gefälle beobachtet, nebst einem Renthschreiber, Cammer secretario undt Registratorn nach müglichkeit, obscrvirt, auch ferner in Unterthenigkeit getreues fleißes zu leisten nicht umbgehen werde.

Betreffend aber die haupt Cassa, dahin sonderlich die Französische gelder geschossen wor-

worden, auch was Hochgedachte Ire F. Gn. hochlöblich wolseeliger gedächtnüs von ihren geldern anlegen lassen, hat Herr Marx Conrad von Rölnigen, der zu Basel residirt, als geheimbder Rath und Schatzmeister, wie noch, verwaltet, ob aber solche von Frankreich ferner erhalten wirdt, giebt hiernechst die Zeit, deren sich bishero die Cammer, alß ein gantz Separiert werck nichts angenommen, Was sonsten Ire F. Gn. wohlseeliger gedechtniß vor Kleinodien und andere Kostbarliche auch briefliche sachen im Schloß allhier in deroselben gemach gehabt, das ist in demselben gelaßen, das gemach verschloßen gehalten, und vorpetschiert worden.

Diejenige mündtlich, doch von Irer F. Gn. Raht und Hof Canzley Directorn D. Johann Ulrich Rehlingern von Ledern beschriebene verpitschierte Verordnunge, So dieselbige vor dero seelich hinscheidunge zu papier bringen und ausfertigen laßen, ist zwar durch Herrn General Maiors Johann Ludwigen von Erlach, Obristen Oehm, Obristen Grafen von Nassau, und Obristen Rosa, alß welchen oft höchst erwehnt Ihre F. Gn. Christmiltseeligen Andenckens insonderheit die armée jetztmals zu

di-

dirigiren überlassen, undt deren gnedige intention daraus des commando halber desto gewisser fassen mögen, neben mehr gezeugen eröfnet, aber nach Erkundigung deßenn, alßbaldten wiederumb verpitschiret, und in verwahrunge genommen worden, maßen denn berürte armée, sambt der Artillerie [Gotlob] noch auf gutem Füße bestehet, und unzweifentlich erhalten, auch E. F. Gn. von obberürten Deputierten vermuthlich mehrern unterthenigen Bericht darneben thuen werden. Ob nun E. F. Gn. bey leider so beschaffenen Dingen entweder selbsten oder dero herren Brüder einer förderlich heraus zu gelangen, oder aber dero hocherleuchteten Fürstl. discretion nach anderwerts zu verfügen Ihr gnedig gefallen laßen werde, das stelle zue ihro gn. belieben, ich billig in Unterthenigkeit anheimb, und verobligiere mich nochmals dahin [welches zwar ohnedem meine Schuldigkeit erfordert] daß ich mir alles nach möglichkeit in getreuer eyfriger Sorgfaltt ferner angelegen sein laßen, undt mitt göttlichen Beystandte nichts versäumen will, was zue dero frommen und gedeilichem aufnehmen immer wirdt erspießlich und befürdersamb fallen mögen. Thue hiermit E. F. G. Göttlichen starcken Schutz, undt dero zu continuirenden Fürstl. mil-

milden gnaden mich in unterthenigkeit bevehlen, Datum Preysach den 11 (21) julij Ao. 1639.

E. F. Gnaden

unterthениger gehorsamer
Diener

Hanß Georg Berthran
von Herspach.

Dem Durchlauchtig hochgebornen Fürsten und Herrn, Herrn Wilhelmen Herzogen zue Sachßen, Jülich, Cleve und Berg, Landtgraven in Düringen, Marggrafen zu Meißen, Grafen zue der Marck und Ravensberg, herrn zu Ravenstein, Meinen gnedigen Fürsten undt herren.

Praes. 1. Augustj 1639.

Verbesserung der Druckfehler.

S. 7. Not. b. Zeile 17. statt Witte, l. Wette.
— 8. — f. — 4 — Iohannae — Susannae
— — — — — 9 — comparadus l. comparandus
— 11 — e. — 1 — Hartleder l. Hortleder
— 13 — — — 14 — der l. die
— 14 Not. f. — 2 — Hartleder l. Hortleder
— 15 lezte Zeile pag. 283 l. 155
— 27 — — — 18 — Churfürsten l. Churfürstin.
— — — — — 19 — welchen l. welcher
— 83 Not. a. — 1 — 80 Jun l. 8 Jun.
— 87 — — — 4 — den l. der
— 91 Zeile 18 statt nunmehriger Aeltester l. nunmehrigen Aeltesten.
— 100 — — — 7 — seine l. seiner
— 102 — — — 15 — Lehnung l. Löhnung
— — Not. f. — 2 rel. l. reb.
— 113 — — 5 — Westerähs l. Westeräths
— 116 Not. p. — 1 — Es war der eben der l. es war eben der
— 124 — y. — 3 — des l. dem
— 128 — — — 18 — und und l. und.
— 139 Not. d. — 1 — Longwitz l. Lungwitz.
— 150 Not. ii. — 4 — Enckel l. Onkel
— 180 — — — 14 — eine Ereigniß l. ein Ereigniß
— 189 — — — 7 — eine l. in
— 194 — — — 8 — von l. an
— — — — — 19 — zu Bayern l. zu den Bayern
— 207 bis 209 — — Geroldin l. Geraldin
— 219 — — — 1 — Kunnat l. Kannat
— 223 — — — 2 — Stadt und Hof l. Stadt am Hof
— 239 — — — 16 — inzurücken l. einzurücken
— 244 Not. *) — 3 — übergangen l. übergegangen

— 246 — — — 19 — solche l. solches
— 253 — — — 1 — die Elsaß l. das Elsaß
— — — — — 22 — Stückpferd l. Stück Pferde.
— 260 Not *) — 12 — No. III l. No. IV.
— 264 — — — 12 — Herzog Unterhaltung l. Herzog zur Unterhaltung
— 265 — — — 1 — ihm Pension l. ihm eine Pension
— 285 — — — 27 — Truppen l. französischen Truppen
— 305 — — — 4 — Bamboy l. Lamboy
— 329 — h. — 5 — Weimar l. Wien
— 331 — k. — 2 — Roth l. Rath
— 351 — — — 6 — Schnyhen l. Suyhen
— 352 — — — 5 — Sybilla zum l. Sybilla einander zum
— 363 — — — 12 — Coster l. Caster
— — — — — 19 — wie l. wir
— 365 — — — 10 — Schwächerin l. Schwäherin
— 368 — — — 9 — derrernitz l. devernitz
— — — — — 10 — unsern gnädigsten lieben l. unsern gnädigsten und gnädigen lieben.
— 370 — — — 11 — noch l. nach
— — — — — 18 — da l. die
— 371 — — — 12 — zu den l. Zudon
— 373 — — — 9 — Haurräde l. Hampsträde
— — — — — 25 — Rebeth l. Rabeth
— 374 — — — 11 — Plettenbergh l. Plettenbergk.
— 376 — — — 7 — hieberoen l. hiebevorn
— — — — — 14 — den l. dar
— 378 — — — 9 — nar l. nae.
— 380 — — — 14 — gnädihen l. gnädigen
— 381 — — — 12 — Rocke l. Recke
— — — — — 23 — Befolch l. Befelch
— 384 — — — 9 — Vallatz l. Vallontz
— — — — — 17 — Calsbrien l Calabrien
— — Lezte Zeile st. Raßilien l. Roßilien